破产的文明

眠眠 _ 著

中信出版集团｜北京

图书在版编目（CIP）数据

破产的文明 / 眠眠著. -- 北京: 中信出版社, 2020.1
ISBN 978-7-5217-1174-5

Ⅰ.①破… Ⅱ.①眠… Ⅲ.①世界史—古代史—通俗读物 Ⅳ.①K12-49

中国版本图书馆 CIP 数据核字（2019）第 232194 号

破产的文明

著　者：眠眠
出版发行：中信出版集团股份有限公司
（北京市朝阳区惠新东街甲 4 号富盛大厦 2 座　邮编　100029）
承　印　者：北京楠萍印刷有限公司

开　　本：880mm×1230mm　1/32　印　张：12.75　字　数：230 千字
版　　次：2020 年 1 月第 1 版　印　次：2020 年 1 月第 1 次印刷
广告经营许可证：京朝工商广字第 8087 号
书　　号：ISBN 978-7-5217-1174-5
定　　价：59.00 元

版权所有·侵权必究
如有印刷、装订问题，本公司负责调换。
服务热线：400-600-8099
投稿邮箱：author@citicpub.com

目　录

序　Ⅲ　　文明启示录

苏美尔篇　001　地球上最初的创业者
巴比伦篇　023　借IP上市的科技公司
亚述篇　047　野蛮生长与军事化管理
埃及篇　071　大型传统企业的弊端
赫梯篇　097　高层内斗的悲剧
卡迭石战役　121　情报、阴谋与谈判
腓尼基篇　143　专注海洋物流800年
波斯篇　167　死于海外扩张的跨国巨头
爱琴篇　193　小微企业的经营之道
希腊篇　215　民主和强权的博弈
希波战争　245　公司转型与领袖的作用
伯罗奔尼撒战争　271　没有赢家的企业内耗
迦太基篇　297　核心业务请勿外包
罗马篇　321　论成熟董事会的重要性
布匿战争　345　资本市场不需要个人主义

后记　371
名词注释　375
参考文献　385

序
文明启示录

　　许多人对中国古代史烂熟于心,对二战、工业革命、文艺复兴信手拈来,甚至对中世纪历史也挺熟悉,但是提及上古时代的世界历史,似乎就不那么熟悉了。于是,说起美索不达米亚、古埃及、古巴比伦,恐怕只知道有这么几个名词,至于它们的特点,它们发生过哪些故事,便说不上来了。

　　这些环绕着地中海的文明固然有着动辄数千年的背景,也确实处于人类史最基础的阶段,但并非等同于原始而质朴的存在。只要你揭开它们的面纱,仔细观察,就会发现这些文明的历史不但精彩,而且鲜活。各大文明不仅不"文明",而且野蛮得很,时不时就上演一场如《权力的游戏》一般的斗争大戏。

　　是的,它们显得过于久远,远至除了变成一个文化符号,或影视、游戏中的剧情片段外,仿佛再也不会和我们的生活有什么交集了。然而,当你身临其境,触及那些遗留至今的实体时,就会突然惊觉:它们真真实实地湮灭了,却又依然存在。

破产的文明

当我站在土耳其赫梯的古老城墙边，立于克里特岛的爱琴文明遗迹内，听凭历史的晚风从旷野中呼啸而过时，总不免萌生一种"前不见古人，后不见来者。念天地之悠悠，独怆然而涕下"的悲凉感。当我行走于古罗马的大道上，在沙漠中仰视金字塔的顶端时，一种帝国的威严和安全感又如影随形般包裹着我。

在仔细研究这些古文明的历史之后，我惊奇地发现它们存在两个特点。一是它们彼此之间的关系、利益纠葛比我们想象中的复杂得多，整个地中海地区就像一片山头林立又杀机四伏的丛林，其中的每个文明都会对其他文明产生辐射和影响，当然也少不了地缘关系和外交政治。任何一个文明扩张到了极大的体量之后，都会成为地中海世界的霸主，但同时也要面临如何维持的难题。二是这些遥远的文明居然大都有着严密的结构和发达的管理体系，而且它们的统治和管理方式都各有特点，这些特点既和文明所发源的地理环境有关，也和引领文明走向的那些领袖的特质有关。比如，海洋文明的腓尼基、迈锡尼等更重视商业和手工业发展，而来自山地的亚述、米底等则崇尚军事和武力。

因长期居住海外，我接触到了很多不同国家、不同类型的公司，于是脑海中出现了这么一幅景象：地中海每个文明都像是一家现代企业，它们创业的时间点不同，企业文化不同，执掌企业的老板气质也不同。这些文明公司为了争夺市场（也就是地盘），为了占据贸易渠道，为了维护自己的权威，有如八仙过海，各显神通一般，都拿出了看家本领。

这些文明公司之间还爆发了许多如同现代商战一般的对决，比如著名的希波战争、布匿战争，不太著名的卡迭石战役，以及公司内耗式的伯罗奔尼撒战争。从这些战争中你能看到令人称奇的战略布局，惊人的领导魅力，层出不穷的阴谋、阳谋，以及为了获胜不择手段的各种策略。

在某一家文明公司终于一家独大，做到跨国公司般的疆域之后，又和现代企业一样，面临各种管理上的问题：整体效率的下降、管理方式的落后、人员的不满与管理层的贪腐等。维持一个帝国，比维持一个百年老店品牌艰难得多。从这层意义上来说，那些能够挽狂澜于既倒的领袖就格外令人叹服，他们能够给一个国家带来超越时代的变革，无论是思想上的还是行政上的。

本书正是基于这样的构想，以现代公司来类比古代文明，讲述它们的创业历史、背景文化、在不同时代大背景下的机遇和挑战，包括其领袖的传奇经历。而文明之间的大战也会被类比为现代商战，以详细分析对决双方的实力、统帅的个人特点、爆发战争的缘由、最终胜负的深层决定因素等。

显然，这样的类比肯定会有一些不准确的地方，文明国家和现代企业也有太多的不同之处，可能有些类比难免落得牵强附会，但是私以为对于那些生僻而冷门的古老历史，用这样的叙述方式来展现会增加很多趣味性,也会降低理解的门槛。

此外,各家文明留存至今的史料和文献,丰富和详尽程度有着显著的差别,有些粗陋简单甚至残缺不全,有些则繁杂琐细、破碎凌乱,想要通过它们呈现出一幅古代地中海世界的全景,难免落入传统西方史学叙事的窠臼,事无巨细却了无新意。但如果用现代思维从公司创业发展的角度来观察这些记录,就很容易从故纸堆中找到一条主线索来叙事,文明之间关系的对应也会清晰明了许多。

同样地,地中海地区这段跨越千年的历史中,有如许文明悄然诞生,一度辉煌,又最终走向破产,我们显然能够从这些文明的兴衰史中领会到关于现代企业管理的大量共通之处。

眠 眠

2019年3月于广州

苏美尔篇
地球上最初的创业者

他望向那高墙,

为其巍峨而赞叹,

他的人民来到身边,

只在这一刻,仅仅这一刻,

他们全部跪倒于他的身后,

消失于他的视线中……

——《吉尔伽美什史诗》

文明对于我们的意义，就在于它让人类从离散的个体或四处迁徙的群落变成了稳定有序的庞大群体。如果我们把文明类比为公司的话，那么正如真实的商业公司一样，文明公司的创立也需要天时、地利、人和：突然而至的大潮和风口、适合野蛮生长的土壤、极具战略眼光和统帅能力的领导人、素质优秀的员工群体……

从人类史上开天辟地的第一家文明公司——苏美尔开始，我们就可以从它创立到发展再到衰落的整个过程中发现许多值得现代企业管理借鉴和学习的规律。

1

在很久很久以前……

距今7万—5万年前，地球气候的变化导致撒哈拉大沙漠一带变得湿润多雨，沙漠的面积也有所缩小。这样的环境变化令智人们纷纷欢呼雀跃：天哪，我们终于体验到凉快了！而他们中的一个分支（Y染色体单倍体M89）更是摩拳擦掌，准备来一次漫长的远征。

于是，这帮原始人穿越非洲腹地来到了东非一带，并借助红海南端的曼德海峡，一路奔波到了近东。可以说，这是最早一批走出非洲的现代人了。可惜的是，这群辛苦跋涉来到新天地的现代人很快发现：什么？为什么明明走出了非洲，却还是茫茫大沙漠一片呢？

是的，这是因为他们当时所处的位置就在如今阿拉伯半岛的最南端，也就是阿拉伯沙漠西南部一带。这里常年受到副热带高气压带及信风带的控制，气候非常干燥……并且，这里几乎没有任何河流，对今天的我们而言，是几乎无异于地狱的恶劣环境。

然而，这群意志坚定的家伙并没有退缩，他们中的一部分人留在了这片广阔的沙漠中，寻找沙漠中仅有的绿洲和草原，并繁衍生息了下去，长期过着游牧的生活，直到今天。如今，我们把当初这群留在沙漠中的人所形成的种族统称为闪米特人。

但是，闪米特人并不是本篇的主角，在后文中才会详细介绍他们的各个分支。

另一部分人并不甘心留在茫茫沙漠中，而是向北去寻找更加适合生存的地域。至于他们在这几万年里是怎样迁徙、繁衍的，我们并没有详细完备的资料，我们所知道的是，他们中的一些人发现了一块相当肥沃、水源丰富的土地。

在这块土地上，流淌着两条水流湍急的大河，一条叫作幼发拉底河，另一条叫作底格里斯河。两条河之间的大片区域，被称为美索不达米亚，这是一个希腊词汇，意思就是"河流之间的土地"。嗯，这就是如今我们耳熟能详的两河流域。

围绕着美索不达米亚，北边是土耳其的托罗斯山脉，南边

苏美尔篇

是叙利亚沙漠和阿拉伯沙漠,东边是伊朗的扎格罗斯山脉,西边是地中海的东南端,它们所包围着的一片土地,状如一轮弯弯的新月,因此这里又被称为"新月沃土"。

人类史上第一家文明公司就诞生于美索不达米亚这片土地上,这在地理因素上就有其必然性:发源于安纳托利亚高原的两条河流,为其带来了充沛的淡水资源,而任何一家古老的文明公司在初始阶段的"天使轮"投资中所需要的恰恰就是淡水资源。

和很多人的想象不同的是,这两条河并非如同仁慈的母亲一样无微不至地照顾人类,提供水资源。恰恰相反,北部的高原降雨量还算不错,而南部两条大河流经的冲积平原,气候干旱炎热,夏季最高温度甚至超过50℃,年降雨量更是少得可怜,常年在200毫米以下。更惨的是,这里地质环境恶劣,都是石灰石高原,土壤干旱而坚硬,两条河流根本无法对土地形成自然灌溉。

因此,虽然这里有着丰富的淡水资源,但大批人想要在这里生存,就必须解决一个问题:发展农业所必需的人工灌溉。

对早期人类而言,灌溉工程从来都不是一件小事情,需要集中投入巨大的人力、物力,绝非几个小家庭就可以完成。正是在这样对于改造自然事件的原动力的驱使下,人类才会自发集结起来,形成有秩序、有凝聚力的群体。两河的水势是非常湍急的,时常改道,所以经常会形成水患。治理水务必须依赖强大的群体力量,甚至核心人物的指挥。我们华夏文明也是如此,正是集结了大禹治水时期所需要的集体劳动力,才形成了最早的夏文明,只不过相对晚了许多。

同样地,两河地区也是在这样的生存驱动力之下形成了最早期的文明——苏美尔文明。可以说,这家苏美尔文明公司的创立,所依赖的原始核心技术就是灌溉技术:开通引水渠道,把河水引入农业区,实现作物的人工灌溉。

2

好了,现在我们已经说到了这家文明公司的主体员工——苏美尔人。

说起来,苏美尔人的身世迄今为止还是一个谜:他们既不属于在南方沙漠中的游牧民闪米特人,也不属于北方森林中的游牧民印欧人。在介绍自己时,苏美尔人会自称"saggiga",也就是"黑头人",因为他们全都长着一头黑色的头发。而且,从一些现存的石刻来看,苏美尔人的面部特征是脸形更圆,没有多少胡须,脸部很干净,所以有人甚至推断他们可能是我们东亚人的祖先。

但是,根据仅存的资料,对于苏美尔人究竟属于哪个种族,

苏美尔篇

根本无从判断,甚至连他们是白种人还是黄种人也无法确认,或许在未来的基因鉴定之后可以给出准确的结果。所以,咱可别急着乱认祖宗,说不定八竿子打不着呢。

无论如何,这些神秘的苏美尔人创立了人类最早的文明,只不过这家文明公司绝不是突然就冒出来的,它也经历了漫长的演变和壮大过程。根据如今考古学界的主流看法,要形成一个新石器时代晚期的原始文明,所必须具备的三要素分别是:先进的灌溉技术、多样化的农耕经济,以及大量多余的粮食储备。

我来类比一下,在这家文明公司里,先要有初始的灌溉技术作为核心,公司才会具备生产力以支持多样化的农业生产,然后才有多余的产品——农作物作为工资发放给员工。

苏美尔人的文明也是这样一步步进行的:20世纪60年代,美国考古学家罗伯特·亚当斯在美索不达米亚地区考察当地的古代灌溉工程遗迹时,发现苏美尔人最初的定居点都是一些紧挨着河流的小型社区,他们会对河流的天然水文特征加以利用,并进行简单的河道清理以疏通水流。后来,随着人口的不断增长,苏美尔人也开始开辟一些人工的引水渠来进行灌溉。

正如前文所述,灌溉技术促进了农作物的成倍增长,同时也加速了定居人口的增长。几个世纪之后,随着人口的不断增长,苏美尔人得以开展一些大规模的水利灌溉工程,与此同时,为了完成这项高难度的任务,高度中央集权的社会体系也随之形成了。

我们可以把那些最初的定居点社区视为一个个小型的公司,随着不断的结合兼并,同时为了完成更高难度的生产计划,规模更大、等级制度更森严的大型公司出现了,直到最终这家辉煌的苏美尔文明公司出现了。

在这家公司的早期阶段——大约公元前5000年前的欧贝德文化时期,员工的生活还是非常艰难的,因为两河地区严重缺乏石材,他们只能以河流之间的泥沙和黏土作为原料,再辅以棕榈树枝和芦苇来搭建自己的员工宿舍。同时,他们也学会了驯养一些牛和驴来运输货物。

随着员工人数的不断增加,苏美尔人学会了一种新式的建筑方法,他们通过土制的小臼压制一种原始的泥砖,又用这些泥砖来搭建更高大的建筑。这些在当时堪称豪华的建筑,大都不是用来给他们自己居住的,而是供奉神灵的庙宇。事实上,早期的苏美尔城镇中心并非王室的宫殿,而是那些高大的神庙,这其中最有名的就是兴建于公元前4500年的埃利都神庙。

通过埃利都神庙的复原图我们可以看出,这简直就是苏美尔文明公司的巨型标志性建筑,更重要的是,它比后来者——埃及文明公司的当家建筑金字塔还要早了近2000年。随着公司的不断进化,苏美尔的神庙建筑在后来也会进化到一个更高级的状态,只不过知道它的人并不多,后文会再讲到它。

随着像埃利都这样的城镇出现,苏美尔人的人口密度不断

苏美尔篇

上升,生产力也节节攀升。大量的食物和产品的盈余,势必造成它们的再分配,再加上贸易网络的出现,不可避免地出现了等级差异和贫富差距,社会也变得更加复杂化了。换句话说,这家文明公司里出现了管理层,同时,富员工和穷员工也分化出来了。

一个有趣的现象就是,苏美尔的穷人需要自己动手去疏通引水渠,而富人只要花钱就可以雇人来完成这项任务。当然,公司的管理也变得越来越重要,于是各种社会制度也应运而生。为了让员工更有仪式感、更忠于领导,苏美尔宗教的发展也极其迅速。于是,在各种因素的影响之下,一座核心化的"公司总部"——苏美尔文明的第一座中心城市诞生了……

3

公元前4000年左右,人类史上第一座具有一定规模的城市——乌鲁克城出现在了这个星球上。

虽然很多人或许从未听说过它的名字,但乌鲁克城几乎可以被认为是人类史上最古老的大型城市,被誉为"众城之母"也不为过。在它的鼎盛时期,城市面积达到了6平方千米,周长将近11千米,围绕着主城的卫星城甚至遍及了方圆10千米之内。

　　这座位于如今巴格达以南约 250 千米处的伟大城市，最早是由相距 800 米的两座大型城镇——基拉巴和埃安纳逐渐联合而形成的，就如同今天中国的广州和佛山、深圳和东莞或西安和咸阳。作为苏美尔文明公司的总部所在地，乌鲁克城自然拥有相当豪华的设施，无论巍峨的神庙还是壮美的宫殿，都让每个造访者赞叹不已。

　　有了乌鲁克城的例子，两河流域其他地区的苏美尔人也有样学样。很快，一大批相似的城市也建立了起来，其中就包括最有名的基什城、乌尔城和尼普尔城。围绕着这些核心城市，一个个城邦国家也随之建立了起来，苏美尔文明公司的一个个分公司很快就如星星之火般占据了整个美索不达米亚平原。

　　无一例外，这些分公司的核心要素就是城市中心最显眼的那座巨大神庙。依赖生产力的进步，此时的神庙也已经进化到了下一个阶段：塔庙。

　　所谓塔庙，是指一种以多层的高台为垂直方向基础，通过长长的阶梯供人上下走动的大型神庙建筑。从外形上看，塔庙既有些埃及金字塔的感觉，也有些雅典卫城的神韵，因此塔庙的建筑风格很可能直接或间接地影响到了后两者。所不同的是，受限于石材的稀少，塔庙只能用泥砖搭砌，再辅以沥青作为胶泥固定。一些大型塔庙如乌鲁克城塔庙和乌尔塔庙上还装

苏美尔篇

饰有石制的银嵌,堪称那个时代的精装修大楼了……

关于为何要建造这些塔庙,学术界一直众说纷纭,因为它们和埃及金字塔有着本质性的区别:没有内置的墓室和通道。于是,有些专家认为这是一种供夏季纳凉的场所,还有一些专家认为它们是用于观测天象的。而学术界的主流观点认为,塔庙之所以建造得如此高大,只是为了能够更接近居住于天上的神灵,这一影响直接体现在塔庙的终极版本——巴比伦通天塔上。关于巴比伦通天塔,我会在巴比伦篇继续讨论。

围绕着塔庙的是祭司阶层的专用建筑,比如专属仓库和办公室等,闲杂人等是一律不能接近的。在这些专用建筑外围,通常会有一道围墙,围墙之外是普通居民的住宅。苏美尔人的标准住房模式是以一间主厅外加一个庭院为基础,在此之外还会分隔出一些房间,但大部分的生活都在主厅之中。

因为住房都是简陋的泥砖结构,所以遇到大一点儿的自然灾祸,房屋就会成片倒塌……当然,随着岁月流转,年久失修的住宅也会纷纷倒塌。苏美尔人对此的处理方式十分简单粗暴:倒了?没有问题,那就在倒下的废墟上重新盖起一座座新房。所以,如今在尼普尔城、乌尔城的古老遗迹中,我们还能看到几千年前苏美尔人留下的废墟——一座座埋藏着古老房屋残骸的人造土丘。

就这样,以塔庙为分公司总部,各种配套建筑加员工宿舍四散分布,便形成了一整套完整的城市配套产业链,包括专业化的记录员、手工匠、搬砖工、保安、运输队、农民、商人等，以及管理他们的祭司阶层。在一个高度分工、系统化运作的苏美尔分公司中，包括农作物、生活用具、工艺品等产品的制造在内的各种生产活动是相当发达的。除了生活必需品外，普通苏美尔人工作之余积累起来的财富大都会转入祭司阶层的手中。这是因为他们为了祈福，必须向神灵献上各种供品。于是，塔庙很快就积攒起了大量的财富。

从考古研究中我们了解到，在古代苏美尔人遗迹中，大量出土了一种叫作斜边碗的物件，除了尺寸外，它们的外形几乎相同，制造方法也非常简单。并且，不只是两河流域，斜边碗甚至遍布整个近东、伊朗，包括小亚细亚地区。考古学家据此推测，这种斜边碗很可能最早来源于苏美尔文明，作为一种标准化生产的产品，给那些劳工进行配餐使用。换句话说，就是公司提供餐补，员工拿这个碗来打饭菜，分量固定……

从巨大的塔庙到小小的斜边碗，无不告诉我们一个事实：苏美尔文明公司是一家等级相当森严、管理非常出色的企业。而且，在公司的早期阶段，大领导只有宗教界的祭司们，并没有一个与之抗争的世俗王室领袖，但是很快……新的统治者就出现了。

苏美尔篇

4

在苏美尔诸多城邦早期的发展中，彼此之间除了一些贸易往来，并没有产生过多的纷争。这倒不是说他们都是良民，素质高，安分守己，而是因为当时这些城邦之间有着天然的地理屏障：沼泽。

遍布于两河之间的大小沼泽，使人无法通行，从而保卫着各地的城邦，使其不至于轻易遭到入侵。然而，随着各大分公司不断开发周边土地，这些沼泽很快被大量填平，变成了农田或城市的一部分。离开了这层屏障的保护之后，城邦之间的摩擦也变得越来越剧烈。

正是在这样的大背景之下，强大的武士阶层终于从普通城管中脱颖而出了。苏美尔人中的武士可能是人类史上最早一批训练有素的战士，他们会组成非常严密的方阵来抵御敌人的进攻。每家苏美尔分公司都组织了这么一支安保部队，于是，一个诸城邦争霸的年代也就到来了。与此同时，武士阶级中的顶级人物也趁机上位，变成了最高领导人。

在这段你方唱罢我登场的斗争岁月里，最厉害的分公司依然还是最早、最大的那一家——乌鲁克城。说起来，乌鲁克城分公司的老板换了一届又一届，但真正被世人牢记的恐怕只有一位。几千年过去了，他的故事依然流传至今，甚至变成了（字面意义上的）传说……

破产的文明

　　这位乌鲁克城分公司的老板，就是大名鼎鼎的"金闪闪"——吉尔伽美什，熟悉古代传说的人肯定听说过他。苏美尔史诗中的吉尔伽美什，是一位拥有 2/3 神性、1/3 人性的超级英雄，正是他建造了最早的乌鲁克城墙，保护子民不被外敌侵犯。然而，史诗中还揭露了他的另一面：恰如秦始皇嬴政一样，吉尔伽美什也是一位不折不扣的暴君，他依靠高压统治的手段，不仅横征暴敛，而且强迫民众为其筑墙。

　　在史诗中，受压迫的民众祈求天神打造了一位野蛮人之王——恩奇都，专门对付吉尔伽美什。没想到两人在乌鲁克城外打得昏天暗地，愣是没分出高下，干脆不打不相识，成了好朋友，还决定共同治国。

　　天神见到自己亲手打造的战士没能完成任务，干脆使坏把恩奇都弄死了。面对着好朋友冰冷的尸体，吉尔伽美什意识到了人类命运的无常，于是他决定去寻找永生的奥秘，并历经艰险找到了传说中的不死草。然而，就在他洗澡的时候，一条蛇偷吃了不死草……于是蛇获得了蜕皮再生的能力，而人只能面对死亡的来临。

　　吉尔伽美什的故事，是人类历史上最古老的英雄史诗。这段传说能够流传至今，还要归功于它的载体——苏美尔泥板。

　　两河流域的冲积平原带来了取之不尽的泥土，苏美尔人发现，用芦苇尖在这种黏性很强的泥土上可以进行书写记录。在书写时，芦苇尖插入的部分会比较深，印记更粗，而拔出的部

苏美尔篇

分会比较浅，印记也随之变细，形成一个个状如木楔般的三角，所以古希腊著名历史学家希罗多德在他的不朽著作《历史》中将这种苏美尔人的文字称为"楔形文字"。

如果说塔庙是苏美尔公司最厉害的实体工程型产品，那么楔形文字就是这家公司最伟大的文化型产品。

和甲骨文一样，最早的楔形文字也是以图形表意的，但后来苏美尔人觉得这样太累，就把它们浓缩成了 350 多个抽象符号，每个符号代表一个音节或者单词。于是，楔形文字成了当时最伟大的文明产品，整个近东包括北非都开始引进推广。在那个时代，你如果会说几句苏美尔语，会写一手楔形文字，那就是个高级知识分子……

而且，相比写在莎草纸上的埃及文字，苏美尔人的泥板可以很好地保留至今，在乌鲁克、乌尔、尼普尔等古老遗迹出土的大量泥板上，内容五花八门、无所不包：从英雄史诗到宗教典籍，从操作手册到商业机密，从法律条例到爱情小说……这些泥板上清晰度超高的文字对我们破解苏美尔古老文明发挥了巨大的作用。关于这一点，周杰伦演唱的《爱在西元前》里明明白白地告诉我们："泥板上的字迹依然清晰可见……"

好了，我们再说回来……享受着高度文明的苏美尔人渐渐发现，就在各个城邦相互争霸，打得头破血流之时，很多可怕而原始的敌人早已虎视眈眈，盯着他们居住的这片沃土，真正的威胁很快就要降临了。

5

我们在前文已经提过，除了定居在两河流域之外的苏美尔人外，还有一部分人留在了沙漠中，而这些人就是闪米特人。几乎就在苏美尔文明公司遍地开花的同时，闪米特人中的一个游牧部落分支也悄无声息地来到了他们的北部，并在平原上定居了下来。这个分支叫作阿卡德人。

相比苏美尔人的高度文明，阿卡德人的文明还望尘莫及。作为游牧民族的后代，阿卡德人通常会用弓箭武装自己，打一些游击战，但是面对苏美尔人的方阵正规军，就根本无法与之正面对抗了……所以，一开始苏美尔人并未把这帮人放在眼里。

然而，大约在公元前2340年，阿卡德人中也诞生了一个大人物，名唤萨尔贡。萨尔贡的出身相当低微，他很可能是一个闪米特人的弃婴，但是逆境让他变得无比坚忍而英勇，在长大成人的过程中，他掌握了统领军队的技巧，并逐渐成了阿卡德人的绝对领袖。

作为最高管理者，萨尔贡深知要想追上苏美尔文明公司的脚步，就必须低下头去学习，借鉴他人的先进经验。于是，他号召手下改掉过去游牧时随遇而安的习惯，有模有样地学着建起了苏美尔式的砖房。同时，在萨尔贡的力推之下，过去没有文字的阿卡德部落也引入楔形文字，结合阿卡德语进行传播，

苏美尔篇

果然阿卡德人的文化素质瞬间提升……

尝到甜头的萨尔贡一不做,二不休,把苏美尔文明公司的各种产品一股脑儿地复制了过来,于是阿卡德人也有了苏美尔式的日历、计数方式、度量衡、士兵装备、灌溉技术……以及最重要的——行政管理方法。

很快,在萨尔贡的英明领导下,阿卡德公司从一家名不见经传的小公司变成了拥有一定能量的后起之秀。虽然当时并没有谁认为阿卡德可以挑战独角兽苏美尔,但是野心家萨尔贡知道,苏美尔人这样在城邦之间内斗,只会把他们积累多年的资本消耗殆尽。

他的远见无疑是正确的,等到苏美尔各城邦发觉大敌当前,为时已晚。萨尔贡的大军势如破竹,击败了苏美尔联军,一路把他们赶到了波斯湾。威名赫赫的萨尔贡做到了一件苏美尔人一直没有做到的事情:一统两河流域,建立了这里的第一个王朝——阿卡德王朝。

于是,阿卡德人反客为主,成功兼并了苏美尔公司,但深谋远虑的萨尔贡明白,如果把苏美尔人完全驱逐出去,势必会影响公司的稳定和长远发展。于是,他宣布苏美尔人可以自行留下,和自己带来的阿卡德人友好相处,和谐工作。

这一决策,带来了人类史上一次著名的民族融合。

阿卡德人骁勇善战,更擅长守卫和侵略,而苏美尔人精于管理,更适合作为文书官员,两者珠联璧合,阿卡德王朝也变得空前强大。当然，功成名就的萨尔贡还是有私心的，他把阿卡德人安置在了更重要的管理岗位，同时把阿卡德语提升为和苏美尔语齐平的官方语言。作为笼络人心的手法，他依然同意原先的苏美尔城邦自我管理，只不过整个公司的老大必须是他自己家系的。

强大的阿卡德公司的影响力辐射到了整个近东地区。作为当仁不让的拳头产品，阿卡德语和楔形文字在周边各种文明间迅速流传，发展出的贸易网络更是搭建到了极远的地区：在阿卡德王朝的遗迹中，考古学家竟然发现了远至印度哈拉帕和摩亨佐·达罗文明的花瓶产品。

但这并不是说阿卡德公司就没有什么重大弱点，事实上其隐忧还真的不少，其中最大的一个就是公司的生产供应链里严重缺乏两种重要的原料：金属和石材（这也是两河流域文明的老大难问题了）。要获得铜、银、锡等矿产，就必须打通去往阿曼一带山地的供应链。可惜的是，去往那里的商路被几个极不友好的原始游牧部落阻断，请记住他们之中一个的名字：古提。

擅长商业冒险的阿卡德人从未想过自己要和古提人这些游牧民正儿八经地做生意，如今已经高度文明化、心高气傲的他们自然看不起这些低等粗俗的穷哥们儿。他们试图用武力对抗的方式把商业线路上阻碍自己的各种野蛮敌人——铲平，这样的决策证明了萨尔贡的后代再也没有他那非凡的经营头脑。

随着树敌越来越多，加上本国又遭遇了各种旱灾，长期低

苏美尔篇

人一头的苏美尔人也开始闹起了叛乱,内忧外患让曾经辉煌的阿卡德公司走到了破产的前夕。在风雨飘摇中,古提人一改过去的游击战策略,转而大举入侵,给了阿卡德王朝沉重的最后一击。

随着阿卡德公司的瓦解,我们本篇的主角——苏美尔人时隔多年终于获得了解放,压在头上的阿卡德上司们不复存在了,他们也暂时回归到了过去那种城邦分公司分治的状态,但是阿卡德王朝的案例告诉他们:一个统一而强大的巨头公司远比这种分裂各自为政的状态重要得多。这样的思想帮助他们实现了一次苏美尔文明的伟大复兴。

6

古提人刚刚打下江山,屁股还没有坐热,苏美尔人就开始反抗了。处于低等文明的古提人根本不懂得怎么治国,只能选择撤退,把地盘交还给苏美尔人。最终,乌尔城的分公司在各城邦中做到了最大,在公元前2112年左右建立了属于苏美尔人的乌尔第三王朝。

苏美尔人在之前和阿卡德人共事的过程中学到了很多治理国家的经验,全新的苏美尔乌尔公司的规模甚至比阿卡德公司的还大,边疆已经深入伊朗高原,苏美尔的文化和艺术也获得了复兴。更重要的是,两河流域终于从多年的战乱中迎来了一个难得的和平时期。

相比勇于冒险的萨尔贡,乌尔第三王朝的头号大人物乌尔纳姆国王更看重法治的发展。正是他制定了人类史上第一部法律条文集合——《乌尔纳姆法典》。没错,它比那个闻名遐迩的《汉谟拉比法典》更古老,后者更是以它为蓝本,参照了其中许多条款。

在那个年代,《乌尔纳姆法典》无疑是极为先进的,它在两河流域确立了依法治国的思想,其中的一些条款也具有一定的前瞻性,比如一些条款规定,对罪犯的某些罪行可以不进行肉刑或死刑,改以罚金的赔偿,这显然是法律发展中的重大进步。

同时,乌尔纳姆极为看重下一代的教育问题,他兴建了许多学校,供那些苏美尔年轻人读书。20世纪30年代,法国考古学家帕洛特在马里城遗迹中发掘出了人类史上最古老的一所学校。这所学校被一条通道划分为一大一小两个教室,可供近70名学生同时上课。我们甚至可以想象一下,这些学生坐在石凳上,抱着一块块泥板摇头晃脑地朗诵上面的文字,认真学习科学、商业、历史、政治等各种知识……

除此之外,乌尔纳姆还从阿卡德人的前车之鉴中吸取了经验,为了把这家大公司治理得有条不紊,他在境内建立了许多驿站,并安排了专业的团队穿梭其间进行巡视和收税工作。有

苏美尔篇

了他们负责地对那些地方官员进行"尽职调查",乌尔纳姆觉得还不够,他还亲自任命每个城邦分公司的高层管理者,再也不搞自我管理了。

然而,遗憾的是,尽管乌尔纳姆是位尽职尽责的国王,但他的后继者并没有那么贤明。而且很不利的一点在于,这个王朝肥沃的土地已经被太多敌人盯上了,这其中就包括一支叫作阿摩利人的闪米特游牧部落。

乌尔第三王朝的疆域内既没有天然的地理屏障,也缺乏强大的军事力量,在面对周边那些游牧民族的骚扰时总是力不从心。

在对抗阿摩利人多年之后,另一支居住在伊朗高原上的原住民民族埃兰人乘虚而入。公元前2000年左右,他们的入侵终结了乌尔第三王朝,首都乌尔城也被付之一炬,化作一片焦土……如今我们走在它的遗迹上,也难免黯然神伤。

随着乌尔公司的破灭,苏美尔人缔造的文明也终于消失在了历史的长河中,他们再也没有力量建立起一个强大的王朝,相反,连苏美尔人本身也在民族融合中退出了历史舞台。然而,作为人类史上最古老的文明,苏美尔留给了我们不可计量的财富,虽然如今他们当年生活的土地都变成了伊拉克战场,但他们依然是这个星球上最古老的创业者,并教会我们:除了家庭、家族、部落外,人类群体完全能够以更高级、更复杂的形态组成,文明公司也因此起源。

巴比伦篇
借 IP① 上市的科技公司

---
① IP，本意指知识产权，网络引申用法把文学和艺术作品也称为 IP，这里的 IP 可以理解为古巴比伦文明。——编者注

来吧!我们要建造一座城和一座塔,塔顶通天,为要传扬我们的名,免得我们分散在全地上。

——《旧约·创世记》

周杰伦演唱的《爱在西元前》里，词作者方文山写的第一句歌词就是：古巴比伦王颁布了《汉谟拉比法典》。那年还年轻的我听到这句词的时候，情不自禁地开始思考一个问题：为什么叫作"古"巴比伦，难道还有一个"新"巴比伦吗？毕竟，同为四大文明古国，埃及、印度和中国都有新生的时刻，而这个巴比伦不是早就玩儿完了吗？

直到后来我认识了一个伊拉克人，和他聊了很多西亚历史后才发现，原来还真的有一个新巴比伦，只不过因为它的年代同样极其久远，所以时间长了，人们渐渐地就把二者混为一谈了。不过方文山还是严谨地对两者加以了区分……

事实上，若是深究的话，你就会发现这两个巴比伦并非同一回事，如果把两者的关系映射到如今的商业公司，那就是一出"借IP上市"的精彩戏码……

这场大戏的发生和另一家盘踞在美索不达米亚北面的大型公司有着说不清、道不明的关系。那家公司堪称巴比伦公司的宿敌，两家公司相爱相杀，纠缠了1 300多年，不是你弄垮我，就是我整废你。如今还能在西亚博物馆的遗物里找到当年两家恶斗留下的痕迹。

好了，让我们慢慢细讲这一段千年恩怨，先从那个古老的"正牌"巴比伦说起。

破产的文明

1

在上一篇中，我们说到埃兰人乘虚而入摧毁了风中残烛般的乌尔第三王朝，终结了苏美尔文明。但是继承苏美尔文明公司的并不是埃兰人，而是某个隐忍已久的闪米特分支——阿摩利人。

在接下来的故事中，我将提及各式各样的闪米特文明。闪米特人开创的文明公司各式各样，但有一个最显著的共同点，那就是……对自己人够狠。

没错，在这1 000多年的漫长岁月里，闪米特人的各家分公司虽然外敌如林，但这并没有妨碍它们互相之间的争斗。公元前1800年前粉墨登场的阿摩利人就是其中的一个内斗胜利者。早在2 400多年前，阿摩利人就定居在幼发拉底河西岸的叙利亚和迦南一带，并一直蛰伏于此，一边发动小规模的骚扰侵袭，一边等待着做大的机会。

这一等就是400多年，终于等到了埃兰大军下手。然而，属于印欧文明的埃兰人的文明程度在当时是远远低于闪米特人的，更不用说和苏美尔人相比了。虽然摧毁了乌尔第三王朝，但埃兰人完全不知道该怎么接手这个巨大的摊子，所以最后他们干脆劫掠了财物就心满意足地一哄而散了。

埃兰人并不知道，400多年后，另一个印欧文明的分支也做了同样的事情。别急，我们很快就会说到他们。

巴比伦篇

近水楼台先得月的阿摩利人亲眼看着埃兰人全军撤退,等埃兰人一走,他们就忙不迭地入主两河地区,顺利接盘,并填补了苏美尔人留下的权力真空。100多年后,在一位部落首领苏姆阿布姆的带领下,阿摩利人终于在两河流域建立了一个伟大的王朝。因为此地自古还有一个名称是"巴比伦尼亚",所以这家新公司就以此来命名,叫作"巴比伦",也就是所谓的"古巴比伦"。

苏姆阿布姆亲自在古老的基什城以西数千米外挑选了一个地方作为公司总部,也就是后来的巴比伦城。刚刚成立的巴比伦文明公司还很弱小,处于一个野蛮生长的时期。就在同一时期,支离破碎的苏美尔文明公司造就了一大票新公司,它们的主体基本上都是闪米特人,其中最大的几家分别叫作埃什努那、拉尔萨、玛里、伊辛,以及我们前文说到的那家,巴比伦的宿敌——亚述。

商战中,两大巨头你打压我,我逆袭你的故事屡见不鲜,常常是商业故事的经典素材,比如耐克和阿迪达斯、腾讯和阿里巴巴。关于亚述公司自身的传奇故事,我们会在下一篇中详细介绍,在本篇中,它会充当一个敌对公司的角色,穿插于巴比伦文明公司的整个生命周期。

众所周知,每当一个新的风口出现,各家新兴公司在野蛮生长阶段都是拼得你死我活的。毕竟,只要一个决策失误或者操作不当,就会被竞争对手掐灭在成长期,要么被吃掉,要么破产出局。

因此，巴比伦的成长也是小心翼翼、如履薄冰的。苏姆阿布姆的发展思路很明确，先求生存，再谋发展。正是在这样的防守型思维主导之下，他兴建了巴比伦最古老的一道城墙，故而被称为"筑城者苏姆阿布姆"。

苏姆阿布姆去世之后，他的继任者不断尝试扩张领土，他们从附近的基什入手，先后攻占了卡扎鲁、马尔达、库塔等地，后来又拿下了苏美尔人的核心城市之一：圣城尼普尔。

此时的近东一带分为南北两大区域，互相制衡之余内部也各自呈现出三足鼎立的局面：南方区是巴比伦、伊辛和拉尔萨三家称雄，北方区则是亚述、玛里和埃什努那三家争锋。

这六大公司中最先崩溃的，是相对最弱小的伊辛公司。伊辛公司缺乏足够的资源，发展策略也出了偏差，开始迅速衰落，终于在公元前1794年被邻近的拉尔萨公司野心勃勃的老板瑞姆辛吞并。

吞下了一家新公司，拉尔萨的胃口一下变大了，它把注意力放到了相邻的巴比伦身上。瑞姆辛开始磨刀霍霍，率军数次进犯巴比伦，并从中捞到了不少好处，比如保护费之类的。可以想见的是，面对这么一位鹰派领导者，如果巴比伦没有一位出色的领导者与之抗衡的话，很可能就会走上伊辛的老路了。

幸运的是，一位堪比阿卡德王朝萨尔贡大帝的超级强人不负众望地接手了巴比伦，把这个国家带到了一个空前的高度。

2

　　这位超级强人名叫汉谟拉比，嗯，就是众所周知的那个汉谟拉比。

　　作为巴比伦公司的第六代世袭继承人，汉谟拉比肩负的压力空前庞大：在他上位的公元前1792年，整个巴比伦的疆域只有9 000平方千米左右，本身就属于二线，而环伺周围，对它构成威胁的对手少说就有4个，而且东方的埃兰人也虎视眈眈。因此，刚上位的汉谟拉比还是选择沿袭父辈的老路，继续完善防御工事，大兴土木修筑城墙。与此同时，他也非常重视精神文明建设，在境内修建了大量的神庙，使员工拥有极强的凝聚力，这也为他后来的成功奠定了基础。

　　上位之后的头5年中，汉谟拉比就这样韬光养晦、安分守己，以一副"人不犯我，我不犯人"的形象示人，瑞姆辛觉得他构不成威胁，也就暂缓了吞并巴比伦公司的计划。

　　但事实证明，汉谟拉比的确是一位能力超群的强人，正如另一位闪米特系天才领导萨尔贡一样，这样的天赋是不可能在岁月静好中被挥霍浪费的。他凭借一己之力，带领着弱小的巴比伦把周围四大公司全部打败了，下面我们就按照这段征服史的时间顺序来讲讲他是怎么做到的。

　　前文我们也说到了，拉尔萨在瑞姆辛的带领下兼并了伊辛公司，占据了整个两河流域进入波斯湾的入海口。从地理优势

破产的文明

来说,这简直就是一片得天独厚的土地,我们可以将其类比为今天的长江三角洲,自古以来这里就是最富庶的区域。所以,控制了两河入海口的波斯湾地区,拉尔萨也就占据了整个近东地区的商业中心。拉尔萨制造的商品穿梭于波斯湾,直抵印度洋,伴随着新生的商业网络,事业做得风生水起。

这样得天独厚的商业地盘,显然也是众矢之的,紧挨着拉尔萨的埃兰人就一直心心念念记挂着。

埃兰人当年傻乎乎地舍弃了自己辛辛苦苦打下的地盘,如今早已悔得肠子都青了。吸取经验之后,他们决定再次进军两河流域,重点攻击对象就是拉尔萨。除了此地富裕多金外,这里商业地理位置优越也是重要原因:各条穿越扎格罗斯山脉进入两河流域腹地的重要商路,全都被瑞姆辛控制在手里,埃兰人想要做大自家的生意,就势必要夺取这些商路。

气势汹汹的埃兰人令瑞姆辛感到害怕,此时的他想到了自己身边的小兄弟,于是他提出和汉谟拉比结盟,两家公司联手抵御埃兰公司的入侵。这就和通用联手本田开发超级电池,对抗气势逼人的新来者特斯拉一样……

收到邀请的汉谟拉比觉得有些震惊,他没想到拉尔萨外强中干、虚张声势,根本打不来硬仗,但最终还是同意签署这份盟约。随后,他亲自率领大军痛击埃兰军队,用实际行动告诉这帮印欧人:闪米特人不是吃素的!溃败之后的埃兰人暂时安分了,但背地里还在干着一些不可告人的勾当。

巴比伦篇

强敌退却之后,汉谟拉比深深感受到了来自盟友的恶意:在这次短暂的合作中,瑞姆辛根本没出什么力,自己纯粹就是被他利用的军事工具。后面我们就会知道,汉谟拉比睚眦必报,本来就忍了瑞姆辛那么多年,这次又被摆了一道,重要的是,短暂的合作还试探出了拉尔萨公司的水平底细,那就不用跟它客气了。

于是,汉谟拉比以瑞姆辛故意不投入全力抗敌为由,转而进攻拉尔萨。

虽然巴比伦的军队人数远远少于对手,但机智的汉谟拉比并没有选择和对手硬碰硬,而是采取了一个高明的手法:既然拉尔萨处于两河下游,我就在上游修筑大坝,切断拉尔萨的水源,然后再布下重兵守住这些堤坝,以逸待劳,等到拉尔萨断水多日,想要出门求战之际,我再把大坝决堤来一出水淹七军。这可能是人类战争史记录中最古老的水战了。

利用这样的策略,汉谟拉比逐一击破对手的城池,从伊辛、乌鲁克到圣城尼普尔……一个个分公司被汉谟拉比攻打下来。面对天神下凡一般的对手,瑞姆辛也只能选择割地求和,巴比伦公司终于一点点地做大了……

现代商战的各种例子告诉我们,当一家公司还很弱小时,虽然随时可能被巨头公司碾死,但也可能在巨人的趾缝间生存,然而,当你不断做大成为行业顶尖,对其他公司构成巨大威胁时,这些公司就会想办法联手对付你了。比如当年优步几乎要一统全球时，4家互联网租车公司——美国的来福车、东南亚的GrabTaxi、印度的Ola和中国的滴滴，就曾上演过一出联手抗敌的商战大戏。

而在3 700多年前击败拉尔萨公司的巴比伦公司就面临着这样的局面，只不过汉谟拉比并不担心，他早已想出了对策。

3

虽然和拉尔萨公司的结盟并不愉快，但汉谟拉比意识到了盟友的重要性，要想一统天下，必须先找到自己的合作伙伴。他选择的盟友，是距离巴比伦相对较远，位于幼发拉底河上游的玛里公司。因此，他的策略就是——"远交近攻"。1 500年后，也有一个人采用同样的策略，帮助后人建立了大一统的帝国，他就是秦昭襄王……

玛里这家公司，此前一直依附于强大的亚述，相当于亚述公司的分公司。这是因为当时亚述公司的领导者是一位可以比肩汉谟拉比的人物（而且也是阿摩利人），叫作沙姆希-阿达德一世，关于他振兴亚述的故事，我会在下一篇再详细叙述。

在沙姆希-阿达德一世去世之后，他的小儿子亚斯马-阿达德正式接手了玛里公司，可惜他是个不学无术的败家子，于是

巴比伦篇

玛里公司开始闹分家了,领头的是一个叫兹姆里-利姆的造反派。在兹姆里-利姆的不懈努力下,玛里公司又恢复到了过去的地位,年轻气盛的兹姆里-利姆也顺理成章地当上了新玛里公司的"一把手",正是他接受了汉谟拉比的同盟请求,两家公司一南一北,成了新月地区的两大独角兽公司。

面对如此强大的双雄,近东地区的其他公司显然不愿坐以待毙,就像战国时期的六国一样,它们也选择了合纵连横:在瑞姆辛的牵头之下,拉尔萨、埃什努那与老对手埃兰人、古提人化干戈为玉帛,四家联合起来组成了对抗联盟,试图抱团取暖。

然而,"巴比伦-玛里联盟"的两大强人——汉谟拉比和兹姆里-利姆关系非常好,史书上形容他俩有着铁杆兄弟般的情谊。相形之下,另外四家的联盟是松散的,是迫于无奈才建立起来的,企业之间的合作都是利益为先,大家的小算盘打得贼精,整体更是典型的一盘散沙。因此,公元前1764年,汉谟拉比率领的巴比伦军队(以及一部分借来的玛里军队)击败了四家联军,一年之后就攻破了拉尔萨,逼得80多岁的瑞姆辛俯首称臣。

又是一年之后,汉谟拉比势如破竹般将埃什努那拿下,虽然这家公司直到6年之后才被汉谟拉比放水淹城摧毁,但此时也已经名存实亡了。在自己在位第31个年头,汉谟拉比终于拿下了整个巴比伦尼亚,他将目光投向了更远的北方,而那里正是自己长期以来的好友——兹姆里-利姆所统治的玛里王国。

汉谟拉比并没有犹豫很久，仅仅一年之后的公元前1761年，他就撕毁了多年来的同盟协议，率军入侵玛里。

时至今日，史学界对于汉谟拉比为何会打破这份同盟关系依然各执己见，但只要仔细分析一下当时的格局，就可以明白他的动机：玛里公司的总部玛里城是幼发拉底河上游一个位置重要且繁荣富裕的贸易中心，这里不仅有着很高的商业价值，而且直接控制着上游的水路资源。

还有一个重要原因在于，玛里盛产天然沥青，这是那个年代极其重要的建筑材料和造船材料。考古学家曾在巴比伦一条古老道路的遗迹中发现，道路最上层的石板都是平铺在用沥青抹过的砖面上的，这几乎可以说是最早的沥青混凝土马路了……不仅如此，沥青作为密封材料，还被近东各公司用于浴池、船舶、水渠、厕所和河堤的黏合，修建城墙这样的大型工事也必须用到它。

汉谟拉比当然可以选择交易，通过谈判获取玛里公司包括沥青在内的资源，以及水路商业渠道，但是作为一位古代雄主，选择占据这家公司从而直接拥有它，比维持过去的合作更划算，一了百了，免得夜长梦多。

遭遇背叛的兹姆里-利姆虽然怒不可遏，但也束手无策，此时的巴比伦已经如日中天，面对昔日的好友汉谟拉比，他只能无奈地选择了投降。汉谟拉比并不是个无情无义的人，他依然同意让兹姆里-利姆掌管玛里公司，但这家公司仅是巴比伦总公司的一个分公司了。

玛里的覆灭从侧面说明，无论是残酷的国家斗争还是现代商战，从来都没有永远的敌人和永远的朋友，只有永远的利益。

兼并玛里公司之后，整个美索不达米亚地区只剩下最后一家苟延残喘的公司：亚述。

汉谟拉比当然不会心慈手软，公元前1755年，他率军征服了亚述，终于实现了统一大业。然而，亚述这家公司和之前被征服的那些不太一样，有着极强的企业文化，其员工骨子里也有着强烈的企业精神，虽然被巴比伦兼并，但他们从未打消过独立出来的念头。不过这一切直到许多年后才得以实现，当然这些都是后话了。

此时的巴比伦已经幅员辽阔、空前强大，成了一个巨大的古巴比伦王国，这也是自阿卡德王朝、乌尔第三王朝之后近东地区形成的第三个大一统王朝。实现了这一切的汉谟拉比毋庸置疑是一位伟大的创业者，他自称"万能的国王、四方之王"。

4

如今我们都知道，汉谟拉比不仅是一个成功的事业开创者，而且是一个水准极高的管理者。在他的治理之下，古巴比伦达到了顶峰，甚至超越了前面的两大王朝。

作为一个重视体制和秩序的总裁，汉谟拉比最闻名于世的成就，显然就是以他的名字命名的《汉谟拉比法典》了，这个原本用于公司管理的条例法则最终竟成了古巴比伦公司的头号产品，远播到了其他地区，被诸多后来者借鉴。

1901年冬，一支由法国和伊朗共同组成的考古队在伊朗西南部一座埃兰古城苏萨的遗迹中发现了三块黑色的玄武岩人造物，它们可以组成一根高达2.5米的圆柱。圆柱顶端雕刻着巴比伦的正义之神沙马什将自己的权杖授予一个正襟危坐的人，经考证，这个人就是汉谟拉比。

浮雕下方用楔形文字铭刻着法典的全部282条条文，内容包括诉讼手续、损害赔偿、婚姻关系、债务处理、财产继承等。可以说，这部法典的意义和重要性超越了此前的《乌尔纳姆法典》，它更加先进、更加系统，并成了后世诸多律法的参考依据。

《汉谟拉比法典》的一大特点就是同态复仇思想，可能这也和汉谟拉比本人惯于以眼还眼、以牙还牙的性格有关。所谓同态复仇，就是任何人犯下了罪，都会按照其罪行本身来对其进行对等的惩罚。比如一位造船匠制造的船有问题，沉船淹死了购船者的儿子，按照法典就会处死造船匠的儿子，以作为惩罚。

毫无疑问，这样的法律是有失公正的，但《汉谟拉比法典》

巴比伦篇

的刑罚相对温和，同时也非常重视私有财产的所有权，因此具有一定的进步性。其实，从这部法典的各个细节就能看出古巴比伦文明公司的内部结构、经营模式，以及古代领导的管理理念。

从法典中我们得知，古巴比伦除了皇亲国戚的贵族群体外，全体员工大致被划分为三个等级：第一等级是有公民权的自由民，第二等级是没有公民权的伪自由民，第三等级就是最下等的奴隶。其中第一等级的真自由民显然是地位最高的，事实上他们之中还有一个群体拥有着不亚于贵族阶级的特权，这一群体就是古巴比伦的祭司阶层。

前文我们也提到汉谟拉比是非常重视员工精神文明建设的，他的手段就是通过宗教教化民众。为此，他将巴比伦神话中的太阳神马杜克提到一个至高无上的位置，这是巴比伦文明第一次在多神教中出现主神的概念。如果打开汉谟拉比的官方宣传文案，我们可以看到他自认为是神的凡间代理人，因此大力推行神权统治。

而神权统治下，祭司阶层是相当吃香的，他们首先拥有自己的地产——神庙，古巴比伦文明公司继承了苏美尔文明公司对于塔庙的追求，并将其发扬光大。每座神庙都是一个庞大的仓库，这里不仅堆满了百姓送来的各种祭祀礼品，而且国家打了胜仗，战利品中的很大一部分也必须先送进这里，作为对天神的犒劳。

破产的文明

完成财富的原始积累之后，这帮身家上亿的祭司坐拥大量的投资资本。他们有些靠出租土地给佃户，赚取大量的租金；有些干脆把地理位置突出的神庙改建成商铺，贩卖各种商品；还有些手头奴隶资源丰富的，利用一些核心技术，比如制砖、造船、棉纺、金属加工等，建立了自己的工厂。即便是混得最差的祭司，也能靠自己对法典的精通兼职赚点儿律师费，只不过那时还没有职业律师罢了。

上述这些行当还不是最火爆的，和如今一样，混进金融圈才是祭司阶层的高级目标。很多祭司赚够了钱，不愿再干辛苦的实业，转而去开办了类似银行的借贷机构，负责对外贷款，当然利息都高得惊人……据巴比伦出土的史料记载，高利贷行业曾经在巴比伦尼亚地区空前发达，为了遏制这股歪风，平息民怨，汉谟拉比还特意出台法律条款，对高利贷的还款利息进行了限制。

然而，放高利贷还不是祭司阶层最不可思议的副业，如果你去到那时的神庙就会发现，每一天都会有不可描述的交易在其中公开进行着。古巴比伦有着一个令人瞠目结舌的风俗：每位女性的一生中都必须去供奉爱神的神庙中卖身一次。希罗多德对此也有着详细的描写：女人们一字排开坐在神庙的特定区域，用花头巾包住头，展示自己的身体。男人们轮流上前，选择自己喜欢的姑娘，并在她身前丢一枚银币。无论这名男士有多么歪瓜裂枣，该女子都不能拒绝这次交易，否则便是犯罪……在此之后，两人会离开神庙另择佳处做爱，女子即视为完成了献身女神的重任，可以重获自由回家去。这些甚至都是被写入《汉谟拉比法典》的。如此夸张糜烂的男女作风，无疑是其他文明公司所不能接受的，也难怪不少史书记载中，巴比伦都以放纵淫乱著称。

或许，这样败坏的风气间接影响了古巴比伦公司的良性成长，接下来我们就要看到它的衰落了。

5

可以说，汉谟拉比是个非常重视商业的领导，在他的指导方针建设下，商业几乎贯穿于古巴比伦人的生活。很多人只知道他的《汉谟拉比法典》，却并不知道他还做了另外两件大事：一是修建了一条大运河，把商业中心基什和波斯湾连通，使海上的货物可以顺水路直达大城市；二是在幼发拉底河上修建了一座大桥，让陆上商队可以经由此桥过河，免去了交通不便的烦恼。

这两个超大型基建项目在当时绝对属于全球顶级，也的确振兴了古巴比伦的商业。

正是在这样的基础上，这家当世首屈一指的大公司开始向外输出自家的产品,比如橄榄和葡萄。后来风靡整个希腊成为当地特产的橄榄,其实最早生长在近东一带,并跟随着古巴比伦公司的商路扩建辐射到了地中海东部地区。同样地,数千年后成为西欧标志性产品的葡萄酒,其原料葡萄也是这样出口过去的。

除了农副产品,古巴比伦公司还盛产纺织品。当地盛产原料棉花及羊毛,而且其员工的染色和刺绣技术都已具备较高的水准,衣服的款式也引领了整个近东和小亚细亚地区的潮流:男女都爱穿浅色的紧身衣,女生款还特地要露出一只肩膀,更添柔美。如果外出旅行,古巴比伦款色彩鲜艳的罩袍自然是不二之选,再加一双山羊皮鞣制的凉鞋,就可以算十分时尚了。

古巴比伦文明公司的物流系统也比我们想象的更发达:负责配送服务的物流专员都会驾驶着驯化后的西亚野驴所拖曳的车辆,把各种商品沿着陆路送往小亚细亚、黎凡特地区,甚至是遥远的中亚。至于地中海和埃及地区的运输,更多的是由当时的另一家特别的文明公司负责,这家公司精于海洋物流,为此还研发出了不少"黑科技",关于它的故事值得单独细说。

为了防止错拿乱取,古巴比伦文明公司还开发出一套精妙的商品交割手续:商家会在货物外包装上盖一个泥制的专用章,取件人打开验货时,泥章就会自动脱落。这套手续后来流传到了其他公司,渐渐成了行业标准。至今在西亚的遗迹中还能发

巴比伦篇

现大量的泥章遗物,依稀还原出那一幕幕"快递签收"的古老场景。

统一整个美索不达米亚仅仅5年后,公元前1750年,伟大的汉谟拉比就离开了人世,他的儿子叁苏-伊鲁那子承父业,继续管理这家超级企业。眼见强人离世,过去那些兼并进来的公司开始不安分了,时不时地闹分家。然而,这还不是这家公司面临的最大困境——有两家崭露头角的新文明公司分别出现在了古巴比伦的东部和西部,严重威胁到了它的生存……

这两个危险的敌人都是印欧语系的,东边的那一支叫作喀西特人,他们潜伏在扎格罗斯山脉的群山之间,不怀好意地盯着古巴比伦繁荣的商路,同时饥渴地吸收着闪米特人的文化。此外,喀西特人还拥有一种古巴比伦人闻所未闻的战争兵器:战马。这种可怕的大杀器在他们入侵闪米特城邦国家的过程中发挥了难以想象的威力。

西边的那一支叫作赫梯人,他们长期盘踞于小亚细亚,在这里建立了一个安纳托利亚式的国家。随着他们的不断做大,古巴比伦西部边境的安全受到了严重的威胁。(看过漫画《天是红河岸》的读者应该比较了解这个民族。)

在内忧外患中,叁苏-伊鲁那苦苦支撑了37年,也没能阻止公司的效益持续下滑。他去世后,他的儿子接替了他,此时的古巴比伦公司经历了一次次的分家,如今竟然只剩下初创时的那么点儿地盘了……

这问题可就大了。

且不说商业中心被一个个拱手让出，古巴比伦文明公司的业绩出现断崖式的下跌，这些分公司原本把持的地方可都是重要的地理缓冲区啊：失去了东边的埃什努那，喀西特人就能以此为新据点，逼近总部巴比伦城；失去了西边的玛里，赫梯人就能沿着幼发拉底河顺流而下，令古巴比伦腹背受敌。

终于，在公元前1595年，赫梯王国国王穆尔西里一世大举入侵，铁骑踏破了古老的巴比伦城，终结了古巴比伦王朝。

分析这家超级文明公司的衰落，会发现它其实和苏美尔文明公司一样，受困于恶劣的地理因素：两河流域地区的地势没有任何地理屏障，完全是一马平川，在配备了"黑科技"战马的骑兵出现后，古老的帝国再也无法抵御这种全新的冲击了。

此外，古巴比伦自身内部的腐败也导致其国力以肉眼可见的速度迅速倒退：生活骄奢淫逸的既得利益者压榨底层民众，高利贷持续盛行，由贫民组成的军队军心涣散……创业难，守业更难的道理在汉谟拉比和他的继任者身上展现得淋漓尽致。

古巴比伦虽然灭亡了，但正如前文所述，后来巴比伦尼亚大地上又出现了一个新巴比伦。只不过，这一次的伟大复兴已是接近1 000年以后了……

6

古巴比伦公司倒闭之后,占领这里的赫梯人和当年的埃兰人一样,完全不知道该如何盘活这么大的破产企业。再加上赫梯公司内部还在酝酿着一场内斗阴谋(后文会详细叙述),穆尔西里一世也做出了似曾相识的选择:洗劫一通之后便匆匆全军撤退了,并且一去不复返。

和创立了古巴比伦的阿摩利人一样,喀西特人坐收渔利,接管了灭亡的古巴比伦玩了一出"借壳上市"。他们所建立的国家被称为"喀西特巴比伦",这个国家还不是新巴比伦,新巴比伦还要再等一段时间。

喀西特人入主之后,很快就后悔了,因为他们发现这里根本就不是人待的地方:谁占据这里,就意味着被周围一大帮如狼似虎的敌人盯着,特别是曾被古巴比伦欺负过的亚述公司……三十年河东,三十年河西,如今的亚述早已今非昔比,更不是刚刚成立的喀西特巴比伦可比的。

公元前1208年,亚述入侵了喀西特巴比伦,并一举吞下了这家公司。其间埃兰人和阿拉米人曾两次占据这片衰败的土地,但总体而言,巴比伦尼亚地区算是在亚述的统治之下。这一统治就是500年,直到亚述开始衰落之后,一支全新的闪米特人部落才粉墨登场,他们的名字叫作迦勒底人。

公元前626年,趁着亚述文明公司濒临破产边缘,迦勒底人占据了巴比伦城。原本就扎根于波斯湾一带的他们对于这里的情况了如指掌,他们也玩了一把"借壳上市"的把戏,在喀西特巴比伦的空壳之上建立了一家新的公司,而且还沿用了其最初的名字——"巴比伦"。

后来,人们为了区分两个不同年代、不同创始人建立的巴比伦,才将其称为"新巴比伦"。

新巴比伦最著名的老板名叫尼布甲尼撒二世,这位迦勒底大人物虽然根本不是阿摩利人,却对消失的古巴比伦有着莫可名状的痴迷,一心要复兴它的文化和传统。他的确做到了。在其领导下,新巴比伦虽然没有恢复旧日的规模,但也是近东一支绝不可忽视的力量,它和米底、吕底亚两家顶级公司齐名,并称为公元前7世纪三巨头。

关于尼布甲尼撒二世,我们只需要记住他做了三件大事。第一件是把巴比伦尼亚地区最著名的实体产品——塔庙提升到了一个登峰造极的高度。他以塔庙的设计为基础模板,在此之上不断完善壮大,最终建立起了一座高达91米的巨型建筑——埃特曼安吉神庙。

哦,它还有个更有名的名字——巴别塔,也就是俗称的巴比伦通天塔。这座著名的建筑还出现在《旧约·创世记》中,上帝为了阻止它的修建,决定让人类改说不同的、无法相互沟通的语言,还把他们打散在四处。

更厉害的是,巴别塔还不是尼布甲尼撒二世修建的最精致的建筑，他做的第二件大事直接创造了世界奇迹，那就是赫赫有名的巴比伦空中花园。传说他修建这座立体式植物园般的建筑只为安抚他那思念故乡米底的王妃安美依迪丝。近年来有学者认为空中花园并非新巴比伦文明公司的尖端产品，而是亚述公司的，至于真相，目前尚无定论。

尼布甲尼撒二世做的第三件事就是分别在公元前597年和公元前586年入侵了另一个闪米特兄弟国家——犹大王国，并掳走了数千名犹太人。这一事件也被称为"巴比伦之囚"，是犹太历史中的黑色篇章，催生了他们期待救世主降临的思想，犹太教也是在此基础上开始萌芽的。

除此之外，尼布甲尼撒二世执意要把新巴比伦打造成科技型公司：不但修建了多座图书馆，而且在他的鼓励下，新巴比伦文明公司的天文科技也是突飞猛进，各种尖端产品层出不穷。当然，他的另一大爱好就是筑墙。不过这也是无可奈何的事，既然没有地理屏障，就只能靠"人肉"修建了……只可惜，这些高大的边墙显然无法抵挡异族的入侵。

不得不说，创建于巴比伦尼亚地区的各大企业仿佛都深陷一个魔咒：最厉害的领导者一过世，就立马江河日下。新巴比伦文明公司也难逃宿命，经天纬地的尼布甲尼撒二世撒手人寰之后，仅仅过了23年，它就破产了：公元前539年，又一个顶级领导者君临此地，他以宽容的胸怀和仁慈的态度将新巴比伦纳入了自己的版图。

破产的文明

这位顶级领导者深知,两河流域的众多公司之所以难逃灭亡,就是因为它们的防御力太差,而更重要的原因在于,随着时代的变迁,它们的规模显得还不够大,布局还不够深远。所以,他建立起了人类史上首个规模空前的跨国公司……至于这位领导者是谁,还有关于他的故事,我们且留到后文再继续说吧。

亚述篇
野蛮生长与军事化管理

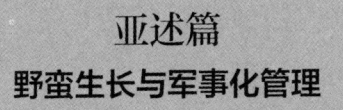

亚述人席卷而来,像饿狼扑入羊栏,他们的盔甲闪耀着紫金的艳芒,枪头锃亮,有如海上的星辰,碧浪翻滚,乘夜向加利利漫卷。

——拜伦

在北美工作的时候,我发现一个有趣的现象,有不少底蕴深厚的老牌公司内部,常常流传着一些企业创业之初的"黑料"和负面传闻。细细想来,倒和它们如今塑造的品牌形象似乎不那么匹配。后来我意识到,很多公司从弱小起步做到家大业大,都经历过野蛮生长阶段。在资本的原始积累时期,想从诸多对手的包围圈中存活下来,靠的往往不是妇人之仁,而是尽可能地摧毁那些对手。

商业时代的公司尚且如此,毋庸置疑,上古时代的文明就更加凶残而野蛮了……

上一篇中提到了巴比伦有家宿敌公司,没错,就是亚述公司。相比之前的苏美尔和巴比伦,亚述公司有着截然不同的企业气质。在它的面前,无论苏美尔公司讲究的那些包容共存,还是巴比伦公司偏好的秩序和繁荣,都显得微不足道。

可以说,亚述开创了一种全新的管理方法和发展方式,并且经历了三次自我进化。至于这家公司具体做了哪些人神共愤的事情,我会在这一篇中细细道来。

或许,亚述这家公司的崛起史向我们揭示了一些真谛,那就是在既没有优厚的资本又缺乏伟大的领导人的情况下,依然可以凭借野蛮生长和非常规手段,在生死存亡的修罗场之中活下来,成为一方霸主。

破产的文明

1

亚述会选择一条截然不同的道路，与它所处的地理环境有着密不可分的联系。亚述地处两河流域的北方高地，这里水网相当丰富，不像美索不达米亚南部那样气候干旱、土壤坚硬：哈布尔河、巴里赫河的许多支流从此流经，目之所及，四处皆是一片水草丰美、凉爽湿润的气象。

因此，亚述高地这块风水宝地并不需要人工建设灌溉渠道，就可以获得来自自然的充沛水量来养活庄稼。这里也便没有如两河流域南部一样，迫切需要形成凝聚的群体力量和秩序化的管理。上千年来，居住在这里的人民一直依赖农业和畜牧业，过着田园牧歌一般的生活。同时，由于处于山地，所以两河流域极其稀缺的石材资源在这里俯仰皆是，当地人可以散居于安稳的石制房屋里，享受静谧与平和。

大家或许并不知道，远古时代的亚述高地并不是智人的地盘，那里属于更加原始凶暴的尼安德特人。20世纪50年代，哥伦比亚的考古团队就在伊拉克境内的沙尼达尔洞穴之中发现了尼安德特人生活过的遗迹。洞穴里发现的几具尼安德特人尸骨几乎全都带有严重的致命伤，仿佛预示着此地从来就是个险恶的是非之地。

根据考古发掘的资料，亚述地区最早的智人原住民是闪米特人，他们早在公元前3000年前就迁徙到了这里。论资排辈的话,这批亚述闪米特分支还属于阿卡德人的近亲。在之后的数百年里,亚述先民笑看南边的兄弟为了资源或是大打出手,争斗不休,或是忙于四处寻找贸易渠道,建立商路。安于自给自足的他们并不知道,南方的苏美尔公司正在高速发展着,无论从公司结构还是管理手段,都甩开这群北方佬不止一个档次。

果然,当萨尔贡带着阿卡德军队君临北方时,亚述人毫无还击之力,只能选择臣服。许多年后,考古学家发掘出了一些遗迹,其中一把青铜剑上清晰可见的字迹透射出当年亚述人被迫低声下气的无奈:基什之王玛尼什图苏啊,我们是您忠诚的子民。

这个玛尼什图苏不是别人,正是萨尔贡的孙子。他不但把先进的文化理念带入了亚述高地,为了强化对这片新领土的治理,还引入了早期文明公司高效管理的不二法则:宗教精神。

为什么宗教能够很好地辅助管理呢?这是因为在人类社会的早期阶段,是基本上不能区分自然、超自然和社会领域的。在这样一个近似混沌的状态中,建立平民对神明的崇拜,可以帮助上层统治者确立自己的执政地位,同时也便于划分严格的等级制度。反过来,平民也迫切需要神明来对统治者的道德进行约束。比如,当出现天灾时,他们就会抱怨正是由于上层暴虐无道,才会遭到神罚。

于是,平民、统治阶级和神祇形成了一个各司其职的相对平衡态:平民负责通过耕种作物养活自己和统治者,同时供给神祇以维持法力；统治者负责维持社会秩序，以确保平民可以安心劳作；神祇则负责维持自然秩序，确保庄稼的生长丰收。当然了，只是古代人民以为如此。

一旦三者中任一方的责任出现缺失，稳定必然被破坏，动荡也就产生了。比如，统治者荒淫无度、过于严苛，导致农民被严重剥削，无法正常生产，那么神祇就得不到作物祭祀的法力供给，也就无法维持自然秩序，于是天灾便降临了。

虽然现如今我们看来，这一切简直有如游戏世界的"脑洞"设定，但其深深根植于各个古代文明之中，不仅仅是苏美尔和亚述，南美的玛雅、印加等也都有着一模一样的情况。可以说，正是借助这样的平衡形式，一个相对稳定的社会秩序才得以建立起来。

根据考古发现，在亚述著名古城尼尼微曾经出土了一些铭文遗物，上面描述了玛尼什图苏在这里修建第一座神庙的过程。当然，玛尼什图苏绝对不会想到，4 000多年后，这里会成为"伊斯兰国"恐怖分子横行之地，比当年更加荒蛮可怖。

2

在阿卡德人倒台之后，亚述地区获得了短暂的自由，不过

亚篇述

随后的乌尔第三王朝又让亚述人被迫成了苏美尔人的子民。

前文提过，苏美尔公司比较注重国际化，有着良好的公司章程，比如《乌尔纳姆法典》。原本大字不识一个的亚述新员工也在耳闻目染中变得文绉绉起来，他们借鉴了苏美尔人的楔形文字，又选择和自己土语很接近的阿卡德语法，渐渐发展出属于自己的亚述语。依照古文明语言学的说法，古巴比伦语和亚述语之间的差异，甚至比粤语和东北话之间的差异还要小。

可以说，阿卡德人和苏美尔人的统治对亚述的发展起到了莫大的改造作用，亚述子民在当时全球最先进文明的熏陶下，摆脱了过去那种仅限于农牧的原始文明状态。就如同今天我去到杭州、深圳这些城市，会感受到一个城市存在某个互联网巨头时，当地其他许多公司也会深受其影响，包括那些传统公司在内。同样地，一旦员工在这样的巨头公司经历够久，不断成长，就会萌生创业的念头。亚述员工也在酝酿着同样的事情。

公元前2004年，乌尔第三王朝被埃兰人摧毁，亚述高地顿时陷入群龙无首的状态，但是亚述人也知道，他们再也回不去过去那样拽耙扶犁的离散式农牧生活了：一个个新的城邦迅速建立了起来，这些小公司基本都是有样学样儿，照搬苏美尔巨头公司的经营模式。它们之中就包括最著名的阿舒尔、尼尼微，以及知名度稍逊的旮苏尔、阿比拉等。

在这段属于早亚述时期的岁月里，亚述本地的小企业虽然发展起来了，但是由于创始人自身的能力有限，加上互相之间的制衡,所以一概做不大。相反,如上一篇中所提到的,建立了古巴比伦公司的阿摩利人却看中了这块土地。

这支阿摩利人的老大沙姆希-阿达德一世可谓是亚述早期难得一见的厉害人物。当他长大成人时,父辈们已经为他在亚述深处的哈布尔河上游建立了很大的一片根据地,有了立足的资本供他继续开拓。公元前1814年左右,沙姆希-阿达德一世不断兼并周围的小公司,终于把家业做到了一方巨头的程度,拥有了参与六大公司群雄逐鹿的资格。

在当时的近东六强里,亚述公司主要的对手是北方的玛里和埃什努那。沙姆希-阿达德一世在这场残酷的竞争中充分展现了奸雄的气质,他先是拉拢玛里结为联盟,等到自己强大之后,又撕毁盟约反戈一击,通过多次互有来回的攻防战,把玛里纳入了自己的地盘。至于埃什努那,一时半会儿也拿不下来,沙姆希-阿达德一世就干脆与其签订一个长期的同盟协议,共同抵御南边的大敌。

可能是因为看到大儿子把亚述东部地区治理得井井有条,沙姆希-阿达德一世选择让自己的小儿子亚斯马-阿达德担任玛里分公司的领导者,可事实证明,这是一个非常糟糕的选择。亚斯马-阿达德自幼养尊处优,任性骄纵,根本没有承担起分公司管理的能力,遇到问题总是依赖自己的父亲帮忙。

很多大型家族企业的弊病从中也可见一斑:在没有合适的管理者时,只能被迫从家族中选择一位出任,而不是选择一位尽职尽责的职业经理人。

比如20世纪60—90年代的摩托罗拉公司,毋庸置疑是当时芯片处理器领域的巨头企业,并且遵从家族企业模式:高尔文家族拥有公司的最高话语权。然而,当第三代高尔文接手时,此君能力极为有限,且墨守传统企业的成规,因此只能眼睁睁看着英特尔从小公司一跃成为巨头。而英特尔公司的领导者是职业经理人、著名的企业家安迪·格鲁夫——"安迪-比尔定律"的缔造者。两者对比,高下立判。

玛里人在无能之辈亚斯马-阿达德的统治下,只是暂时假装服从,随时谋求着独立分割。果然,沙姆希-阿达德一世一死,他们立马就揭竿而起,重新独立了出来。亚述本部的日子也不好过,公元前1755年,汉谟拉比征服了整个亚述,这里只能象征性地保有一点自治权,并在之后漫长的数百年里默默无闻。

3

关于沙姆希-阿达德一世治下的早期亚述,我还想再多说一些。仿佛阿摩利人天生就自带经商的基因:此时的亚述和后来人们印象中那个极端崇尚军事武力的亚述截然不同,是个异常发达的商业公司。

在沙姆希-阿达德一世的遗物中，一块写有楔形文字的泥板上显示了一份商业报价表，其中明明白白地展现着他的商业帝国和其他公司的商品比价，从中我们可以看出亚述的竞争对手包括小亚细亚、叙利亚、美索不达米亚南部、扎格罗斯山区及亚美尼亚等地区。

即便用今天的眼光来看，这份报价表的内容也可称完备：不但包括商品的名称、价格，而且备注了商品产自哪里，又被运往哪里，涉及的运费大致多少等。可见亚述的商品有多么热销，甚至连西边的小亚细亚也建立了相应的贸易站。这些商业殖民地有个统一的名字，唤作"卡拉姆"。

我在土耳其卡帕多西亚地区游历时，曾在博物馆中见到了那块泥板的复制品。泥板出土于一座叫卡尼什的小城，那是一块真正意义上的商业殖民地：在政治版图上它并不属于亚述，但市民基本都是亚述人，且属于同一个商会。这帮商人的势力相当大，在当地不仅享有高度的自治权，而且被免于纳税。不过，从另一重角度来看，亚述公司的海外员工给当地带来了源源不断的商品，以及先进的楔形文字，强烈刺激了小亚细亚当地文明的发展，在其作用下，一家古老的公司开始茁壮成长，那就是上一篇中提到的赫梯，它的名字在后文中还会出现。

在这块泥板上，总共记录有26座城市，这些城市之间平均每天会进行3.26次贸易。事实上，这些商业城市基本上都是卡拉姆，它们遍布于今天的土耳其中部地区。"卡拉姆"一词，其实就是阿卡德语中的港口，但后来词义被扩展为指代任何贸易集中地，并不一定需要与水路交汇。亚述商人把自家的奢侈品、食材、香料和布匹送到卡拉姆，交换当地盛产的羊毛和金属锡资源。

可惜的是，这种繁荣的景象终究只是个泡沫，在沙姆希-阿达德一世过世之后，亚述公司的控制力不复存在，此时商路上盘踞着各种不安全因素，胡里安人就是其中最大的威胁。

和前文提到的各个民族不同的是，胡里安人的语言既不属于闪米特语系，也不属于印欧语系，而是属于小亚细亚语族的一种黏着语，和今天的亚美尼亚语比较接近。不过，他们也很快就接受了楔形文字这种先进产品，用于本族语言的书写。

胡里安人也是游牧民族，并且很早就定居于亚述公司的周围。当时他们还没敢过于猖獗，沙姆希-阿达德一世就已经未雨绸缪地与之签订了联姻协议，让自己的孙子迎娶了一位胡里安公主，换回了暂时的和平。等他死后，胡里安人便开始蠢蠢欲动，他们很快就控制了亚述西部和北部地区，并在这里建立了属于自己的米坦尼王国。

公元前1472年，米坦尼发展到了巅峰，自北向南进军，不仅接连打败了埃及和亚述，而且打败了曾经强大的喀西特巴比伦。在米坦尼的淫威之下，亚述公司只能又一次被迫选择了被兼并，成为别的公司的附属。

破产的文明

或许，正是这样一次又一次耻辱地被侵占，只能寄人篱下的痛苦，让亚述人明白了一个道理：在近东这片群魔乱舞的修罗场，要想真正成为割据一方的霸主，只靠商业贸易和虚无的人道统治是远远不够的，必须变得更强悍、更勇武，甚至更加残忍和无情。

当然，这样的描述或许有些扁平化了，事实上，进化到2.0版本的亚述员工并不仅仅有一腔血勇的武夫精神，他们还有着一个不那么光彩但相当有效的策略：从其他文明公司那里"偷师"先进科技。比如，从喀西特巴比伦那里，亚述人学到了马匹这种重要军事资源的运用；从米坦尼王国那里，他们又学到了当时陆地上最强的重装武器——战车。

复制他人的成功经验，直接照搬成功公司的产品，是无数公司起家时的不二法门。这种模式可以避免开发新产品的失败风险和巨大成本。走捷径坐享其成，在人类文明史上也不例外。然而，要做到亚述这一步却也并非易事，这需要国家具备一定的国力，同时还需要国家具有开放式的对外交流网络，两者缺一不可。

亚述的科技进步和民风的大幅转变，给这家公司带来了令人耳目一新的变化。虽然它依然是米坦尼公司的附庸，包括阿舒尔、尼尼微在内的许多子公司都被拆分开来，表面上看似毫无凝聚力，但事实并非如此……

亚述篇

4

公元前15世纪末,亚述人又做了一件大事。他们不但和巴比伦公司签订了互不侵犯条约,而且径自学习了后者的尖端科技——筑城之术,重新修筑了阿舒尔周围的城墙。这无疑向世界传递了一个清晰的信号:这头睡狮已经觉醒了。

此时的米坦尼公司却并不那么好过,两大文明公司赫梯和埃及—西—南,对它形成了夹击之势。长时间的压迫令胡里安人绝望了,毕竟这两家和之前遇到的对手都不太一样,它们过于强大了。外敌当前,米坦尼内部陷入崩溃,各种叛乱层出不穷。

2.0版本的亚述自然不会放过如此良机,公元前1365年,他们终于击溃了米坦尼和埃及的联军,宣布自己正式重新崛起。从这个时间节点开始,亚述公司进入了第二个阶段:中亚述时期。从这个阶段开始,亚述人留存于史书里的记录便再也不是过去那种积贫积弱、任人欺凌的形象,而是各种残暴的军事征服,无论对待敌人、叛军还是战俘、奴隶,亚述公司都留下了惨无人道的可怕行径……

比如对待前米坦尼公司遗留的员工,亚述新领导丝毫不讲任何情面,将他们尽数流放,赶到了疆域之外。我们不妨回忆一下阿卡德帝国时期萨尔贡是如何厚待前苏美尔公司的员工的,两者的待遇真可谓是天差地别。不过,显然他们的处境还不是最恶劣的,毕竟在亚述今后的历史上,暴行的程度只会不断加深。

吞下米坦尼公司之后,亚述人并没有觉得自己可以高枕无忧了。因为当时的周边形势依然非常恶劣,小亚细亚的赫梯公司,以及处于新王国时期强大的埃及公司,都在不断扩张自己的地盘,并压缩亚述的生存空间。

对此,亚述的态度很明确:绝对不退缩半步,一定要以强大的武力把任何威胁消灭在国境线之外。亚述的铁骑踏遍了近东的每个角落:从自家东部山地的游牧民到散落于西亚的喀西特人,再到南边叙利亚地区的居民……这些敌人生平从未见过装备如此精良、作战实力如此强悍的军队,只能望风而逃。

公元前13世纪初,亚述长驱直入安纳托利亚高原东部,直接威胁到了赫梯王国的核心地带。赫梯被迫和埃及联手抵抗,然而依然无果,只能选择纳贡投降。公元前1208年,时任亚述公司"总裁"图库尔蒂-尼努尔塔一世率军入侵巴比伦尼亚,俘虏了巴比伦"总裁",还当着众人的面把脚踩在他的脖子上肆意羞辱他……这么做只有一个目的:塑造自己的恐怖统治,既震慑外敌,也控制臣民。

获胜的亚述人继续破坏着巴比伦这个曾经辉煌的国度,他们摧毁了巴比伦的城墙,屠杀了不计其数的居民,劫掠了全城,特别是那些富得流油的神庙。这还不够,他们还把神庙里供奉着的本地马杜克神的神像全部砸烂,换成自家的阿舒尔神……

亚述篇

此时，整个西亚已经没有任何敌人敢于挑战亚述这个残暴的巨头公司，连曾经盛极一时的埃及也只能被迫屈服，法老不断向亚述进贡昂贵的奢侈品，以换取一时的平安。

值得一提的是，此时的亚述过于推崇武力，连年征战，曾经在小亚细亚的那些商业殖民地基本上全部荒废了，也没有商人敢像过去那样自由自在地去那里做生意。于是，亚述的商业只能限于在国内发展，大量资本缺乏境外的投资渠道，回流之后变成了高利贷资本，亚述内部的经济环境遭到破坏，内卷化严重，贫富差距不断拉大。

亚述高层领导当然也意识到了这个问题，他们想到的解决之道就是继续扩张地盘，以寻求开辟新的商路。此时的亚述虽然强大，但依然是个内陆国家，没有出海口和海港，也就无法和地中海沿岸的其他公司进行生意往来。于是，他们把目标瞄准了一个老牌海洋文明——腓尼基，也就是上一篇中提到的那个精于海洋物流的奇葩公司。

可以预料到的是，历史再次重演：腓尼基这种纯粹的商业国家哪里是亚述的对手？此时的亚述公司那是何等声威？腓尼基人几乎想都没想就投降了，并且心甘情愿地接手了亚述公司的海洋贸易业务。

然而，在腓尼基这家远洋物流公司的周边，还存在着一些不太一样的小型公司，其中一家就宛如一把双刃剑，既给亚述公司带来了莫大的帮助，又逐渐演变成了难以预测的新威胁。

5

说起来，亚述人对待被自己征服的国家大都采取的是纯粹的军事高压管制，但是对那么一小撮人他们又会采用相对宽松的政策。这些人就是精于经商，能够有效经营贸易网络的阿拉米人。对比腓尼基，阿拉米公司算是一家很小型的企业，甚至称不上一家统一的公司，只能算是很多个体户的集合体。

青铜时代晚期，阿拉米人渐渐开始兴旺，他们居住在今叙利亚南部及幼发拉底河中上游一带，大马士革就是他们最著名的定居城市之一。大马士革如今令人称道的供水系统，就是阿拉米人到来之后建立的。为了利用巴拉达河的淡水资源，他们开凿了运河和地下水道，构建了一个复杂的供水网络。

作为西北闪米特人的一支，阿拉米人同样自带经商的天赋，他们的贸易网从沙漠发起，贯穿两河地区，最终抵达亚述高地，可以说遍布整个西亚。尼尼微城的遗迹中出土过许多属于阿拉米人的青铜秤砣，足以证明这些商人曾经有多么活跃。但他们从未产生过强大的凝聚力，建立高度集权化的政府，大家都是各自为政的小部落，只管做自家生意，这一点和后来的犹太人不谋而合。

大概也正是出于这个原因，亚述人对待他们就相对宽容，而阿拉米人在长期的商业活动中也把一种比楔形文字更先进的文化产品引入了亚述公司，这便是腓尼基文字，一种人类史上

亚述篇

最早出现的字母文字。相比楔形文字，腓尼基的字母文字书写起来方便得多，再加上阿拉米人同期从埃及引入了纸、笔等工具，在泥板上书写楔形文字从此便成了落后的记录方式。

与此同时，阿拉米语也取代了过去的阿拉德语，成为一种国际性的通用语言，甚至在亚述国内，普通百姓也更精通阿拉米语而不是亚述语。

私以为，这种变革趋势是完全合情合理的。很多时候，科技产品的更新换代都是由人类的本能驱动的，我们更愿意使用简单、方便的东西，淘汰那些跟不上时代的产品。比如数码相机的便捷和高效，让传统的胶卷相机无法生存，又如在苹果带来了智能手机和多点触摸的交互方式之后，诺基亚便带着它的键盘机和塞班系统走向了日渐衰微的末路。与此同时，伴随着这一波革新的科技，整个产业链都会重新洗牌更新。

阿拉米人就抓住了这波技术革新的浪潮，借助腓尼基文字推广自家的阿拉米语言和文化，变成了西亚一股不可小觑的势力。他们虽然没有大一统的体制，但是依然有着一定的战力。他们的商业文明对后世造成的影响，甚至比亚述人的军事帝国更加深远。

阿拉米人的崛起其实只是历史背景板中较为浓墨重彩的一笔。当时的整个人类世界都处于一个剧烈变化和动荡的时期。这个时期就是发生于公元前1200年—前900年的青铜器时代末期的大崩溃。

破产的文明

这场大崩溃的过程绝对可称得上人类文明史上的头一个黑暗时代，整个近东、北非、小亚细亚、高加索、东地中海和巴尔干地区都陷入了混乱与灾难。其源起可能是气候因素：在叙利亚，考古团队对古代土壤深处的花粉进行提取研究后发现，当地气候发生了灾难性的变化，原先的作物全部荒芜，野草横生。粮食的歉收引发了饥荒，严重威胁到大量文明公司的生存，员工连"盒饭"都吃不上了，谁还有力气干活呢？

伴随着秩序的破灭而来的就是一些低等部落的入侵，他们大都是新兴的西亚闪米特人，比如前文提到的阿拉米人、迦勒底人，以及苏泰人，这些部落趁着亚述的内乱和暂时性的衰弱，侵入了亚述西部和南部地区。

与此同时，印欧的游牧民族也在这个改天换地的大时代粉墨登场了，包括米底人、波斯人、萨尔马提亚人和帕提亚人等。他们迁徙进入了亚述东部地区，取代了当地的喀西特人和古提人。

在更远一些的地方，一些此前从未听说过的海上民族也开始出没，入侵东地中海地区，大量的文明被夷为平地。关于这一段历史，后文中会详细介绍。

很形象的是，在现代商业史上每一波产业变革的大潮中，总会有很多小公司野蛮生长、做大做强，严重威胁到大公司，甚至将其逼上绝路。就好比在家用化计算机的变革大潮之中，IBM（国际商用机器公司）这头蓝色巨象被惠普、康柏、戴尔等群狼撕碎一样。

于是，气候剧烈变化引发了干旱、饥荒和混乱，社会的动荡再加上各种低等部落的入侵，共同导致了青铜时代晚期的这场文明大崩溃。正如2008年的金融危机一样，小公司资本有限，也缺乏应对危机的管理能力，它们有些死于内部政治斗争，有些死于外敌入侵，无数文明从此再也不复存在。

然而，也有几家大公司靠着强大的资本和实力不断退防固守，终于在这场剧变中坚强地存活了下来，亚述就是其中之一。虽然此时它的地盘只剩下当初的山地核心区域了，但好死不如赖活着。

青铜时代大崩溃说明了一点：在世界性范围的剧烈动荡面前，只有那些幅员辽阔的古代文明才能抵抗得住，毕竟它们的缓冲区更多，物资更丰富，更能抵御战争和灾难。同时，大型国家的管理往往也更先进，能够恩威并施，让人民从混乱之中重塑秩序。

6

在经历了这波青铜时代大崩溃之后，规模严重萎缩的亚述公司面对的是一大堆更加陌生且更加野蛮的对手，此时必须进一步调整战略才能把公司维持下去。他们的思路很简单，就是对内更加推崇军事化管理，对外则更加残忍凶暴，无所不用其极。

公元前 1000 年左右，亚述进入了新亚述时期。用今天的话来说，3.0 版本的亚述演变成了一家充满狼性和侵略性的公司。

新的亚述公司非常敏锐地追赶上了一波"科技革命"的大潮，他们从赫梯人那里学到了一项关键性技术：铁器的制作。相比制作青铜的原料紫铜和锡，铁矿石分布得更广泛，更容易获取，制作成本也低廉得多。同时，铁制武器有着远超青铜武器的韧性，开刃处也更加坚硬。

铁制武器的引入，可以说让亚述的军队如虎添翼，但是很重要的一点在于，这一波科技升级并非仅有亚述这样的大公司获利。

在青铜时代，由于锻造困难加之原料昂贵，所以只有那些具备庞大规模的国家才能制造得起青铜武器。但是铁器的获取相当容易，那些村庄和部落也能自己打造出质量不错的铁制武器。游牧民族获得了铁器的武装，战力迅速进化，足以击败那些曾经强大的古代文明。

同样的例子在现代商业中也能看到。在制造业时代，只有那些大型传统公司才能吃得开，这些公司常常垄断了从研发、制造生产到销售的整个产业链。然而，到了互联网时代，哪怕只有十几号人的初创公司，只要拥有足够好的创意，也能利用互联网这个先进武器在业界站稳脚跟，甚至不断做大。

这就是技术革命所带来的可怕力量，它能帮助一家公司弯道超车，野蛮生长。正如有人所说，"站在风口上，猪也能飞起来"。目前看来，个人认为新能源汽车就是这一波正在出现的技术革命，一旦攻克了电池技术的核心难点，它便能帮助那些新生的汽车企业实现对传统汽车企业的"逆袭"。

我们再回到古代。虽然游牧民族有弯道超车的趋势，但亚述公司的实力依然不是它们可以比拟的。既然你们这些乡野流氓也能拥有铁制武器，那我就要发展出更先进的战争机器，让你们彻底绝望！

公元前 730 年左右，亚述国王提格拉特-帕拉沙尔三世将军事化贯彻到底，建立了人类史上第一支职业化的军队。这支军队是从亚述男性国民中精挑细选而组成的，兵种非常齐全：不仅包括基础的轻重步兵、弓箭手，以及亚述传统的优势兵种战车兵、骑兵，而且还有此前不太常见的工程兵和攻城部队。

先说说这些工程兵。他们研发的充气浮桥、快速修桥和挖掘隧道技术大大解除了过去战争受地形限制的烦恼，不过比起亚述的"王牌科技"攻城部队来，还是小巫见大巫。

攻城部队中的"王牌装备"叫作投石机。这种大型武器通常由巨大的木梁搭建，内里装置有特制的转盘，由马鬃和橡树皮制成的绳索拉动，可以投射出巨大的石块或燃烧着的油桶。除此之外，还有三大利器，分别是金属制成的攻城锤、体积巨大的冲车，以及可以翻越城垛的云梯车。

除了科技先进，亚述军队的凶残特性也令敌人闻风丧胆。

破产的文明

对于拒绝投降坚持抵抗的国家，亚述会在破城之后实施血腥屠杀，并且用各种残忍的手段对城里的平民进行肉体和精神上的摧残。屠杀和抢劫之后，留下一片尸山血海，他们再将这些地狱般的城市付之一炬，一走了之。

新亚述五帝王之一的提格拉特-帕拉沙尔三世在攻破大马士革之后，将阿拉米人的头颅堆成了一座小山；五帝王中的另一位辛那赫里布曾经占领并焚烧多达75座城市……由于亚述人行事如此残暴，犹太人将亚述的首都尼尼微称为"血腥的狮穴"……

正是凭借着这些超越时代的军事科技，加上残暴到灭绝人性的侵略性，亚述公司才能实现各种不可思议的征服。他们不仅征服了周边的乌拉尔图，收复了小亚细亚东部和叙利亚地区，而且在公元前729年攻破古巴比伦，反过来将其兼并为自己的一部分。公元前669年秋，亚述大军长驱直入埃及，从孟菲斯打到底比斯，最终将埃及也纳入了帝国版图。公元前640年，亚述又灭亡了东边的埃兰，从此埃兰再也没有在文明史中出现……

此时的亚述是一个东起波斯湾、西到尼罗河的庞大帝国，虽然反抗的烽火一再燃烧，比如犹大国国王希西家曾经联合腓尼基人和腓力士丁人反抗亚述，巴比伦也曾经和埃兰人、阿拉米人、米底人及波斯人组建反亚述联盟，然而却无法对抗正处于巅峰的亚述帝国。

亚述篇

可以想见的是，对待这些叛乱和反抗，亚述公司的惩罚也异常严厉，他们曾经把数千名战俘插进削尖的木桩中，任由他们流血遍地而死。

然而，过分的暴力和无尽的杀伐对亚述帝国的反噬也是不可避免的。特别是新亚述公司，它完全脱离了过去的贸易模式，也从来都不是一个像巴比伦那样的商业公司，而是将大量的精力投入战争机器的研发和军事力量的培养中。亚述公司内部的员工基本上都是农民，农业才是亚述的支柱产业，但是战争不仅需要许多农民变成士兵，而且导致大量农田荒废。

从更深入的角度来剖析，亚述管理层长期灌输的那种凶狠的狼性文化其实并没有真正生根发芽，从底层民众对阿拉米文化的推崇就可见一斑。即便是军队，在后期也充斥着大量的外国雇佣兵，很难被"洗脑"。

更何况亚述帝国的扩张过于急躁，吞并的那些土地充满了反抗和暴力，在镇压它们的过程中也消耗了太多国力。终于，到公元前612年，米底人和迦勒底人联手入侵亚述，日渐衰落的帝国没能撑过这次劫难，经历了2 000多年，还是被迫迎来灭亡的结局。

亚述公司的覆灭或许揭示了一个道理，即在企业野蛮生长的发展期，或许可以选择一些非常手段和非常方式占据市场，但是当企业已经成为业界巨头时，依然靠着这种手段，必然会失去人心，走上一条不归之路。

埃及篇
大型传统企业的弊端

我是谁,怎么能够去面见法老,把以色列人从埃及领出来呢?

——摩西

从这一篇起，我们将暂别西亚，渡过红海去往北非，开启一段新的文明故事。在讲述古埃及文明之前，我想先讨论一个曾经被问起的有趣问题：古埃及和美索不达米亚这两个文明，哪个更古老一些，两者有何本质上的区别？

这个话题曾在考古学和人类学领域引发过广泛争议。按照目前比较主流的看法，虽然在古埃及和两河流域从数万年前就有人类定居，两者形成文化的时间也差不多，但是古埃及文明的形成可能的确受到两河流域文明的影响更多一些：从古埃及早期文化的出土文物来看，有很多遗物的形式和造型有模仿两河流域文明的痕迹。即便在后来同一时期，两河流域文明的发达程度也要胜过古埃及文明许多。

另外，从分子人类学的角度来看，通过对古埃及木乃伊基因的研究，也发现有两河流域文明人口向古埃及地区迁徙的迹象，这也是早期文明更发达成熟的一个标志。

但可千万别因此小瞧古埃及。相比苏美尔、巴比伦和亚述等西亚文明，古埃及文明也有其更加成功的一面，那就是它的稳定度和疆域面积要远远超过前者。虽说阿卡德、巴比伦、新亚述等大帝国巅峰时期的版图的确很大，但那些只是昙花一现，而古埃及却可以在漫长的数千年里以其巨大的体量保持相对的稳定。

社会学和人类学研究者认为，两河流域文明更接近城邦型国家，而古埃及文明则属于广幅型国家。这是什么意思呢？简而言之，城邦型国家就是一群密集分布在一起的城邦文明，当其中一个城邦成为霸主,并逐渐建立对其他城邦的统治或者纳贡体系时,这样一个集群就可称为一个城邦型国家。而广幅型国家则不同,它往往有着庞大的面积,并且在这一大片国土之上只有极少几个相对发达的城市,且往往相距较远。要掌控这样大的疆域,显然需要更加特殊的治理方式。

关于这一点,咱们从文明公司的角度来解释。前文提过的苏美尔、巴比伦、亚述公司都相当于是由分布密集的一大堆子公司组成的集团公司,这些子公司原本各自独立,互相之间发展程度相当,各有业务优势,甚至有些是同一时间建立起来的,只不过其中一个更大、更牛,慢慢收购兼并了其他家,也就成了大家的领袖。宝洁、联合利华、通用电气就是此类公司。而古埃及公司则和它们不同,它从形成之初就是一个较大型的整体性企业。虽然公司内部也按照地域、职能等划分了不同部门,虽然也兼并或者拆分过一些其他公司,但总体而言还是一个整齐划一的统一体,公司老板的话语权也更大。福特、戴尔就是此类公司。

为什么两种文明之间会产生这样的差异呢?古埃及公司还有哪些独有的特点呢?它为什么要建立那么巨大的金字塔,又为什么需要把尸体制作成木乃伊呢?下文将一一道来,为了便于叙述,下文中出现的"埃及"均指代古埃及。

埃及篇

1

正如美索不达米亚文明的根源是两河一样，埃及文明的根源是一条更大的河流：尼罗河。我们知道，地球上大部分关于文明起源的河流都是东西走向，但尼罗河不一样，它是一条自南向北流淌的大河。因此，由于潮汐作用，它在每年固定的一段时间内（一般是7月中旬至10月中旬）都会发生河水泛滥的现象。

然而，泛滥并不是一件坏事情，每一波洪水都会冲走下游泥土中多余的盐分，同时带来上游的肥沃淤泥。埃及农民很早就发现了这个稳定的自然现象，他们根本不用费心种地，只需要每年在固定的日子里看着河水泛滥的自然灌溉，等待河水退去后再把作物种子撒在地上，放猪进去踩进淤泥里，就可以坐享其成了……

这可不是编段子，而是来源于希罗多德的记录，他还直言不讳地说道，埃及就是尼罗河的馈赠。的确，没有尼罗河，就不会有后来的古埃及文明，甚至这家文明公司的许多特性都是和尼罗河息息相关的。比如，尼罗河除了具有天然灌溉作用外，还是天然的运输通道，船只依靠自南向北的平缓水流就可以到达北方，而如果想要逆流而上一路向南也很简单，借助埃及常年刮的北风就可以了。

不过，除了尼罗河外，埃及公司还存在另一个地理环境因素，同样与两河流域文明差异巨大：从地图上看，美索不达米亚平原仿佛就是一个开放式的十字路口，在它的东西南北方向，都散落着大量的不同民族：埃兰、腓尼基、赫梯、犹太、胡里安等。因此，这里在和平时期是一个文化的辐射中心，到了战争时期就是一个人人自危的四战之地。这个规律直到今天依然通用。

反观埃及，其北边是地中海，东边是红海和阿拉伯沙漠，西边是撒哈拉沙漠，算是拥有天然的地理屏障，只有南边算是条通路，和努比亚接壤。所以，这就是埃及与两河流域文明最大的区别：属于一片相对封闭的疆域。从某种意义上而言，这样的地缘环境和古代中国有着相似之处。

可以说，正是这两个与众不同的地理因素，决定了埃及发展的开端和后来的走向。

大约在旧石器时代晚期，由于地球气候的变化，北非一带变得更加干旱，许多绿洲都消失了。为了获取水源，住在北非沙漠的远古人类纷纷迁徙，密集居住于尼罗河两岸的河谷地带。显然，在他们发现这里耕种、收获粮食竟然如此方便之后，就再也不愿意搬走了……于是，尼罗河沿岸很快就产生了大量的农耕定居点，并在新石器时代晚期出现了一些早期的文化，比如相对有名的涅迦达文化和拜达里文化。

需要特别说明的一点是，早期的埃及沿着尼罗河被划分为两个部分：上埃及和下埃及。所谓上埃及，是指尼罗河上游的埃及南部地区，而下埃及对应的就是指尼罗河下游的埃及北部地区，包括那块广袤的尼罗河三角洲。

公元前4000—前3500年，无论是上埃及还是下埃及，都已经形成了许多部落，这些部落大都以家族为纽带，它们有着一个共同的名字，叫作诺姆。请记住这个名字，它在后文中还会一再出现。

类似涅迦达文化那样的早期文化，就是在这些诺姆中出现的。每个诺姆都有自己的最高统治者，以及一个人口相对集中的定居城镇，还有属于各家的神明及其象征图腾。此外，诺姆之间有时会为了争夺水源而争斗不休，有时又会为了开发水利而结成联盟。

可能你会说，这些诺姆不就相当于埃及公司成立之前的那些子公司吗？这样说也不完全正确，因为相比城邦型国家的那些城邦而言，诺姆的文明程度还是要低很多的。比如，它们的管理基本上还是氏族家长式的，权力的分配完全是依照亲属关系来的，这一点就不像城邦文明的官僚制度那么先进。

不过，相似的是，这些诺姆依照上、下埃及划分，形成了一南一北、实力相当的两大联盟。两家形成分庭抗礼之势，持续了数百年，但这个局面并非埃及广大民众所乐于见到的，因为埃及可以分成两半，但尼罗河是一个整体，从上游到下游全线运输航道的通畅，需要一个完整的国家。此外，随着尼罗河谷定居人口的不断增长，只靠一年一次的自然灌溉已经不够了，开发人工灌溉的需求越发强烈，但管理这样的大工程同样需要统一的政权。

到公元前 3100 年左右，终于有一位伟人完成了这一壮举，他的名字叫作美尼斯，他还有另一个称号叫作那尔迈。那尔迈是上埃及联盟的领袖，他打造了一支由埃及人和努比亚人结合的联军，顺尼罗河上游而下，一举战胜了下埃及联盟，完成了传颂千秋万载的古埃及统一大业。

这一壮举被记录在一块叫作"那尔迈调色板"的古老文物上，这是可以和罗塞塔石碑齐名的埃及镇国之宝，如今你可以在开罗国家博物馆中见到它。

2

虽然古埃及公司正式成立了，但这家大企业还处于新生阶段，此时被称为"早王朝时期"。公司创始之初，内部各个小团体依然有些分裂，特别是上埃及和下埃及这两个分部，要完全整合在一起还需要时间和一些催化剂。那尔迈想到的方法就是把过去那些割裂开的政治元素重新整合为一个整体。

比如，过去代表上埃及的是白色王冠，而代表下埃及的是红色王冠，那尔迈将两者合二为一，组成了红白双色王冠（那

埃及篇

尔迈调色板中就出现了这一幕）。这也意味着上、下埃及的最高统治权在那尔迈手里得到了结合。

再如，过去荷鲁斯是下埃及的神祇，而赛特是上埃及的神祇，那尔迈将两者结合起来一起供奉，以示对两者皆有的尊重和敬畏，虽然关于荷鲁斯和赛特地位的争论一直没有停止过……

不过这些还不是最重要的措施，为了实现埃及的长久统一，那尔迈决定建造一座新城作为首都，并将这座城命名为孟菲斯，在古埃及语里意思为"白城"。

首都孟菲斯的选址非常特别，它刚好位于上、下埃及的交界处，可以同时控制住尼罗河三角洲的农业和通往黎凡特地区的商路。而且此地本身就水网充沛，适合农耕生活，也是相当理想的定居点。可见，那尔迈定都于此，是有着相当长远的目光和大局观的。

作为对比，我们可以参照一下现代公司，特别是那些体量巨大的跨国公司的地区总部选址，这完全是一门高深的学问。一般而言，大型公司的区域性总部必须考虑几个关键性因素：政治环境、区位优势、发达的人才资源和商业资源、基础设施建设完善度等。这些因素在定都孟菲斯的选择上基本都可以看到，这也是为何它能够在后来的近千年里成为前后8个王朝的首都。

正如嬴政统一中国的秦朝很短暂一样，埃及的早王朝时期也是极不稳定的,政治斗争激烈,经历了两个短暂的王朝之后,到第三王朝时才逐渐稳定下来。从这时起,古埃及文明公司进入了第二个阶段:古王国时期。

在古王国时期,埃及国王(此时还不叫法老)们意识到虽然这个国家已经拥有整体性,但是要治理如此辽阔的一片领土,就必须建立更加中央集权化的专制体系,这和两河流域文明的统治有着相当大的区别。

埃及统治者想要确保王权的至高无上性,先要把自己神性化,这时过去的两大神祇荷鲁斯和赛特已经不足以震慑众人了,何况两者的信众还互相不服,因此必须树立一个更"高大上"的存在,那就是太阳神:拉。

对世世代代生长于埃及这片土地上的人民而言,太阳是他们最熟悉不过的事物,它代表着光明、温暖和生长。到了古王国时期,民间对于太阳神的崇拜已经远远超过了其他自然神。这当然也少不了官方的推动作用:从第五王朝开始,埃及国王开始将太阳神拉置于一个至高无上的地位,他们的王衔中都会伴随有一个"拉"字,自称"拉之子"。这么做的目的显而易见,就是表示自己是拉神的后代,这也意味着王权的神化,为自己的统治确立了合法性。

我们可以回忆一下,两河流域文明虽然也有大量神庙,也有对神的崇拜,但是那里的统治者并没有把自己的王权和神性结合起来,亚述统治者甚至强调自己的人性而非神性,同时民间也不认可王室具有神赋予的世袭权力。所以,像苏美尔、巴比伦等文明更多的是依赖法典这样的规则来治理国家,可以视为相对"法制化",而不是埃及这样的"神权化"。

这也是城邦型公司和广幅型公司的一大差异,后者必须建立更高级别的专制王权,才能获得更稳定的统治。同样的例子,我们在后来的波斯帝国也可以看到。

除了标榜神性,埃及国王们还掏出了一个大杀器来强化中央统治,那就是官僚制度。

埃及的官僚制度远比近东文明发达,除了自身的政治原因,还有一个自然原因:尼罗河谷一带盛产一种莎草,可以制成最古老的纸张用于书写,这比两河地区的泥板更有利于文书工作。而且,埃及的象形文字圣书体也很先进,这里我就先不赘述了……

从第四王朝开始,埃及官僚体系的重头戏——一个全新的官职被确立起来,这就是维西尔。维西尔大约相当于古代中国的丞相或者埃及公司的首席执行官,负责总领管理大量事务,且直接向国王汇报。为了确保维西尔的能力和一定的公正性,一般不会从王室成员中挑选担任,但是到后来也发展成了世袭的维西尔家族。

一个优秀的维西尔要承担极其繁多的任务:上到尼罗河水位的记录,下到民生税收,军事防御也要管理,陵墓修筑也要过问。不过在他之下,古王国还设立了几个部门协助其管理,分别是财政部、工程部、人事档案部和司法部。

然而，这些还不够，古王国的埃及国王们还干了另外两件事，这两件事看似也是为了强化中央集权，但真实效果却是自取灭亡……

3

埃及国王们干的第一件事，就是修建了著名的埃及金字塔。

关于修建金字塔，坊间流传着各式各样的说法，但可以肯定的是，它们是从古王国时期开始兴盛的，第四王朝之后的100多年里，有6座庞大的金字塔拔地而起，其中就包括著名的吉萨大金字塔，也就是胡夫金字塔。

作为古埃及公司最伟大的产品，金字塔的确是令人震撼的。任何一个在它脚下仰望的旅行者，都会感叹人类居然在如此久远的时代就有能力建设这样的巍峨巨物。因为这一产品太超越时代、太不可思议，所以民间各种离奇的传闻也就风生水起，从外星人留下的标记到史前失落文明的遗迹，再到时空穿越者的协助等，不一而足。

妖魔化金字塔显然是没有必要的，真正值得赞美的是它的最初设计者——伊姆霍特普，这位"大神"身兼维西尔、诗人、

埃及篇

法官、书记员、天文学家、医生和建筑工程师等多职。他不但是埃及古代医学的开山祖师,而且一手创造出金字塔这样的杰作,虽然埃及公司的大老板们从未承认过这一点。

为了挑战金字塔这个顶级项目,总设计师伊姆霍特普曾经进行若干次尝试,比如一开始他想要把石板斜着覆盖在塔体上,但是发现巨大的重量总是会导致滑落,遂换用了如今我们看到的水平阶梯状的石板放置方式。此外,伊姆霍特普最初设计的塔体倾角是比较小的,在多次调整之后,才采用了大约 50 度的倾角。不过金字塔的内部构造并没有完全参照伊姆霍特普最初的设计,而是由许多工程施工方自己不断修改方案,最终完善为现在的样子的。

至于金字塔这个重磅产品究竟有什么用,从根本上来说,它还是为了满足古埃及国王对死后生活的追求。众所周知,古埃及人对死亡是有着自己的二元化世界观的,他们普遍认为人死后会继续到地下世界生活,这个地下世界是永恒而宽容的,而现实世界则是短暂而残酷的。所以,相比现世生活,古埃及人更向往死后的生活。

这和两河流域文明对死后世界的看法截然不同,后者认为死后的世界充满了恐怖和悲哀。不仅如此,同处美洲的印加文明和阿兹特克文明对于死后世界也有着迥异的理解。这同样与两个类型的文明公司形式息息相关。

在古埃及人的世界观里,亡者想要确保进入地下世界继续生活，就必须妥善保管好自己的尸体（木乃伊），并且修盖精美宏大的墓穴，两者缺一不可。但通常只有上流贵族阶层才有这个实力，至于金字塔，那更是仅有国王才配享有的"高端尸体保存器"和"阴阳穿梭装置"。

吉萨地区的三大金字塔，以及巨大的狮身人面像纪念碑，显然还有着其他意义，那就是至高无上的权力象征。在一望无际的尼罗河三角洲，任何埃及国民都可以一眼看见它们，这本身就是一种巨大的震慑，在潜移默化地向他们灌输神圣的王权意识。

只不过这样的大工程放在任何年代都是一件劳民伤财的事情，古王国本来就是早期文明，国力有限，经不起这种折腾。更重要的是，修建金字塔不像修建长城，从国家利益层面并不能给古埃及带来实质性的提升。这就好比一家轻量互联网公司非要自己研发芯片技术一样，最终只会削弱公司的核心竞争力。

埃及国王们干的第二件事，就是把一批官员派遣至全国42个诺姆（上埃及22个，下埃及20个），并委任他们成为当地的行政长官。这一举措有着明确的目的。这些诺姆并未完全脱离过去的部落家族模式，那些地方豪强名义上归顺朝廷，但实际上都不安分，纷纷打着独立的小算盘。安排这些官员去管理，从根本意义上来说也是为了强化中央集权。

在那些原诺姆贵族看来，国王这么干，就等于是给他们"空降"管理层，架空他们。更关键的是，总部委派来的那些

"片区经理"根本就不了解地方的情况,经常瞎指挥……所以,地方贵族对这种委任官员极其不满,只是迫于国王的威势,敢怒不敢言。

在这两大不安定因素的共同作用下,古王国艰难地撑了500年,直到第六王朝时,由于地球气候影响,尼罗河持续出现了多年的低水位情况,引发了长期的旱灾。各种问题终于爆发了,底层人民反抗暴政,地方势力谋求自主,古王国很快就土崩瓦解了。

4

大约从公元前2181年开始,埃及公司进入了第三个阶段:第一中间期。所谓"中间期",类似于中国的三国、南北朝、五代十国时期,说白了就是属于中央政府衰弱、地方政府做大、群雄逐鹿的乱世。

第一中间期虽然政局动荡,各家族纵横捭阖,但是文学、艺术领域因没有了统一政府的高压而变得百花齐放。在埃及各地出土的第一中间期墓葬品中,就出现了多样化的艺术形式。

和中国的乱世时期如出一辙,各支势力不断兼并,到了第一中间期的末期,上、下埃及分别被纳入两大家族的势力范围。

破产的文明

两家分别以两座城市——底比斯和赫拉克利奥波利斯为中心，进行着长达数十年的军事对抗。最终又是上埃及势力获得了胜利，底比斯的孟图霍特普二世率领大军攻破下埃及，再度统一了整个国家，将历史推进到了第四个阶段：中王国时期。

中王国时期，底比斯取代孟菲斯成了最重要的首都城市，它们就好比古代中国的长安和洛阳。在这个阶段，埃及公司出现了不少能力卓越的总裁，为了提高公司农业产品的生产量，他们不仅前往荒地组织开垦，而且制订了许多新的灌溉计划。为了获取更多的资源，这些总裁还将视野投向了一家毗邻的非洲文明：努比亚。

努比亚大致位于今苏丹北部的阿斯旺地区，这里的原住民和上埃及人属于同一个种族，但是在后来漫长的岁月里，有大量来自其他地区的非洲黑人部落迁徙至此，因此这里形成了一个混血民族。努比亚人建立的科尔马政权被埃及人称为库什，长期以来两家一直互有攻防，同时也有大量的合作交流。

这般相对稳定的关系随着中王国时期埃及公司的做大而不复存在：埃及觊觎努比亚盛产的黄金资源和石材，公元前1920年，埃及国王辛努塞尔特一世终于入侵库什，并将此地兼并。此役过后，埃及不仅控制了丰富的黄金资源，而且打通了去往非洲东南部的商路，收获了象牙、乌木等珍贵奢侈品原料。

从公司运作角度来看，中王国时期的埃及公司老板们更加富有进取心，也比较务实，他们吸收了之前古王国时期的教训，

埃及篇

再也没有修建如同吉萨大金字塔那么巨大的陵墓建筑,并且更加重视中央集权和官僚制度,特别是对地方的管理。

我们不妨来看看他们是怎么做的:在中央方面,埃及国王设立了2~3名维西尔,分别管理上、下埃及,以及整个国家的各种事务;在地方上,则是设立了一个专门管辖下埃及的总督,因为那里距离首都底比斯较远,必须由专人严加看管,以防当地的诺姆贵族造反。

到了阿蒙尼姆赫特一世统治时期,为了强化中央集权,他甚至把首都从上埃及的底比斯迁到了更接近下埃及的法尤姆。此外,为了进一步削弱地方势力,他还在全国建立了城市体系,依赖中央委任的市长来打压诺姆贵族的气焰。

再到后来,埃及国王发现诺姆贵族势力强盛的根本原因在于世袭制度,于是强制他们把他们的儿子送去中央接受学习教育,等到成年后再调派到其他地方做官,由此来避免子承父业,可谓是煞费苦心。

事实证明,这些措施的效果出乎意料的好:从此之后,过去的那些诺姆贵族在很长一段时间里都再也没有形成什么大气候。

然而,一波未平,一波又起,国家过分依赖官僚制度,反过来让那些重要高官(包括大祭司在内)拥有了巨大的权力,这种权力甚至逐渐威胁到了王权。新一波权力斗争的波澜直到新王国时期依然存在,并且愈演愈烈……

不过,至少在中王国晚期,这场权力之争还不是最大的问题，真正的大威胁还在慢慢酝酿之中，用引狼入室来形容他们也不为过……

5

如前所述，古埃及一直是个相对封闭、单一民族的国家，为了抵御来自西亚文明的威胁，阿蒙尼姆赫特一世甚至特意修筑了一座埃及版的长城——统治者之墙。然而，到公元前 16 世纪，随着周边国家逐渐变得发达，与它们之间的往来商路不断开辟，这个古老的国家也变得略微国际化了一些。

到公元前 18 世纪左右，中王国时期的埃及公司发展迅速，产值飙升，水利工程、采矿项目纷纷上马，而本土的劳动力已经捉襟见肘，特别是在繁华的尼罗河三角洲，公司迫切需要补充一些廉价人力资源。

时任公司"总裁"阿蒙尼姆赫特三世一拍脑袋，想出了一个绝妙方案：大量引进那些西亚地区的底层民众，让他们充当廉价劳工。于是，大批亚洲移民纷纷由西奈入境，并从此定居在埃及国内。

对于这些"穷苦移民"，埃及精英的态度是很不屑的，认为他们就是粗鄙不堪、没有文化的下等人。这些移民当时大量居

埃及篇

住在一个叫阿瓦里斯的地方。

这个阿瓦里斯是个什么地方呢？它就相当于中国的上海，是个从中王国时期开始爆发式兴盛的，位于尼罗河三角洲富庶地带的一线港口城市。通过商业中心阿瓦里斯，商路既可以一路向北抵达地中海，也可以向东进入黎凡特、叙利亚等亚洲地区。

任谁也不会想到，毁灭埃及中王国的凶手，就潜伏在一线城市阿瓦里斯的破旧贫民窟中。

这一群人叫作喜克索斯人，这个名字其实是后来埃及人对他们总体的称谓，意思就是"外来的统治者"。的确，他们根本不是埃及人，而是闪米特人的一支。当喜克索斯人刚刚进入埃及时，也同样是底层的小商贩、劳工、雇佣兵等。只不过随着他们的数量越来越多，他们渐渐盘踞于阿瓦里斯城内，成了一股不可小觑的势力。

或许你会问，为什么埃及高层对这股外来势力的膨胀没有任何警觉呢？这是因为喜克索斯人相当狡猾，他们从一开始就摆出一副卑微谦逊的面孔，对埃及人毕恭毕敬，学习埃及的文化、习俗，改穿他们的服饰，还将对埃及众神的崇拜融入他们自己的信仰和仪式中。殊不知，这些都是"套路"……

这副低三下四的姿态麻痹了埃及统治者，他们不但没有防备喜克索斯人，而且做出了一个错误的决定：因为当时公司又出现了一些内斗的迹象，第十三王朝的埃及国王决定将总部从中部的新首都迁回到南边的老巢底比斯，只为强化上埃及的统治。

此次迁都行动等于将北边的尼罗河三角洲置于权力真空区，喜克索斯人当然不会放过这个机会，他们凭借自己的势力与阿瓦里斯市长签订了商业协议，又拉拢了许多尼罗河三角洲地区的市长，拥有了大片土地的开发权，本质而言已经成了一股不可小觑的政治力量。

说起来你可能不信，先挑起事端的居然是喜克索斯人，不过也事出有因：中王国晚期，又一次由于气候原因，尼罗河出现了水位下降，引发了多年的干旱，而中王国还处在开发基建的惯性之中，准备不足，国家剧烈动荡。于是，喜克索斯人觉得机会来了，他们借口埃及贵族的河马狩猎活动是对自家神明的不敬，挑起了战争，擅自侵吞了阿瓦里斯及其周边地区。

傲慢的埃及人哪儿受得了这般奇耻大辱，立马做出了回应，组织大军顺流而下，打算来一场全歼。然而，万万没想到的是，堂堂埃及正规军居然被喜克索斯的游击队打败了……

如果回到当时埃及士兵的视角，我们会观察到那些看似野蛮的对手配备的都是前所未见但精良无比的武器装备：锋利的青铜匕首、大盾、锁链甲，以及复合弓——一种比埃及长弓射程远且精准得多的远程武器。这还不是最可怕的，那些横冲直撞的大型动物以及它们拖动的四轮战车才是真正的大杀器。是的，在此之前埃及人只见过野驴，从未见过马，更遑论骑兵和战车了。

总而言之，喜克索斯人虽然人数上完全处于劣势，军队也是东拼西凑组成的，但是从两河流域文明那里学到了先进装备的制作，这些装备对埃及形成了战斗力"代差"，因此在战场上无往不利。他们很快就组织了一波又一波的入侵攻势，试图霸占更多地盘。

值得一提的是，面对"老熟人"的进攻，当时尼罗河三角洲地区的那些高官第一时间成了"带路党"，他们一边卖国，一边从喜克索斯人那里获得商业贸易的特许权，赚得盆满钵翻。整个下埃及几乎完全放弃了抵抗，喜克索斯人兵不血刃就拥有了这片富得流油的地区，并于公元前1786年建立了属于自己的王朝。中王国时期就此结束。

6

在此之后的200多年里，埃及处于第二中间期，这段岁月可谓是他们的屈辱史：北有强大的喜克索斯王朝，南边的努比亚也屡次发难，更令人气愤的是，这两家竟然还是盟友……

改变这一局面的，是一对底比斯家族的威猛兄弟，哥哥叫卡摩斯，弟弟叫阿赫摩斯。曾经有历史研究者认为他俩反抗喜克索斯王朝,是得到了阿蒙神祭司的赞助,只为驱逐北方赛特神的崇拜。也有人认为他们的抵抗是出于类似民族主义的目的,只为将外来入侵者赶出国土。无论真相如何,经历了30年的讨伐战争之后,喜克索斯人终于被赶走了。

阿赫摩斯成了第十八王朝的国王,然而,此时历史已经翻至新王国时期的全新一页,埃及国王终于有了一个大家耳熟能详的称谓:法老。

从公元前1567年开始的新王国时期是古埃及公司历史上最辉煌的时刻。埃及很快就实现了复仇:不仅将喜克索斯人彻底驱逐出了埃及全境,而且南下进攻努比亚,彻底灭亡了科尔马政权,将整个努比亚纳入囊中。

同时,为了抵御西亚强大的巴比伦和亚述,埃及需要一块亚洲的地盘作为缓冲区,于是他们一路冲出西奈、占据迦南,甚至把帝国扩张到了整个叙利亚。在这里,埃及新王国第一次遇到了一个真正可称势均力敌的强大对手——赫梯。为了争夺地区霸主之位,这两个大国之间爆发了一场人类史早期最激烈的战争——卡迭石战役,后面有一整章专门介绍这场精彩的战争。

从文明公司的管理层面来说,新王国时期的埃及的确有许多可圈可点之处。他们不再像过去那样大搞家族企业模式,把皇室宗亲都安插在公司要职,而是将其全部撤离行政管理体系。同时,他们也不再像过去那样强力打压地方豪强,而是选择和他们合作,依靠那些地区大家族的力量来实现对于官僚系统的制衡。

埃及篇

但是，这并不意味着王权就可以高枕无忧了，事实上，因为长期借助神权来维持王权，所以神庙的祭司阶层权力越来越大，整个国家都需要他们输出阿蒙神崇拜。说起阿蒙神，在古埃及中后期它的地位远远超越了以前的荷鲁斯、赛特等，已经和拉神合二为一，成了埃及众神里至高无上的存在。

埃及法老纷纷自称阿蒙神之子，以此来强化统治。阿蒙神祭司也由此获得了大量财产，包括土地、贵金属、艺术品、奴隶、牲畜等，甚至还有直接被封赏城市的……而且阿蒙神祭司还出任政府重要职位，控制国库，甚至出任维西尔。因此，这一阶层可谓是一人之下，万人之上，是整个新王国最有权势的群体。

法老们也感受到了神权对王权的威胁，他们采取了一些方法来压制阿蒙神祭司的嚣张气焰，其中一位更是试图以激进的手段彻底铲除这个群体。

这位法老就是阿蒙霍特普四世，他决意把一位名不见经传的阿吞神捧上神坛，以取代阿蒙神。为了打压民众对后者的崇拜，他可谓煞费了一番苦心：首先，宣布世上只有一个神，那就是阿吞神，这已经可以视为一神宗教的雏形；其次，在全国范围内关闭阿蒙神神庙，把这位神祇的名字和形象从建筑、神像中去除；再次，自己改名为阿肯那吞，只为了去除原名中的"阿蒙"印记；最后，把首都从底比斯迁至一座新城市埃赫塔吞，这座城市的名字意为"阿吞神的视线所及之地"。

透过史料我们可以发现，阿蒙霍特普四世是一个简单而纯粹的理想主义者，在他引领的阿马尔那时代，连文艺风格都变得真挚而自然。然而，他的这场宗教改革看似轰轰烈烈，却完全没有成功。阿蒙霍特普四世甫一离世，就被继任法老的儿子即那位著名的图坦卡蒙推倒重来，全国上下恢复了对阿蒙神的崇拜。

从此之后，再也没有任何法老能够动得了阿蒙神祭司集团的蛋糕，只能眼睁睁看着这股势力最终导致新王国走向分裂：上埃及在祭司首领的统治下独立，下埃及也被祭司集团出身的斯门代斯控制。斯门代斯推翻了旧王朝，成为新的法老。

持续了500多年的埃及新王国时代结束了，在接下来的第三中间期之后，埃及公司从曾经的帝国巨人步入了夕阳余晖的暮年，努比亚人、利比亚人、亚述人、波斯人、希腊人都曾入侵或兼并过它。最终，伴随着亚历山大的征服，以及托勒密王朝的建立，这家曾经无比辉煌灿烂的文明公司彻底消失在历史长河之中。

纵观埃及公司的兴衰史，我们不难发现这家公司的特点：看似庞大、稳定，拥有着孤绝于世的威严和独树一帜的企业文化。然而，细细剖开，我们就会发现其内里关乎权力的斗争从未停息过，中央为了集权总是一次次剑走偏锋，决策容易极端化。更重要的是，因为体量足够大，这家公司倾向于封闭、自给自足，对其他公司的崛起抱着不屑和轻蔑的态度，对于开辟

埃及篇

国际贸易兴趣不大,所以只要内部环境出现任何大的危机,都会让公司濒临破产。

  毋庸置疑,埃及文明是伟大而灿烂的,有如那沙漠中央的金字塔:孤高、坚固、稳定,亘古不变……但是,它从未像两河流域文明或后来的希腊文明那样充满活力、富于变化,能够辐射到遥远的世界。

赫梯篇
高层内斗的悲剧

铁器时代的出现,在于人类文明的发展,新知识将人类带到了更高的层次。
——埃拉尔多·巴诺瓦茨

在关于古埃及公司的文章中，有一段诡异的往事我并没有提及。

20世纪初，德意志帝国的一支考古队在土耳其安卡拉附近一处名叫哈图沙的遗迹中发现了大量的楔形文字泥板遗物。这些遗物包含了大量珍贵信息，可以追溯到3 000多年前的一个古老帝国——赫梯。其中一封神秘的信揭露了赫梯和埃及这两大巨头文明公司之间一段彼时鲜有人知的往事。

为什么说这段历史诡异呢？因为它仅仅出现在赫梯首都哈图沙的信件遗迹之中，但从未见于任何古埃及方面的史料。这封信中所展露的内容虽短但极其重要，甚至关系到这两个大国今后的历史发展，以及彼此内部的权力格局。显然，古埃及方面根本不希望世人知道这件事，或者说，这是他们不可告人的一个阴谋。

所以，这封信中到底讲了些什么？

用今天的话来说，它的内容相当简单粗暴：事业有成、丧偶无子的富婆，想要重金求夫再嫁……放到今天，很多人看到这样的东西估计连怀疑都懒得怀疑就丢一边了，根本不会信的。当年收到这封信的人也抱有几乎相同的态度，只不过因为写信人的身份异常特殊，加上开出的价码实在丰厚得令人眼馋，所以这位老兄终于还是忍不住动了点儿念头，于是……

写这封信的人是古埃及的一位王后，而收信者是赫梯帝国数一数二的君主。他俩因为这封神秘信件发生了什么故事，两国历史又因此有了怎样的走向，在这一篇我会细细道来。

破产的文明

1

虽然自苏美尔公司结束之后的近 2 000 年来，近东大地上大大小小的文明公司多如繁星，但从严格意义上来说，真正可称得上超级巨头的只有 4 家：巴比伦、亚述、埃及和这一篇的主角——赫梯。

相比前三家，赫梯公司是最年轻的一个，其主体员工赫梯人属于一支早期印欧语系的民族，一开始过着部落式的半游牧生活。在公元前 2000 年左右，他们逐渐移居到了安纳托利亚半岛地区，也就是今土耳其境内，这里还有一个大家耳熟能详的名字：小亚细亚。

安纳托利亚半岛的地理位置决定了这里是一个非常适合文明公司创业发家的落脚地。它三面环海，北面是黑海，西面是爱琴海，南面是地中海，只有东面算是半开放的入口，不过这里还有亚美尼亚高原作为屏障。在这里创业的公司，既不用过分担心来自两河地区的强势入侵，又有着相对丰富的港口资源，可以在地中海进行海上贸易往来。

正是这样一块风水宝地吸引了赫梯人，只不过在他们到来之前，此地已经有了另一群原始的创业者：哈梯人。关于哈梯人的背景，如今已经难以证实，他们既不是闪米特人也不属于印欧人，很可能属于一个早期的西北高加索语言群体。可以推断出的是，哈梯人是一个比较开放的民族，因为他们接纳了大

赫梯篇

量的亚述商人在此地殖民,并在其影响之下开始使用楔形文字。同时,他们也接纳了在此定居的赫梯人,在相当长的一段时间内,大家还算相安无事。

只可惜,随着赫梯人的野心不断扩张,这种和平状态被打破了。

自从选择库萨拉城作为主要的定居点之后,赫梯人一边学着哈梯人和亚述商人做生意,一边不断吸纳亚述公司的先进文化,渐渐摆脱了过去半游牧的气质。根据我们一贯的经验,在这种阶段的文明公司基本已经处于破壳而出的萌芽状态,所需要的无非就是一两个有能力的创始人罢了。

带领赫梯人发家致富的,是一对很能打拼的父子——皮塔纳和阿尼塔。关于他们的出身和背景同样难以考证,所知的就是父子俩不仅把哈梯人辛苦建立的公司捣毁,而且顺便拿下了亚述人最大的商业殖民地卡尼什。从此之后,哈梯人被放逐,并永远消失在了文明的长河之中。

根据史料的记录,我们可以负责任地认为,这对父子创业者属于那种偏好破旧立新的领导人,因为他们刚刚占据了哈梯人的国家,就把都城哈图沙夷为平地并立下诅咒。这还不够,他们还破坏了亚述人的商业殖民地。这么做的意义也很明显:此后相当长的一段时间里,小亚细亚的土地上只有赫梯一家独大,没有特别强大的敌对势力威胁存在了。

破产的文明

2

在公司成立之后的 300 多年里，赫梯人一直处于默默无闻的状态，直到公元前 1650 年哈图西里一世建立了古王国。哈图西里一世在历史上留下的记录，无非两点：一是把公司总部迁往赫梯人曾经的核心城市哈图沙；二是通过南征北战，兼并了周边一系列小公司，把公司的疆域扩大到了整个安纳托利亚高原的核心地带。

然而，也正是从这个时候起，赫梯公司开始暴露出一个非常棘手且一直无法很好得到解决的隐患问题：公司内斗严重。

我们知道，在如今的商业领域，如果一家上市公司的创始人没有留下适当的继承者选拔机制的话，那么后续的领导者就会很难办，总有一种自己根基不稳的感觉。特别是当他们能力不够强、表现不够好的时候，不仅会难以应对董事会的质疑，而且很难在员工面前拥有足够的说服力。

类似的故事我们在互联网时代的引领者雅虎公司身上就可以看到。雅虎的创始人杨致远虽然心存高远，为互联网的自由和开放气质奠定了基调，但从领导人的层面来看，老好人性格的他是很难管理好团队的。虽然杨致远自己也意识到了这一点，早早就退居二线，但他并不知道怎样的继任者才适合这家公司。

因此，我们才会看到，在杨致远之后，雅虎公司的掌控者都是职业经理人，他们大都能力不足，或者根本不适合这个位

赫梯篇

子，于是如同走马灯一般上任、卸任，却无法阻止公司的重重内斗，领导层意见难以统一，这导致公司不断四分五裂，甚至连心怀鬼胎的投资人也进入了董事会，拥有了拍板的权力。这种权力被严重瓜分，最高领导缺乏权威的局面，自然也就导致了雅虎以不可逆转的态势迅速没落。

在古代文明公司的层面，我们再对比一下另外三家超级巨头：巴比伦公司有着伟大领袖汉谟拉比开创的制度；亚述公司讲究军事化管理，对自己人够狠；埃及公司就更不用说了，依靠神授王权的理论来标榜执政合法性，建立了强大的中央集权。

即便如此，这三家也未能保证长期的统治，各种内忧外患导致军心不稳，何况赫梯呢？几乎一无所有的赫梯公司，偏偏在对待最高统治者继承权的问题上暴露了严重的弊病：他们缺乏一个对执政合理性的强力解释。所以，这家公司的领导人始终难以真正把控整家企业，哪怕他们其实拥有相当不错的管理水平。

大概也正是因为这样的缘故，赫梯虽然拥有相对封闭的大环境这一成为广幅型公司的基础，但是始终处于城邦型公司的范畴，无法建立埃及那样的高度集权管理。

这一切，从哈图西里一世起就开始了。

在这位打下江山的开国元首步入年迈之际，王室内部的争斗演变到了令人无法想象的地步：他的三个儿子竟然公然反叛，试图争夺其王位。气出一口老血的哈图西里一世发表了著名的告别讲话，痛下狠手废黜并驱逐了三个逆子，而这时，他的正统后代只剩下身边的孙子穆尔西里。无可奈何之下，哈图西里一世只能选择将自己的孙子穆尔西里收为养子，以作为继承人。

这位穆尔西里就是穆尔西里一世。正如"巴比伦篇"中所述，此人率领着赫梯大军灭亡了古巴比伦。

其实在入侵古巴比伦之前，穆尔西里一世就已经觊觎两河新月沃土了，当时阻挡在他面前的是一个叫作亚姆哈德的小国家。这个位于今叙利亚阿勒颇一带的国家，同样是阿摩利人建立的，可以视为古巴比伦到安纳托利亚半岛之间的缓冲地带。但它终究只是家小公司，完全抵御不住赫梯人的入侵，很快就关门大吉了。

说实话，面对突然门户大开的古巴比伦，穆尔西里一世还是有些犹豫的，毕竟人家可是个巨头公司啊……直到现在，关于赫梯人为何会选择继续进攻古巴比伦，史学界依然众说纷纭。

一个比较靠谱的解释是，当时整个地中海地区刚好处于一个气候剧变的时间点：位于爱琴海米诺斯的锡拉岛出现了剧烈的火山喷发现象，大量的火山灰覆盖了整个小亚细亚，并导致赫梯国内的农作物严重歉收。此次气候灾害还引发了整个爱琴海的一系列变故，我们后文再说。先说赫梯，在这种严重的区域性灾难面前，为了获取更多的粮食，穆尔西里一世被逼上梁山，只能硬着头皮入侵两河地区。

没想到，古巴比伦刚好处于强弩之末时期，早没了当年汉谟拉比时代的威风，被带着战马这种先进兵器的赫梯人一击即破，偌大一个帝国居然就此倒下……

这一切大概也出乎穆尔西里一世的意料……所以他并没有考虑接盘，而是把这个巨大的帝国留给了东边的好兄弟喀西特人，两家结成了铁血联盟，共同抵御已经在北方日渐强盛的胡里安人。正如前文所述，喀西特人又继续盘活了巴比伦公司。

事实上，穆尔西里一世选择撤军，还有一个非常重要的原因，那就是赫梯公司又开始内乱了……

3

或许是接收到了关于叛乱的消息，穆尔西里一世火急火燎地赶回赫梯本部，试图解决这些问题。然而他并没有想到，已经来不及了，他再也回不去自己的那片故土了：在半途中，穆尔西里一世的妹夫汉提里伙同他的女婿齐丹塔一起实施了一场令人不齿的暗杀，把这位能力卓越的领袖刺死在了叙利亚的孤寂荒漠里。

于是，汉提里堂而皇之地成了赫梯之主，史称汉提里一世。他可能根本没有想到，从此之后这家公司就乱成了一团……

原来，与他一起实施刺杀行动的女婿齐丹塔以为老丈人会鉴于这次的功劳，把王位传给自己，但是事与愿违，汉提里一世在临终前把王位传给了自己的儿子。这一举动激怒了齐丹塔，他一不做，二不休，把小舅子给杀了，自己称王，史称齐丹塔一世。

没想到屁股还没坐热，齐丹塔一世的儿子阿蒙纳为外公报仇，大义灭亲杀了自己的父亲，成了下一任赫梯国王。到这里大家已经可以想象得出来，赫梯最高领导层都自相残杀成了这副模样，这家公司还能好吗？事实也确实如此，在阿蒙纳统治阶段，赫梯的影响力已经大不如前，整个叙利亚地区的各家子公司纷纷独立，母公司也只能退缩到本土的小亚细亚中心。

这还没完，到了阿蒙纳晚年，历史再次重演：他的女婿胡齐亚为了争夺继承权，先是把阿蒙纳所有的儿子全部暗杀了，身登大宝之后，他又开始继续清洗剩下的王公贵族，以确保自己能够拥有绝对的统治权。

正是在这样的大背景之下，有个英雄人物坐不住了，此人在赫梯史上起到了至关重要的作用，甚至影响到了今后的各个国家。他的名字，叫作铁列平。

同样身为阿蒙纳的女婿之一，铁列平自然也在胡齐亚的暗杀名单上，不过机智的他选择了先发制人，联合名单上的其他贵族一起反抗，反而将胡齐亚诛杀，于是顺理成章地成为赫梯公司的下一任领导者。

赫梯篇

上任伊始，铁列平就认识到这家公司最大的问题所在——内耗严重，同时他也清楚这个问题的根源就在于每一任继承人的任免缺乏明确的制度，争权夺势遵循的是野蛮部落的那一套杀戮竞争法则，最终胜出者也得位不正，严重缺乏执政的合法性。

因此，铁列平颁布了整个人类史上第一部真正意义上的王位继承法——《铁列平敕令》。

这部敕令明确规定了赫梯王国今后的一切王位继承，必须先考虑国王的长子，如果长子亡故，再按照顺序考虑其他儿子。如果国王没有子嗣，就由长女婿继位。由铁列平率先定下的这个规矩，后来被无数国家纷纷效仿，包括埃及、波斯等等。

并且，为了确保这项创造性的律法能够得到落实，铁列平还安排了贵族会议和平民大会两大阶级组织来共同监督。任何由此产生的王室纠纷均由这两大会议来进行处理，其中贵族会议更是拥有制裁犯法贵族及高官的权力。此外，为了避免再出现各种暗杀事件，铁列平严禁王室内部互相杀戮，并且强烈要求整个管理层团结一心。

毋庸置疑，铁列平是位很有见地的领导者，他深知"不以规矩，不能成方圆"的道理，用强调继承人身份合法性的方式来解决统治阶级的权力斗争问题。虽然用今天的眼光来看，这种古典时代的继承法有着种种弊端和局限性，但它是当时解决企业内部消耗的不二法门。

破产的文明

虽然我指出过家族式企业继承人世袭制所存在的问题，但是我们同样需要了解，职业经理人制度在某些情况下也不见得就是最优解。在如今的商业公司，在一任首席执行官离职之后，一般会由董事会综合考量之后选出下一位继任者，但是如果这家公司本身处于激烈的内斗之中，董事会包括高层就会形成几个利益集团，都想要自己指定的代理人来执掌公司。在这样的大环境下，最终上位的首席执行官很可能只是博弈之后的妥协之选，他的话语权大小也就可想而知了。

比如，除了前面提到的雅虎，近年来优步也存在同样的问题。由于内部管理的混乱和众所周知的内斗，下台的创始人卡兰尼克依然在幕后指点江山。而经过一轮轮权力斗争之后所选出的继任者达拉·科斯罗沙西，无论从哪个角度来看，都只是为了平衡背后的利益集团而做出的选择，他所要面对的是来福车的穷追猛赶。一家曾经的独角兽公司沦落到这般境地，足以证明企业内斗的巨大危害。

回到赫梯，我们可以说铁列平的改革是创造性的，并且有着不错的效果：在他的任期内，王室内斗大为减少。随着赫梯国力的增强，小亚细亚许多一度脱离控制的小公司也重新回到了赫梯旗下。

铁列平万万没有想到，自己竟然成了敕令的头号践行者：他的儿子们过早离世，因此只能按照自己立下的规矩，任命女婿作为继任者。但是，这位女婿以及之后的几位领导者都存在能力不足的问题，因此这100多年间，赫梯的实力又一下子削弱了，这段时间成了一个被遗忘的时代。而就在赫梯旁边，一个新兴的帝国正在冉冉升起，那就是胡里安人组建的米坦尼公司，它强大到甚至并吞了亚述，且严重威胁到了赫梯的生存。

咱们更别忘了，南边的埃及也已经进入了新王国时期，这一南一北两大强敌让赫梯陷入了巴比伦曾经面对的局面。

所幸，这一切只是黎明前的黑暗。

4

铁列平之后，赫梯虽然弱化了，但还是更加趋于稳定，也因此步入了帝国时期。到公元前1350年，赫梯帝国传到了图特哈里亚三世的手里。这位国君能力一般，此时也看不出有带领赫梯走出泥潭的征兆。

难言祸福的相似一幕又出现了：图特哈里亚三世的弟弟坐不住了。身为前国君总军师的他觉得自己戎马一生，功劳很大却只能因为敕令眼睁睁看着哥哥成为国君，他极度不甘心……

于是，他伙同一帮贵族发动叛乱，把哥哥给暗杀了，篡夺了王位。这一举动令许多史学家都犯了难：说他做得不对吧，但他能力极强，且在后来也证明了这一点；说他做得对吧，又违背了《铁列平敕令》的规定，让好不容易保持下来的规矩再度成为废纸。

咱们姑且不去评判这些，先说说这位新任领导者，他就是本篇开头提到的那封神秘信件的收件人，全名叫作苏皮鲁流马一世，是个胸有韬略的人物。

苏皮鲁流马一世篡位之后，发现自己手上的赫梯公司岌岌可危，很可能一不小心就破产了：不仅外部有两大强敌埃及和米坦尼（这两家还结成了联盟），而且安纳托利亚半岛本土也新冒出来几家小公司，比如北面毗邻黑海的卡斯卡。

然而，在苏皮鲁流马一世的手里，赫梯公司不但没有式微，反而不断扩张了。

如果说巴比伦强于商业贸易，亚述热衷军事征服，埃及擅长集权统治的话，赫梯也有自家的独门武器，那就是灵活而充满技巧的外交手段。这一点也被德国考古专家在哈图沙遗址中发掘出的遗物证实：除了那封陌生女人的神秘来信外，还有大量的外交信件，从军事契约到同盟谈判，再到通商合作，应有尽有。可以看出，赫梯公司多年内乱的政治斗争经验没有被浪费，这些经验手段用到外交上，居然有着出乎意料的作用。

而苏皮鲁流马一世，就是那位把恩威并施的外交手腕发挥到极致的集大成者。且让我们来欣赏下他"秀翻"近东世界的"神操作"。

赫梯篇

苏皮鲁流马一世深谙"攘外必先安内"之道，先通过武力镇压周边的一圈小公司，紧接着又借着这股声势，强迫那些心生畏惧的小公司和自己结盟。如此一来，整个赫梯核心地带基本上都安定了。接下来，他又使用相似的手段把安纳托利亚东部地区纳入囊中，当然，这些地区本来就曾经属于赫梯旗下，如今只是重新收复而已。

做到这一步之后，赫梯的实力已经今非昔比，如今摆在苏皮鲁流马一世面前的，就是那几块"硬骨头"了。其中，米坦尼-埃及联盟是最令人头疼的，这两个国家如同一把巨大的钳子，把赫梯进入新月沃土的通道给钳制住了。

鉴于这种局势，苏皮鲁流马一世选择和近东地区剩下的一大巨头——喀西特巴比伦结盟。我们都还记得，赫梯人本来就和喀西特人关系不错，双方一拍即合，苏皮鲁流马一世还迎娶了一位巴比伦公主，两巨头结成了更加稳固的联姻关系。赫梯-巴比伦联盟更重要的战略意义在于，巴比伦公司向赫梯输送了大量高级人才，如书吏、祭司、医生、雕工和技术人员等，瞬间帮助后者实现了产业升级。

不得不说，这招远交近攻真的是一手妙棋，一下子压制住了米坦尼-埃及联盟的气焰。而且更厉害的杀招还在后面，苏皮鲁流马一世知道米坦尼国内也存在政治动荡的情况，便暗中扶持对抗米坦尼国王的贵族反对派，并建立傀儡政权，在3 300多年前就搞起了有模有样的代理人战争。果然，米坦尼公司很快也陷入无穷无尽的内斗,势力也被消耗得越来越小。别忘了,2.0版本的亚述公司还等着吃下这块大肥肉呢……

对于埃及,苏皮鲁流马一世通过不断向其赠送各种奇珍异宝,加上在公开书信中恭维埃及法老,试图拉近关系。而被他戴高帽的那位,恰恰就是埃及法老中最离经叛道的阿蒙霍特普四世,他在国内本就处于弱势……于是俩人彼此"神交"引为知己,两国关系也迅速走向缓和,并开始互通有无。

然而,就在赫梯进攻米坦尼公司的过程中,发生了一件意想不到的事情,这让赫梯和埃及的关系陷入了异常尴尬的境地。

原来,在叙利亚地区有一个叫作卡迭石的小部落,原本为埃及所控制,苏皮鲁流马一世特意在自己的进攻路线上绕过了这里,以防止和埃及之间产生不必要的误会。没想到,卡迭石的部落领袖竟然主动迎上赫梯大军,并向对方投诚……

苏皮鲁流马一世可能觉得盛情难却,只好接管了这个地区,招纳了一堆部落首领,好在埃及那边也并没有说什么,毕竟阿蒙霍特普四世已经过世,少主图坦卡蒙继位,一切还处于不稳定之中,也没必要为一个远方小城伤了和气。然而,当时两国的高层都完全想不到,这个史书上都懒得提的小事件,已经为一场人类史上最早期的洲际大战埋下了伏笔。

苏皮鲁流马一世继续挥师南下,一路从阿勒颇杀到了大马士革,将大半个叙利亚地区从米坦尼王国的手中抢了回来。很快，这个胡里安人创建的公司就在赫梯和亚述的围歼之下破产了。反过来，此时的赫梯帝国已是如日中天。

就在这个时候，志得意满的苏皮鲁流马一世收到了那封影响他一生的……一个陌生女人的来信。

5

是的，信是从埃及寄出的，如今我们只能根据赫梯方面的许多泥板资料推测，寄信人是图坦卡蒙的遗孀，一位名叫达卡蒙祖的埃及王后。在这封信里她这样写道：

> 我的丈夫去世了。我们没有任何子嗣，但是您有很多儿子。如果您愿意送一个儿子给我，他将成为我的丈夫。否则，我就得嫁给自己的仆人，我很担心。

毋庸置疑，这封信令苏皮鲁流马一世感到既震惊又疑惑，他当夜立刻召集了皇室会议讨论此信的真伪，并且直言"我此生从未遇到过这样的事情"。这其实也并不奇怪，因为埃及从未让任何一名王室女性外嫁到其他国家。为了化解自己的疑虑，苏皮鲁流马一世特地安排了自己的叔叔作为外交官，前往埃及调查此事的真相。

第二年春天,他的叔叔带着一位埃及大使回国,并带回了埃及女王的另一封回信:

> 为什么您要说我在欺骗您呢?但凡我有一个儿子,我会需要依赖一个外国君主来自取其辱吗?你为什么不愿意相信我呢?我再强调一遍:我的丈夫过世了,没有留下任何子嗣。我绝不会嫁给自己的仆人,并且我没有写信给其他任何国家的君主,只写给了您,就是因为大家都说您有许多儿子。所以,请送给我其中一个儿子,他不仅会成为我的丈夫,而且会成为埃及之王!

虽然苏皮鲁流马一世依然疑虑重重,但是他也被对方开出的价码诱惑到了:如果能同时拥有小亚细亚和埃及,那么整个地中海以东将尽归赫梯帝国,未来吞并整个西亚地区也不是梦想,那将是多么庞大的一家巨型公司啊!

所以,他最终还是决定赌一把,送自己的四儿子赞南扎去往埃及,尝试完成这门亲事。没有想到,这位四王子还没进入埃及就在路上被杀害了。

听到儿子的死讯,苏皮鲁流马一世勃然大怒,他认定这一切必然是埃及方面的阴谋,决定不惜一切代价进攻埃及,替赞南扎报仇。从此之后,两国之间的关系就再也没能恢复到此前

赫梯篇

"蜜月期"的状态。

赫梯的大军气势汹汹,很快就攻破了黎凡特地区,占领了埃及的大片国土,而此时的埃及公司似乎毫无招架之力。然而,谁也不会想到的诡异事情又发生了,埃及的俘虏里携带有大量的霍乱病菌,引发了一场席卷整个赫梯帝国的大瘟疫。可怕的瘟疫持续了 20 年之久,连苏皮鲁流马一世本人和他的长子也死于这场不可思议的霍乱灾难。它带给赫梯公司的损害实在令人难以想象,直接遏制住了这家巨头企业的高速发展。

关于这起扑朔迷离的埃及求亲事件究竟真相如何,史学界也众说纷纭。排除阴谋论,目前比较主流的观点是相信这位埃及王后真有此意,并且认为她处于政治斗争的风口浪尖,急需赫梯这样的外援来支持自己的地位。但至于她的身份究竟是谁,她和两位重要政治对手——将军霍伦海布以及重臣艾伊之间关系如何,还缺乏史料细节来详细解读。

我们只能相信,这场埃及自身的内乱无心插柳般地把赫梯拉下了水,还害死了英明神武的苏皮鲁流马一世,变相削弱了埃及身侧最大的威胁。这同时也值得警醒大家,千万别被利诱冲昏了头脑,毕竟创业之路上多的是各种陷阱……

公元前 1320 年继承赫梯王位的是苏皮鲁流马一世最小的儿子穆尔西里二世。其实当他接手赫梯公司时,这里已经是一个烂摊子了。首先是内忧:很多贵族老臣欺负穆尔西里二世年轻,蠢蠢欲动想要谋反。其次是外患:虽然米坦尼已经没了,但 2.0

版本的亚述已经发展成为东北部一股不可小觑的强大势力。最后，赫梯周边一些小国家也想乘虚而入……

所幸穆尔西里二世继承了他父亲的政治手腕，年纪轻轻就把胡萝卜加大棒的外交策略拿捏得恰如其分：他同样利用在他国扶持反对派傀儡的方式，假借他人之手就搞起了势力平衡。不仅如此，这位英主的个人战力也十分强悍，经常亲自领兵于前线镇压各种叛乱。而且，在后来与亚述公司的直接对决中，穆尔西里二世还在幼发拉底河上游全歼了亚述军队，这一战堪称他一生中最辉煌的时刻。

值得一提的是，穆尔西里二世还是个对妻子情真意切的好丈夫。在爱妻因为巫术离奇死亡后，深受打击的他竟然患上了失语症，无法说出话来，只能用文字写下一段追忆亡妻的感伤悼词……

穆尔西里二世离世之后，他的儿子穆瓦塔里二世继承了王位。此时的赫梯公司已经如日中天，但老对手埃及同样在拉美西斯二世的调教下成为北非一霸。两家百年来的新仇旧恨最终激化为一场旷世大战——卡迭石战役。我将在下一篇中详细介绍这场古代文明世界的重要战役。

这场大战导致双方都元气大伤，亚述坐山观虎斗借机做大，而赫梯公司内部却又一次不太平了起来……

赫
梯
篇

6

原来，在穆瓦塔里二世亡故之后，他的幼子穆尔西里三世继位。作为帝国的又一位少主，穆尔西里三世明显是个稚嫩的年轻人，对于周边国家的态度相当软弱，更不用提对赫梯的掌控了。而此时的赫梯国内有一位功高震主的皇亲国戚已经对最高统治权觊觎许久……

此人就是穆尔西里三世的叔叔，名为哈图西里三世。穆瓦塔里二世在统治时期就颇为看重这位王弟强大的统帅能力，特意调派他去驻守帝国的最北方，对抗那里长期骚扰犯境的卡斯卡人。战功赫赫的哈图西里三世根本就瞧不上自己的这位侄子，公元前1267年，他亲笔书写了一篇《哈图西里自辩词》，以此解释自己才是那个最合适的公司一把手。等到一切时机成熟之后，他便大举起兵南下"靖难"，赶跑了侄子，夺取了王位。

是不是觉得这一幕相当熟悉？没错，原来2 600多年前，明成祖朱棣夺权的戏码就在安纳托利亚半岛上演过。而且，就像朱棣十分在意侄儿朱允炆的去向一样，哈图西里三世也对穆尔西里三世的下落牵肠挂肚。道理都是共通的，每个篡位者都对自己的执政合法性有着强烈的担忧。

不过穆尔西里三世也的确为回归做出了很多努力，潜藏在叙利亚沙漠之中的他，通过各种手段联系巴比伦公司和亚述公司，试图借助它们之手来帮自己复国。很快这个消息就被哈图

> 破产的文明

西里三世的耳目打听到了，一支负责暗杀的特工小队也迅速深入叙利亚……不过穆尔西里三世也很警觉，他立刻逃到了塞浦路斯岛上，又一路辗转，去到了最值得他投靠的地方——埃及。

得知侄子居然流亡到了最大的竞争对手那里，哈图西里三世自然不能容忍这样的事情。于是，他多次写信给时任埃及法老拉美西斯二世，要求引渡穆尔西里三世。不过，对方显然清楚地知道这位少主的政治价值，再加上之前卡迭石大战的余怒未消，所以一再回绝了他的要求。

然而，不得不说的是，此时的近东世界已经不是围绕着赫梯和埃及转了。正如前文所述，如今的亚述已经成长为一股无法忽视的军事力量，亚述战车洪流随时可能滚滚向西而来。在这样的局势下，埃及最终决定与赫梯和解，双方签订了人类史上首个国际性书面合约，也就是著名的《银板和约》。这份和约的遗物至今保留在伊斯坦布尔考古博物馆，而它的复制品则作为人类和平的见证陈列在纽约的联合国大厦内。

伴随着《银板和约》的签署，这一次，拉美西斯二世也无法继续庇护穆尔西里三世了……在和约中，除了互不侵犯、相互联姻、建立平等外交等常规内容外，引渡穆尔西里三世也是重要的一条。从此之后，这位流亡君主永远消失在了历史的烟尘之中，不知生死，命运和建文帝如出一辙。

不幸的是，即便赫梯和埃及缔结了和约甚至联盟，依然无法抗衡亚述公司，甚至在尼赫瑞亚战役中，赫梯耻辱地遭遇溃败。从此以后，这家公司就迅速衰败，走上了破产之路……

接下来，来到了青铜时代晚期的大崩溃，海上民族横扫一切的时刻。作为紧挨着地中海沿岸的一家公司，赫梯自然成了这帮流寇的首要打击目标。而北面多年来的卡斯卡则给予了这个衰败的帝国最后一击，公元前1180年，卡斯卡大军袭击了赫梯首都哈图沙，并将这里烧成了白地。

关于赫梯公司的灭亡，有一个因素值得一提，那就是其本来拥有一项非常引以为傲的科技：冶铁和铁器制作。包括这家公司的壮大，也和这种超越青铜时代的科技有关。可惜到后来，他们并没有能够彻底封锁如此具有战略意义的制铁技术，而是不断被竞争对手学习并逐渐超越。

当然，赫梯公司破产更大的原因还是他们始终无法很好地解决高层内斗的问题。虽然有《铁列平敕令》这样先进的管理条例出台，但并不能很好地贯彻执行，除了少数几位领导者外，大部分最高领导人始终无法真正掌控这家企业，总是要消耗精力在权力的争夺上。这一点上，他们想必是非常羡慕对手埃及的，在中央集权和权力平衡方面，后者显然表现得更出色。

即便如此，赫梯公司还是带给我们一个影响至今的产品：外交手段及其附属的和平条约。它让我们知道，战争无法解决的国际争端，通过其他更和平、更文明的方式，可以得到更好的解决。

卡迭石战役
情报、阴谋与谈判

我化敌为友的同时,也消灭了敌人。

——亚伯拉罕·林肯

商战，常常被形容为没有硝烟的战争。在《战争论》中，克劳塞维茨直言不讳地表达了战争的目的就是消灭敌人这样的观点。他进而引申到政治斗争的目的便是消灭敌人，而战争是这一目的最直接的表现。

但商战这种另一层面的战争，不一定会以失败一方被彻底消灭并破产或者被胜利一方兼并而告终，有些时候也会以双方握手言和而结束。我依然记得几年以前，优步进军中国之后，和滴滴展开 200 亿美元的旷世大战，但战火并没有持续多久，这场大战就以双方相对完满的合作而结束。

所以，彻底消灭对手是战争的目的，但目的并不一定和结果画上等号。在某些情况下，争端双方会出于种种原因最终选择坐下来聊聊，恢复到和平状态，并签订条约。这样的事情在公元前 1274 年的人类史上第一次洲际大战——卡迭石战役中就曾出现过。

那么，这场大战的两个对手——古埃及和赫梯为何会一言不合就开打，最终又出于什么目的选择和解呢？我们来回顾一下卡迭石战役的全貌，并找出答案。

1

我们先来看看埃及公司方面的情况。长期以来，这家公司

破产的文明

一直拥有着尼罗河沿岸非常广阔的疆域，并且非常重视整体的稳定度，因此即便经历了数十个王朝，依然能够依赖中央集权的法宝叱咤于北非大陆。

公元前1300年左右，这家公司正处于辉煌的新王朝时期，同时也是内部领导层一次重大的变动期。新上位的总裁阿蒙霍特普四世是个异常激进的改革派，他发现公司的领导权已经逐渐被分散到那些作为精神文明建设之需的神庙（特别是阿蒙神庙）经理手中，于是决意夺回这重要的领导权。

他启用了一个新的领导班子，大张旗鼓地搞起宗教改革，整个埃及公司内部都被灌输了新的理念。只不过变动虽大，但还谈不上混乱。可是阿蒙霍特普四世将全部的精力都放在了公司内部，却忽视了公司外部的情况。

我们知道，埃及公司体量虽大，但主体部分还是在尼罗河沿岸，再加一个西奈半岛。像叙利亚、黎凡特这些地区，主要都是外围的分部，这些"外包公司"猴精得很，都是见风使舵的主儿，哪家超级公司的影响力更大，他们就依附于哪一家。

有人或许要问，既然控制力并不强，古埃及为什么一定需要这些地区呢？这就涉及一个很重要的地缘因素：缓冲地带。我们知道，任何一个大国都不希望自己的国境线直接与其他强国接壤，否则一旦两国之间爆发战争，就会立刻威胁到国境内的城市。一个经典的例子是二战时期德国和苏联都对波兰展开猛烈争夺，就是因为波兰是夹在两者之间的缓冲地带，双方都希望能够尽量多地将其掌控在自己手里。

同样地，很多大型公司之所以开展很多业务，也是为了类似的缓冲需求。平时这些业务赢利不多甚至不赚钱都无所谓，它们的意义也不在于此。当突然出现强大的对手时，就可以针对具体局面，选择抛弃一些附属业务，战略性地放弃一些市场，避免公司的核心利益部分受损。

新王国时期的埃及公司相当重视西亚地区，就是出于这个原因。然而，阿蒙霍特普四世忙于主体公司内政，就放松了对这一块分部的管理。这个大好机会显然被别人敏锐地觉察到了，此人就是赫梯公司数一数二的政治天才苏皮鲁流马一世。

苏皮鲁流马一世的英明神武在赫梯篇中已经详细叙述，这位一手打败米坦尼王国的顶级大佬不但趁着埃及分心吞下了叙利亚地区大片领土，而且觊觎着更接近埃及的黎凡特。更重要的是，善于外交的他还和阿蒙霍特普四世称兄道弟，不断送礼外加恭维，弄得对方就算看不惯赫梯明目张胆的扩张，也不至于闹得撕破脸。两家虽然有摩擦，但基本上控制在一定的范围内。

这样的局面随着那封埃及王后的神秘来信，以及苏皮鲁流马一世之子死于非命而彻底改变。两家第一次起了严重冲突，连苏皮鲁流马一世本人也在战争和瘟疫之中丧生。从此之后，两大超级公司之间便剑拔弩张，大战也蓄势待发……

破产的文明

2

其实，抛开那些大佬之间的爱恨情仇，埃及和赫梯之间会爆发大战也是有其必然客观原因的：除了缓冲地带的意义外，西亚地区作为早期人类的定居点，拥有着相当丰富的人力资源，这是两家公司都异常重视的。

这里的人力资源并不是咱们今天所说的人力资源，而是指奴隶。在早期文明公司中，奴隶是一种相当重要的资源，它意味着巨大的生产力，毕竟无论是金字塔还是空中花园这样的杰出产品，都是靠奴隶生产出来的，他们的数量折射出一家公司的真正实力。

更何况西亚地区本身也有着大量自然资源，比如对埃及来说需求量极大的木材。我们知道，埃及国土大面积都是沙漠地形，严重缺乏树木，而建造各种神庙，木材又是不可或缺的，所以埃及迫切需要占领亚洲地区的木材产地。

这样一来，无论从地缘政治层面还是从资源控制层面，都在客观角度触动着这场大战的爆发。当然，导致大战正式发生的，最终还得归结于两家公司老板的强烈主观意愿，也就是赫梯公司的穆瓦塔里二世和埃及公司的拉美西斯二世的想法。

作为穆尔西里二世的长子，穆瓦塔里二世也称得上一位雄主。在他接手公司时，赫梯已经成为整个地中海东部的顶级企业了，而埃及也恰在此时不断扩张地盘，侵入双方的缓冲地带叙利亚地区，觊觎此地一座重要的城邦——阿穆鲁，而卡迭石就在阿穆鲁的北方不远处。

面对埃及公司咄咄逼人的攻击性态势，穆瓦塔里二世意识到此前的那些条约已经没有什么存在的意义了，而他强势的个性也不可能容忍埃及的小动作，所以，既然战争无可避免，那就面对它吧！

为了应对战争，穆瓦塔里二世破天荒地把赫梯公司的总部从哈图沙迁到了南边的城市塔胡恩塔萨，这个措施可谓是一箭双雕之举：不但可以更好地部署在叙利亚地区的作战计划，而且可以远离北方的卡斯卡人，避免双线作战。当然，哈图沙作为重要的都城也不能放任不管，穆瓦塔里二世任命了一位自己最亲信的大臣和自己的兄弟一起担负起北面边境的防卫任务，避免遭到卡斯卡人的趁机入侵。

对于穆瓦塔里二世，我们还必须多说几句。或许正是因为成长在一个充满各种内斗的政治家庭环境中，他对于各种政敌都得小心翼翼地提防，不会轻信别人。即便在掌控公司之后，穆瓦塔里二世也要面对周边各个城邦国家的投诚和背叛。在这样的氛围下，他渐渐学会了处理复杂关系所必需的尔虞我诈，同时对任何人都保留着一份戒心。

之所以要强调这些，是因为他的对手拉美西斯二世可以说是完全不同的一个人。在他14岁那年，他的父亲塞提一世就立他为王储，他在成年后顺理成章成了埃及法老，掌管着新王国时代

破产的文明

埃及公司的庞大疆域。一路顺风顺水的拉美西斯二世，身边有着一堆忠心耿耿的股肱老臣辅佐，加上高度集权的政治体制，基本上不用过分担心权力斗争，这也让他养成了异常自负、敢于冒险的性格，却又不可避免地对人性的复杂程度认识不足。

年轻时的拉美西斯二世就展现出那种无畏的个性，当下埃及北部沿海遭遇到谢尔登人的侵扰时，这位法老立刻亲率海军给予回击，以守株待兔的方式围剿并全歼了这批海盗。

不仅海战，陆战也是拉美西斯二世所擅长的，他继位后不久就率领陆军长驱直入叙利亚，挑起了和迦南的战争，很快就占领了当地。几千年之后，考古学家还在位于黎巴嫩贝鲁特的古代遗迹中找到了当年拉美西斯二世留下的纪念碑。

或许是尝到了胜利的甜头，拉美西斯二世更加大胆，他将目光瞄向了自己的先辈一直不敢贸然逾越的黎凡特地区，因为这里长期以来都是赫梯帝国的附属。

虽然野心勃勃，但拉美西斯二世也明白对手的强大，他同样做了大量的准备，比如同样把首都搬迁到了以自己名字命名的新城培尔-拉美西斯。这座新首都同样成了部署大战的司令部和军事中心，拉美西斯二世在这里设立了大量军工厂，用以生产兵器、盾牌和战车。根据出土的文献，这些军工厂的生产力惊人，一周就能制造大约1 000件兵器、650件盾牌和120辆战车。

可以想见的是，如此强大的军备，给了拉美西斯二世更大的自信。他觉得时机已到，挥师攻取了卡迭石之南的阿穆鲁城。

这一事件成了两国正式开战的直接导火索。或许拉美西斯二世从骨子里就期待着这一刻的来临。

3

在正式讲解战争的过程之前,我们还必须再回顾一下双方的军事力量。如果把一种文明当成商业公司,那么军队毋庸置疑就是这家公司产品实力的集中体现,同时还能映衬出公司的企业文化和管理机制等。

赫梯的军队主要包括两个组成部分:重型步兵和战车部队。这其中的重中之重就是战车部队,可谓是至关重要的核心战力,也是穆瓦塔里二世横扫千军的大杀器。

相比埃及,赫梯公司的战车部队有着更加强大的作战能力,主要是因为赫梯公司的战车制造技术比前者先进了整整一代,他们不但出产素质更优秀的战马,而且是制铁技术的绝对行家。因此,赫梯战车的尺寸更庞大,关键的车辄、轮轴等零件都是铁制的,整体质地也更坚固。赫梯战车上可以搭乘三名作战成员(驾驶员、持矛战士和持盾护卫),他们全部身穿坚固的铁制盔甲。

而埃及的战车尺寸很小,只能搭乘两名作战成员,不但没有持盾护卫，而且不具备持矛战士挥动武器作战所需的空间，所以这两个强力兵种都无法配备。不过埃及的战车也有自己的优势，那就是搭载了射程更远的弓箭手，同时因体型小而更灵活，机动性也更胜一筹。但埃及战车上的作战成员只穿着覆盖青铜薄片的战衣，装备等级明显不如赫梯战车部队。

除此之外，赫梯的战车部队更为强大的另一个原因就在于赫梯士兵属于半职业军人，接近后来的亚述职业军队。这些士兵平时不但拥有自己的田亩，而且有专属的奴隶代为耕种，因此可以全身心投入军事训练之中。

根据上述分析，我们可以看出，在军事领域，赫梯公司的产品比埃及公司更加先进，甚至可以说领先了一个时代。不过千万不要以为这就表示埃及公司一定会输掉这场大战，毕竟这家公司也有自己的优势，那就是在古代文明公司中无可比拟的企业管理。

埃及公司作为当时首屈一指的高度集权广幅型公司，对于企业文化和员工忠诚度极为重视，其主力军完全由本国的埃及人构成，只有一小支努比亚军队作为辅助和后勤。埃及军队的强大之处在于，其虽然在战车部队这一块逊色于对手，但是拥有着更完备的多兵种协同作战能力。军队分为三条阵线：一线是攻击核心，以战车部队为主，辅以少量的轻步兵；二线是接战负责收割的精锐重步兵；三线还有另一部分的步兵和战车，专门负责攻击敌方阵形的侧翼。

这三条阵线又被划分为四大军团，每个军团有5 000人左右，都拥有战车部队和步兵。4个军团分别以4位神祇的名字命名，即阿蒙军团、拉军团、赛特军团，以及新成立的普塔军团。这其实就像过去那种庞大的国有企业一样，将自己内部划分为各个部门，同时为了确保每个部门的凝聚力，就要求员工听命于各自的核心管理层领导，而各个宗教神祇就是埃及公司强大的精神力量和忠诚源头。

除了四大军团外，埃及公司还有一支成立不久的海军，只不过它并不能直接加入叙利亚陆地战场，而是专门用于安排后勤运输事务。这支海军往返于尼罗河河口和地中海黎凡特沿岸，把战斗部队、武器装备和后勤物资等运送到陆地的前线，同时将那里的伤兵和战略资源运回埃及。除了完成这些任务外，埃及海军还有一个很重要的作用，那就是侦察和汇报战况，扮演类似于情报局那样的角色。

所以说，埃及作为一家中央集权的广幅型公司，其军事能力并不体现在装备产品的先进性上，而是更多地展现于军队的强大凝聚力和配合作战能力。

作为对比，我们再来看看赫梯方面的军队。赫梯公司是一家城邦型的集团性质的企业，其高层对于旗下的大量子公司（包括一些外包企业）并没有很强的直接约束力。同样地，赫梯军队也是一支由多达19个城邦国家组成的联合雇佣军，这支联军中不乏阿尔扎瓦、吕基亚、乌加里特等军事实力还挺强的城邦国家。最终形成的赫梯联军有近5万人，还包括2 500辆战车，比埃及多500辆。

然而，稍微分析一下就明白，这样的联军虽然数量更多，但是有一个致命的弱点，那就是缺乏凝聚力，也没有统一的精神指导，所以就需要物质上的激励来驱使这些雇佣军奋勇向前：赫梯联军规定，击败敌人后所缴获的战利品，士兵们可以自行分配。后来所发生的事情证明，这一规定对军事纪律而言有着莫大的隐患，但对待雇佣军也只能这么着了……

最后，我们再用公司的形式对比一下大战前的双方。埃及公司就像一家庞大的国有企业，员工有着强烈的归属感和忠诚度，管理机制井井有条，但是创新力不强，产品落后，公司风格偏向傲慢自负和固执保守。赫梯公司就像一群小公司合并而成的集团企业，大家靠着物质和薪酬激励才松散地结合在一起，不过在局部拥有更高的效率，产品也明显更先进，公司风格灵活多变却不算稳定。

那么，在这两家公司的大碰撞中，究竟谁会更胜一筹呢？

4

好，背景都交代完了，我们终于可以进入主题，穿越到大约 3 300 年前，追溯一下这场世纪大战。

公元前 1274 年 5 月末的一天，即将进入而立之年的埃及法老拉美西斯二世率领大军在叙利亚沙漠中跋涉前行。此时的气候已经十分炎热干旱，拉美西斯二世在焦虑和渴望杂糅的复杂情绪中指挥军队来到了奥龙特斯河上游附近的一个平原地带。

拉美西斯二世所指挥的部队是埃及大军四大军团中的一个，也就是他的亲卫军：阿蒙军团。剩下的三个军团都被他安排驻扎在后方，由三位维西尔指挥。不得不说，这样的部署并不怎么合理，毕竟在古代战场上，数量上的优势就是战略性优势，同时也是战术上最直接的制胜因素，在大多数情况下，集中优势兵力就是战略上行之有效的不二法门。

但是，拉美西斯二世这么做也并不是没有原因的，因为历经近半个月的长途奔袭，他依然没有发现赫梯军队的具体位置，而且不出意外的话，在可预计的时间内，他还将继续为这个问题而苦恼不已……长时间的搜寻无果，让这位年轻法老产生了一个自负的想法：或许赫梯军队根本不敢和自己接战，之所以找不到他们的任何蛛丝马迹，只是因为他们还躲在遥远的北方而已。

就在这个当口，埃及军队截获了两名自称从赫梯军队中逃离出来的沙苏人。这两个逃兵虽然形迹可疑，但依然提供了一条看似极其重要的军事情报：赫梯国王穆瓦塔里二世相当畏惧埃及法老，为了避其锋芒，只能远远据守在远离此地的阿勒颇。

这个情报似乎完美解答了拉美西斯二世此前的困惑，原来赫梯这帮胆小鬼还躲在千里之外呢，难怪死活找不到他们的身影……有些警惕心很强的谋臣提出异议，认为这两人可能并不是真的逃兵，而且沙苏人作为一个沙漠中的游牧民族，本身就以狡诈、没有信誉著称。然而，拉美西斯二世傲慢自负的个性，加上长期以来一帆风顺的人生轨迹，导致他根本听不进这些劝告。他真的深信对手是被自己的威势震慑住了，甚至认为应该趁此大好机会继续进军。

在这样失智的判断之下，拉美西斯二世做出了一个完全错误的决定，他安排阿蒙军团立刻动身，攻击北边的卡迭石城。

他全然不知的是，这一切都是穆瓦塔里二世的精心安排。这位诡计多端的"老江湖"认识到，打仗并不仅仅是比拼谁的装备好，甚至不是比拼谁指挥得当，而是需要谋略和诡计，正所谓"兵者，诡道也。故能而示之不能，用而示之不用，近而示之远，远而示之近。利而诱之，乱而取之……"无法想象早在孙武说出这番名句之前700年，就有人实践过了……

是的，在诡道方面，穆瓦塔里二世显然是祖师级的行家，他故意指派那两个沙苏间谍放出烟幕弹，误导对方以为自己的大军还远在阿勒颇。而事实上，赫梯联军早就埋伏在卡迭石城附近，并通过不断迁移位置，让埃及的军队完全摸不清状况。

兵临卡迭石城下，拉美西斯二世也渐渐觉察出了一丝不对劲，他急忙安排剩下的三个军团立刻动身前来。此时，离得最近的是拉军团，接到军令后他们急忙北上，想要尽快支援埃及法老。

然而，这恰恰中了穆瓦塔里二世的算计，多日来，他等的就是这一刻。

趁着苍茫的夜色，穆瓦塔里二世调集全部兵力突袭了行军中的拉军团。在漆黑一片的混乱里，拉军团根本不知道敌人是如何出现的，惊慌失措的他们四下逃窜，行军阵形也被横向切割成了两截。北边的半支军团还稍微齐整一些，他们继续向北逃向卡迭石城，而南边的半支则被彻底打散，溃不成军。

就在赫梯大军发动偷袭的时刻，留在卡迭石附近的阿蒙军团终于搞清楚了敌人的动向：埃及的情报人员又抓到了两名来自赫梯的囚犯，并通过一番毒打，逼迫他们供出了赫梯军队的动向，才知道他们早已在此地设下埋伏，等着拉美西斯二世掉入陷阱呢……

发觉了穆瓦塔里二世的真正意图，阿蒙军团立刻摆出防御姿态，试图抵挡这一波围剿。果然，天色微明之时，连绵的马蹄声已经激荡在叙利亚沙漠中，赫梯联军的战车部队如同潮水一般势不可当，冲击着埃及重步兵临时搭起的盾墙，发出金石撞击的铿锵之声。

这一仗是彻彻底底的围歼战，赫梯方有 25 000 人，战车就有 2 500 架,而埃及方只有总战力的 1/4——5 000 人,战车也仅有 500 辆,可以想见拉美西斯二世的绝望……他后来留下的战事记录清晰地还原了当时的感受:没有军官与我同在,没有战车,没有军队士兵,没有持盾护卫,仅留我一人,还好我依然有阿蒙神的庇护……

拉美西斯二世显然夸大了这份穷途末路之感,当时他的身边还有一支忠心耿耿的死士部队,他们就是专属于埃及法老的宫廷禁卫军。这些军人世代都在宫廷中服役,父传子,子传孙,待遇也比一般士兵好得多。因此,他们的忠诚度极高,为了法老抛头颅、洒热血也是在所不惜的。

或许正是仰赖这支宫廷禁卫军的奋力搏杀,狼狈的拉美西斯二世才没有血溅五步……不过,在他的记录里,就是另一番光景了:他说自己即便孤军奋战,也如同天神下凡,把敌人一个一个斩倒在奥龙特斯河中,如同滑入水中的鳄鱼一般。

然而,拉美西斯二世的自我吹捧在数千年之后终于被推翻了,在赫梯方的记录中,考古学家解读到了当时的真相:原来赫梯联军的雇佣军将阿蒙军团击溃之后,并不知道其中居然还混着一位不可一世的埃及法老,所以根本没有设法去活捉他邀功,而是纷纷顾着去抢夺战利品了……这也折射出了赫梯公司的重大缺点,员工心不齐,只有在利益刺激之下才愿意做事,纪律性很差。

所以,即便穆瓦塔里二世智计百出,也无法弥补手下军纪涣散。这次击杀拉美西斯二世失败也成了战事的重大转折点：很快，那半支向北进军的拉军团赶到了战场，这支援军的到来无异于雪中送炭，天未绝拉美西斯二世，还给他留下了一次反击的机会。显然，身经百战的拉美西斯二世是绝对不会放过这样的良机的。这下逃窜的轮到赫梯联军了，此时他们的重型战车反倒成了累赘，被搭载弓箭手的埃及战车轻易追上，损失惨重……

所幸穆瓦塔里二世并未慌乱，他沉住气重新指挥，靠着大量的后备战车和步兵，再加上卡迭石城墙的庇护，终于挽回了败局，赫梯军队一路撤退到了奥龙特斯河对岸并驻扎下来。稳住军心的穆瓦塔里二世决定再一次发动1 000台战车实施反击，没想到大获成功，甚至俘虏了一大批埃及高级将领。

看似战局又一次向赫梯倾斜时，埃及方突然杀出了一支奇兵，这支从阿穆鲁城赶来的援军又一次拯救了拉美西斯二世。很快，南边的普塔军团也赶来加入战局，威胁到了赫梯的后方。鉴于这种局面，穆瓦塔里二世只能选择撤退，全军据守卡迭石城。

尝试围攻卡迭石数日未果之后，拉美西斯二世知道一时半会儿是拿不下这座城了，再加上军心已经开始显露出涣散的迹象，于是他纠集了军队，向南撤退到大马士革并最终返回埃及。这场一波三折、激动人心的洲际大战也终于告一段落。

破产的文明

5

战事虽然结束了，但是胜负并未分出，无论赫梯还是埃及，都对外宣称自家才是大赢家。事实上，因为两家的确算得上势均力敌，所以虽然斗得难解难分，但最终还真的就只落得个平分秋色的结局。

此役过后，埃及彻底丧失了继续远征的动力，甚至很多原先依附埃及的西亚小城邦也趁机脱离了统治。这个局面是拉美西斯二世始料未及的，他花费了大量的精力去镇压这些叛乱。与此同时，这个自负的男人也终于意识到自己并非这世界的唯一霸主，当然，在埃及国内他的那些宣传辞令上，你是不会感受到这一点的……

对赫梯而言，卡迭石战役算是成功阻挡了埃及的锋锐，也借此划分了两家的势力范围。我认为，这场战役对赫梯人而言还是有着一定的意义的，它很好地证明了自家不仅能玩外交，而且真刀真枪地干架也不逊色，对国民信心的提升有着很大的帮助，同时也吸引了一些西亚"墙头草"依附于"安纳托利亚老爷"的门下。

可惜的是，卡迭石战役后不久，赫梯国王穆瓦塔里二世就暴毙而亡，接下来就发生了亲叔叔逼幼主下台的那一幕，和明成祖朱棣所为如出一辙。所幸这位叔叔哈图西里三世是个强人，才抵挡住了埃及后来的几波入侵尝试。毕竟拉美西斯二世不像他的老对手那么短命，他活到了96岁高寿，整个前半生都在努力开疆辟土，大杀四方。

两家超级公司在这场大战后虽然没有直接交手，但依然在边境上擦枪走火不断，争端持续了十数年之久。按照这个架势，恐怕难说还会不会爆发第二次大战，然而就在第十六年，双方突然决定尽弃前嫌，坐下来谈谈心，居然握手言和了，还签署了著名的史上第一份停战和约——《银板和约》。

为什么会突然转变那么大呢？很简单的一个原因就在于更强大的威胁出现了……是的，这家崛起的超级公司就是亚述。3.0版本的亚述迅速做大，并且以超强的学习能力学会了赫梯的铁器制造和战车部队打造，还自己升级出了新技能包：职业军队。同时，亚述公司的高压统治也让其集权能力短期内不逊色于埃及。

正是因为这家集各家之长的公司存在，赫梯和埃及只能被迫达成同盟。这种化敌为友的事情在商业战争领域也可谓是屡见不鲜，比如原本电脑芯片领域的龙头企业英特尔和AMD（美国超威半导体公司），为了应对潜在的最大敌人——崛起的移动端芯片之王高通，也曾经被迫化敌为友上演一出联手抗敌的好戏。在汽车领域，未来也会出现传统汽车企业联手对抗新能源汽车崛起的一幕。

可是，对赫梯来说，更大的威胁不仅仅是亚述，还有西边那些从地中海席卷而来的海上民族，赫梯没有熬过这一波劫难。

而埃及也好不到哪里去,虽然后来的拉美西斯三世击败了海上民族的入侵,但埃及内部的宗教斗争愈演愈烈,也断送了新王朝的命运。

仅就卡迭石战役而言,这场古老而壮烈的战争对于现代商业公司也不无启发之处。

首先,对一家超级企业而言,高效管理和内部凝聚力是很重要的。我们见到很多大型集团企业内部山头林立,派系争斗,导致公司效率严重下降,这一点上,赫梯公司的杂牌联军就被埃及公司比了下去。

其次,许多老牌大型企业惯于躺在过去的功劳簿上,因曾经的成功而失去忧患意识,自视过高,面对新的革新浪潮总是本能地拒绝,固守过去的成就。埃及就是这样,他们固有的那种傲慢气质,让他们守着过时的产品,在遇到小规模遭遇战时也显得异常笨重和不知变通。

再次,越是超大型的企业,最高领导者的个人实力就越重要,尤其体现在他所具备的战略性决策能力上。一个运筹帷幄、统帅三军的最高领导者,既能在顺境时带领团队快速发展,占据更大市场,也能在低谷时稳定军心,挽狂澜于既倒。微软的盖茨、苹果的乔布斯、通用电气的韦尔奇、索尼的盛田昭夫,都是这样的人物。当我们回顾卡迭石战役时,会发现虽然拉美西斯二世和穆瓦塔里二世都犯过一些错误,但他俩都不失为顶级的领袖,所以才能在复杂的战局中把握机会,最终打成平手。

最后，和战争一样，商战并不一定非要分出胜负，斗个你死我活才行。须知没有永远的敌人，当面对不同的大局和环境时，化敌为友，及时止损，也不失为企业经营之道。从敌对到合作，无论是国际关系还是企业商战，相关的例子实在太多。

克劳塞维茨的《战争论》中提纲挈领地说道：战争是政治的继续，战争的母体是政治。而商业领域的政治就是企业管理，只有把握这个根本环节，才能在瞬息万变的商战中占据优势。通过人类史上头一次大战的全部过程，我们可以深刻地领悟到这一点。

腓尼基篇
专注海洋物流 800 年

> 他们说，腓尼基人以前住在红海沿岸，在移居到我们的海这边来并在现在居住的地点定居下来以后，很快便开始走上远途航运的道路；他们运载着埃及和亚述的货物，曾在任何地方登陆……
>
> ——希罗多德

在前文里，我所写到的那些文明公司都可谓是综合型的大公司：地盘广大，员工人数众多，业务也复杂多样化。但在商业领域，也有一些相对垂直的公司，不求全面发展，而是深耕某个领域做到行业翘楚，同样可以成为顶尖的优秀公司。

我在纽约居住的时候，曾在星巴克遇到一个在马士基航运公司做数据库的兄弟。他说到他们公司时，那叫一个发自内心的自豪：咱们可是全球最大的集装箱运输公司，运输网络覆盖地球几乎全部角落。当时我就打趣道：可不是嘛……你们丹麦人的血管里还流淌着维京人的血液呢！

的确如此，物流运输行业就是一个相对垂直的领域，而航运更是鲜明的例子：只要在这一领域拥有了垄断地位，架构起覆盖各国的海洋运输网络，就可以让公司长盛不衰。马士基航运公司只需要做好集装箱运输、航运物流、码头运营，就可以年年跻身《财富》世界500强排行榜。

说起航运强国，我们必然很熟悉北欧、荷兰、英国……然而，和本篇的主角相比，这些标准的"老牌海洋文明国家"都只能算是徒子徒孙。这家文明公司专注于航运物流领域，立足于高质量服务，既不分心搞军事扩张，也不爱凑政治斗争的热闹，所以在列强林立的地中海东岸依然可以过得相当不错。

没错，这家公司就是世界海洋文明的鼻祖之一——腓尼基。

破产的文明

1

　　和前文提及的那些文明公司相比，腓尼基有一个最大的不同之处，就在于其从来都没有形成一个统一的国家，而是一群以相同的民族、文化习俗为纽带，散落在整个地中海东岸叙利亚的城邦。腓尼基甚至和那些城邦型文明公司也不一样，其从未有一个盟主式统领全体城邦的领袖，而是各自为政，城邦之间偶尔会互相帮扶，但更多的时候则是处于商业竞争之中，这一点有点儿像后来中世纪的伦巴第同盟。

　　所以，对比巴比伦、亚述、埃及这些文明公司的定义，腓尼基可能并不是那种传统的"文明公司"，它更像是一个由许多自主小企业的集合结成的联盟，且这个联盟里并不存在一个统领全局的领袖。用今天的流行语来说，我们可以称这种公司结构为"去中心化"的。不要觉得这个词很"高大上"，其实中国传统的晋商、徽商、温州帮等商帮就可以视为去中心化结构的商业集合体。而腓尼基公司其实也是一个类似的商帮，其成员有着相似的文化习俗和宗教传统，甚至使用相同的语言。

　　在如今的移动互联网时代，去中心化也算某种趋势，在企业领域比较明显的莫过于电商和自媒体行业。每一家微型电商或自媒体都相当于一个以自我为中心的小型企业，并且彼此之间还能结成相互支撑但不乏竞争的联盟。去中心化的好处就在于：每个个体都能迸发出自己的热情和动能，没有大型企业的繁文缛节，轻量化的结构也提升了效率；同时个体相对不受约束，更容易产生创新力，更富有冒险精神。

腓尼基也是如此。如今我们甚至已经无从考证其民族根源，无法准确地了解腓尼基人究竟属于闪米特人的哪个分支，是否和地中海一带的其他民族有所混血，但他们从未被历史遗忘，其所遗留下的大量殖民城市辉煌至今：加的斯、马赛、西西里、撒丁、科西嘉、马耳他……它们都曾经是腓尼基的分支公司，每一家都是一个节点，占据了整个航海贸易网络中重要的地理位置。所以，腓尼基这家文明公司更适合的称呼其实应该是腓尼基商业联盟。

上述这些城市都是腓尼基联盟不断向地中海西进扩张之后才逐步开张的新公司。从某种意义上来说，这也属于腓尼基人的冒险精神和创新力——发现更多的良港，并以此为据点打造更完善的航运路线。而地中海其他文明直到 3 000 多年后的大航海时代才做了类似的事情。

腓尼基最早的发源地在近东地区：公元前 15—前 14 世纪，腓尼基人逐渐定居于今叙利亚和黎巴嫩西部，位于地中海沿岸和奥龙特斯河之间一片狭长的土地上。这里东边是森林茂密的山地，西边是礁石环绕的海岸，虽然土地物产还算丰富，但并不适合开展大规模农业生产，也缺乏有效的地理屏障提供防御。所以，腓尼基人勇敢地选择进入大海，腓尼基也因此成为最早的海洋文明。

从另一个角度来说，腓尼基的周边环境是异常险恶的，它的北边是赫梯，南边是以色列王国和犹大王国，再西南一些就是埃及，而东边还有亚述和巴比伦。被众多超级公司夹在中间，凭腓尼基的实力与任何一方硬碰硬都只有死路一条，所以从一开始就必须独辟蹊径。至于腓尼基选择的方针路线，说好听一些就是和这些超级公司合作，结成伙伴关系，说难听一些就是被它们逼得只能给它们运货了……

没错，从商业角度来看，腓尼基这一文明看起来的确很接近现实意义上的公司：往返于各地交易各种不同的物品。但我之所以定义它为海洋物流企业，而不是真正的商业贸易企业，就在于很重要的一点：除了几个短暂时期外，腓尼基人大多数时候并没有自主选择交易何种商品的权力，他们只能被迫接下那些超级公司的订单。所以，与其说是自己投资做生意，不如说只是顶着层经商的皮，实则为那些超级公司提供物流服务罢了。

然而，正如前文所述，只要在垂直领域耐心经营，同样可以过得很好，腓尼基就是明证。这家物流公司联盟就创造了属于自己的辉煌，下面我们就来看看其精彩的发家史。

2

腓尼基联盟中，比布鲁斯算是最早也是曾经最强大的一家分公司。比布鲁斯位于今黎巴嫩首都贝鲁特以北约42千米,为文化遗产,以及史上最古老的人类定居点之一,这里早在7 000年前的新石器时代就聚集了大量以渔业为生的原始居民。

比布鲁斯的古代遗迹可以说是近现代考古学家的心头好,因为这里出土了非常完整而丰富的人类在不同时期居住所产生的遗物,其中包括新石器时代的陶器、石制镰刀,以及青铜时代的穿孔燧石和圆柱印章,年代跨越了数千年。

在遗迹中,我们发现比布鲁斯城的居民很早就懂得制造简陋的渔船,出海打鱼,并将自己的足迹延伸至地中海东部散落的岛屿中。在那里,他们遇见了其他一些古老的海洋民族,比如我们后文要说到的属于爱琴文明的克里特人和迈锡尼人。

关于这些早期海洋文明之间的文化交流和科技交流,学术界各执一词,比如希腊学者强调爱琴文明对于腓尼基人的航海事业启发良多,而北非学者则相反,认为腓尼基文明才是那个真正的指导者。但终究他们只是各自站在自己民族的角度为其辩护罢了,事实上不同文明之间总是会相互学习借鉴、取长补短的,这才是历史的常态。

在这一点上,埃及学者就很坦诚,他们清楚地知道自家的航海技术虽然还算凑合,但是相对于比布鲁斯的豪华舰队来说,那可真的是"腓门弄船"了……埃及的货船大都是平底船,更适合在风平浪静的尼罗河上缓缓行驶,一旦进入地中海就立刻显得捉襟见肘了,全然经不起风浪的摧残。当时只有腓尼基人的货船才能承担大规模海运的任务。

公元前 13 世纪左右，处于新王国时期的埃及公司开始大兴土木，通过举国修建神庙巩固自己的中央集权统治。这种大型基建工程自然需要耗费大量的建材，神庙和金字塔不一样，需要一定数量的木材，而这恰好是埃及境内的稀缺资源。于是，埃及法老找到了腓尼基人，要求他们提供木材资源，因为腓尼基东边的山地盛产一种质地上乘的著名木料，名叫黎巴嫩香柏，也叫黎巴嫩雪松。

黎巴嫩香柏有多么传奇呢？实在是值得大书特书一笔。

单是《圣经》里就提到它 70 多次，《旧约》中称其为"上帝之树"，是完美向上、尊贵生命的象征："佳美的树木就是黎巴嫩的香柏树，是耶和华栽种的，都满了汁浆。"用香柏修建的神庙，不仅外形"高大上"，而且通体散发着曼妙的香气，令人自然而然产生崇敬感。毋庸置疑，黎巴嫩香柏就是古典时代顶级木料的代名词：从古埃及法老的专用船只到耶路撒冷的所罗门第一圣殿，再到后来古罗马皇帝的王座，都是用这种香柏树制作的。如今黎巴嫩共和国国旗上印着的那棵绿树，也正是香柏树。

所以说，比布鲁斯或者说腓尼基联盟的第一桶金的确是靠着贩卖自家的珍贵产品挣来的，但同时它也是伴随着埃及公司的高速发展而野蛮生长的。在古埃及阿马尔那文书中，就囊括了大批埃及和比布鲁斯之间的订货清单。在埃及篇中也提到了，在鼎盛的埃及新王国时期，叙利亚和黎凡特地区都是其争夺的附属之地和战略缓冲区。至于腓尼基，则因木材资源丰富而有着更加特殊的意义。

埃及公司对于腓尼基的严格管制是显而易见的，法老深知航运业的重要性，所以很难接受这些腓尼基"快递员"自己接私活儿，于是强迫他们必须运送自己规定的货物，比如埃及公司自家最著名的产品之一——莎草纸。

请注意，莎草纸的英文是 papyrus，这正是比布鲁斯的谐音。原来后来的希腊人接触到腓尼基人时，发现他们大量运输埃及莎草纸，所以干脆以比布鲁斯来命名它了，这就和西方人将中国的瓷器命名为 china 一样。只不过瓷器就是中国生产的，而莎草纸其实是埃及的。埃及对腓尼基的压迫和管制，从中也可见一斑。

值得一提的是，《圣经》的英文 Bible 也出自比布鲁斯。一家快递公司能做到这个知名度，那也算值了……

3

腓尼基联盟被埃及公司管制了数百年之久，终于在某个时间点，事情发生了巨大的改变，这道枷锁忽然解除了，自由以一种难以预料的方式回归到了腓尼基人身边……

文明的破产

这个著名的时间点我们在前文也提到过很多次,那就是公元前1200年开始的发生于青铜时代晚期的文明大崩溃。携带铁制武器的海上民族从巴尔干半岛和黑海一路侵入地中海东部,令无数曾经辉煌的文明毁于这场大灾难,比如迈锡尼、赫梯。此后的300年里,整个地中海沿岸都进入了黑暗时代,而下一个造成如此巨大破坏力的同类型事件还要等到1 300多年后的日耳曼蛮族入侵。

海上民族的入侵令埃及也深受其扰。为了对抗他们,时任法老拉美西斯三世(注意不是拉美西斯二世)不得不改变过去的征兵策略,大量引入雇佣军加入编制,这才勉强在底比斯的陆战中击败了这些流寇。至于海战,虽然海上民族拥有更先进的铁制长矛,但他们的组织和管理无法抗衡纪律严明的埃及海军,何况后者还有腓尼基造船的加持,所以被拉美西斯三世多次击退。

然而,埃及取得的这些胜利并不能阻止海上民族在西亚定居,他们在此建立了新的国家,双方展开的长期战事大大消耗了埃及的国力,令这个庞大的文明公司开始走下坡路。拉美西斯三世任期后期,埃及公司内部甚至因神庙修筑薪水过低而发生了大罢工,这样的事件在整个奴隶制社会中都是罕见的,更遑论埃及这种高度集权的超级公司了,这足以显露出埃及已经衰弱到了何等程度。

虽然整个地中海世界都陷入了黑暗时代,但是腓尼基人仿佛看见了一道新的曙光。

腓尼基篇

诚然,埃及公司的大量海运需求是腓尼基联盟发展起来的重要因素,但是想必任何一家公司都绝不会甘心被他人掐住喉咙,以服从对方的命令作为代价求生存吧。何况习惯了无拘无束的海上民族,天然地对于自由有着强烈的追求,无论是腓尼基联盟还是后来的希腊联盟都证明了这一点。

在埃及衰落之后,腓尼基人也的确度过了一段沉沦期,但他们很快就适应了新的时代,并开辟了新的发展道路。此时的腓尼基联盟空前团结,各家公司合作开发新的商业机会,逐渐强大起来的它们再也不用像过去那样对埃及畏首畏尾了。

古埃及二十王朝末期留下的文献《温阿蒙历险记》中就很好地展现出了双方态度上的变化。当时埃及代理商温阿蒙被法老派往腓尼基,打理香柏采购事宜,却一路遭遇各种不顺:先是手下私吞了部分财物逃离,接着又遇到了海盗的打劫以及风暴,历尽艰辛好不容易抵达了比布鲁斯时,当地的总裁却拒绝与他立刻见面,这一拖就拖了29天之久。

在交涉中,温阿蒙提出,比布鲁斯总裁应该像过去那样提供免费香柏木料,埃及方只承担运费,并声称这位总裁的祖辈都是这么做的。毫无疑问,在当时的腓尼基人看来,这样的要求是荒唐可笑的,比布鲁斯总裁断然拒绝了温阿蒙的要求,并答复他要木料可以,必须支付相应的货款。无奈之下,温阿蒙只能被迫接受这"不合理"的交易。温阿蒙的一路艰难屈辱,正是埃及国力下行的写照。

破产的文明

在商业领域，我们也见过类似的事情：一些长期依附其他大型公司的产业，在那家大企业衰退之后，自身也会走向式微。比如曾经的手机霸主诺基亚倒下时，有相当多的代工厂都因供应链断裂而倒闭了。可是，也有一些企业从原本的束缚中解脱出来，寻找到了新的方向。

同样地，2008年金融危机所引发的制造业衰退以及国际贸易的消减，都无可避免地引发了物流行业的大震荡：许多顶级物流企业出现巨额亏损，很多中小型物流企业甚至直接悄无声息地破产。然而，就是在这样的大环境下，原本互相竞争的物流业开始抱团取暖，一些原本不算强势的物流公司却实现了业绩突破，比如美国的UPS（联合包裹速递服务公司）就借机打通欧洲市场，占据了比过去更多的市场份额，甚至撼动了曾经的龙头企业德国邮政的地位。

再回到古典时代。在腓尼基联盟中，也是几家欢喜几家愁。比布鲁斯因埃及的倒下而不复往日辉煌，但也有很多新兴的公司从此登上历史舞台，泰尔就是其中最著名的一家。

4

就像中国历史上后起之秀北京接替了西安的地位一样，公

腓尼基篇

元前1世纪开始,泰尔也接替了比布鲁斯,成了腓尼基列城中最耀眼的明星城市。在不同版本的翻译中,泰尔也被译为提尔、苏尔、推罗,但都不会改变它得名的本意:巨大的岩石。

正如其名,泰尔就是一座建立在沿海礁石上的城市,并且分为地位几乎相等的两个部分:一部分在海岸上,包括一部分的农田和商业区;另一部分则是完全孤悬于海上的岛屿,是一座专供航运的天然海港。两个部分通过人工修建的长堤相连,因此古代文献中都将泰尔称为"双子之城"。

泰尔公司能从腓尼基联盟中崛起,和泰尔的一位杰出领袖密切相关,此人就是《圣经》中曾提及的推罗王希兰,也就是海勒姆一世。在腓尼基这样不以个人领导能力见长的大商帮中,海勒姆一世算是难得一见的杰出管理者。虽然他掌管的公司只是小小的泰尔,和萨尔贡、汉谟拉比、铁列平这些顶级领导者掌管的文明公司无法相比,但论个人能力,他其实也未见逊色多少。

海勒姆一世就任总裁初期,就解决了一个长期困扰泰尔公司的大问题,那就是员工的饮水问题。由于地理环境原因,泰尔城里严重缺乏淡水资源,而海勒姆一世设计的一种深度蓄水池,可以在岩石上开凿而成,从此员工们再也不用口渴着加班工作了……不要小看这一点,泰尔公司的员工数量从此获得了突破。

这只是初试身手,海勒姆一世是个目光长远的领导者,他

破产的文明

见证了比布鲁斯的衰败,并且意识到作为物流公司,必须寻找稳定的大客户,既然埃及不行了,那就去找新的合适的选择。海勒姆一世将目光投向了南边一家新兴的企业:以色列。

我们不知道海勒姆一世使用了怎样的商业谈判技巧,但无论是以色列第二任总裁大卫王还是他的儿子所罗门王,都欣然接受了海勒姆一世的订货提议,选择了泰尔的香柏来修建圣殿,还引进了大批泰尔员工作为劳动力输入。作为报酬,以色列不但需要支付一笔白银,还将每年再补上4 500吨小麦和4 600升橄榄油,这些都被记载在《旧约·列王记》中。这一下,泰尔公司突然就发达了。

可以想见,有了以色列这样的大客户,泰尔公司的知名度一下子爆发式提高,接下来又顺利打入了叙利亚和巴勒斯坦市场。订单接到手软的海勒姆一世看着船来船往的泰尔港已经不负重荷,干脆又安排修建了一座新的人工海港,以提高公司的航运能力。很快,腓尼基联盟的其他公司也参照泰尔,在总部设置了完备的码头、泊位、船闸,以及配套的仓储系统。

不得不提的一点是,过去腓尼基联盟的成员公司都比较自由,管理也挺松散,而泰尔公司做大之后,面对越来越壮大的规模,海勒姆一世也必须考虑一下企业内部管理的问题了。

和当时的其他文明一样,腓尼基也有着多神的宗教体系,各地崇拜不同的神灵。而神庙则通过信众聚敛了大量的财富,祭司阶层的地位也隐隐追上了王室成员。巴比伦和埃及都发生

腓尼基篇

过类似的事情。海勒姆一世也迫切需要打压神庙势力的扩张，而他的对策是重新打造一位新神：麦勒卡特。

埃及法老阿蒙霍特普四世也干过同样的事情，不过海勒姆一世的宗教改革比他要成功得多，麦勒卡特后来不仅成为泰尔员工的精神领袖，而且戏剧性地变成了这家公司的大标识：伴随着商业的扩张，随处可见这位尊神头戴角盔、挥舞战斧的经典形象。海勒姆一世此举也引得腓尼基联盟别家公司纷纷效仿。

此时，就泰尔公司的实力而言，它已经不再局限于一家物流公司了，毕竟它有了真正的商业能力，可以自由地进行贸易，影响面更是广阔。公元前9世纪，泰尔公司甚至联手以色列组建了一支远航商队，不但开拓了北非市场，而且深入印度洋。

而此时泰尔公司运送的货物也远远不止过去的香柏和莎草纸，还包括大量的奢侈品：金银贵金属、宝石、象牙、熏香、高档家具、橄榄油，以及腓尼基制造的各种日用品和武器。顺带一提的是，也正是在这一阶段，腓尼基联盟的手工业特别是金属制造业大为发展，当时地中海东部随处可见腓尼基加工生产的工具和武器。

这些商品中还有一样特别出名，那就是一种在旧时代极其罕见的紫色染料，它的成分是从一种只生活在腓尼基附近海域的软体动物——骨螺的腮下腺中提取而出的。当时只有奢靡的名门望族才穿得起这种染料制成的深紫色刺绣衣物……而腓尼基也正是因希腊语中的紫色（phoinix）一词而得名的。

破产的文明

有了泰尔公司这样咸鱼翻身的行业模板,腓尼基联盟迅速突破自身,再也不是纯粹的物流公司,而是真正的商业公司大联盟了。腓尼基人一边开拓海上商路市场,一边寻找合适的地点开创殖民地,前文提到许多殖民城市也都是在此时开创的,后期腓尼基的殖民地甚至远及英国。而这些殖民城市或者说衍生公司中最著名的就是后文中我们要详细说的——迦太基。

可以说,此时的腓尼基联盟在整个地中海都布下了一张巨型的贸易网络,从黎凡特到罗得岛,从爱奥尼亚到克里特岛,甚至远至赫拉克勒斯之柱(也就是直布罗陀海峡),各地都见证了它当年的繁荣。

5

虽然我一再强调在大多数阶段,腓尼基联盟的本质都是一家物流公司,但这并不代表它就没有自己的先进技术和高端产品。正如马士基公司拥有着顶尖的集装箱制造技术和大型集装箱货船制造技术一样,腓尼基人在造船和航海科技上是同时期任何一家文明公司都无可比拟的。

在3 000多年前的时代,航海科技大概就像如今的互联网科技一样,需要集中一个国家的大量资源(特别是高端人力资源)

才能推动。腓尼基联盟之所以能够成为此中翘楚，除了地理因素和传统因素外，相关人员所具备的高超素质和长期的职业培养也是不可或缺的要素。500多年后的雅典公司著名领袖伯里克利就说过：航海技术和其他技术一样，不是人们在闲余时间就可以学会并掌握的，它需要消耗一个人全部的精力。

关于腓尼基航海技术有多么发达，我们不仅拥有历史文献上的记载，而且有着活生生的实体证据。

1982年夏，一名潜水员在土耳其西南部海域意外发现了一块奇怪的铜锭。顺藤摸瓜，人们发现这铜锭来自一艘异常古老的沉船残骸。这艘船的船体中有着多达15吨的货物，其中包括120枚总重量超过1吨的锡块，以及348枚总重量达到10吨的铜锭。根据这两种货物的样式和质地，考古学家推测出锡锭来自安纳托利亚，而铜锭则产自著名的铜矿产区——塞浦路斯。

除此之外，这艘沉船上的货物简直可以用琳琅满目、五花八门来形容，包括黄金高脚酒杯、黑檀原木、象牙和河马牙制品、玻璃和陶器，此外还有鼠尾草、小茴香、番红花等诸种香料，以及产自各地的奇珍异宝，比如黎巴嫩香柏、波罗的海琥珀、亚平宁铜剑、美索不达米亚印章等。

对这些遗物的大量研究表明，这艘名为"乌鲁布伦"的沉船极有可能就是当年腓尼基人用于航运的商船，它驶向的目的地是希腊。

乌鲁布伦沉船海难的原因并无定论，但其更有可能是海上民族的劫掠，而非海洋上的自然灾祸。因为这艘货船的造型正是腓尼基人拿手的"浴缸船"，这种浑圆的结构使得它坚固异常且不惧惊涛骇浪。

毫无疑问，浴缸船透射出腓尼基非凡的造船"黑科技"：船外壳巨大呈球茎状，船舷很高，船头平滑，整体外形恰如古典造型的浴缸，可以容纳大量的货物。而船体的甲板和船舱之间都使用了腓尼基独家的沥青黏合技术，不仅可以加以固定，而且可以有效防水，关于这一点我在巴比伦篇中也提到过。

除此之外，腓尼基人在造船科技方面最杰出的改进就在于他们创造性地发明了龙骨结构。

所谓龙骨，是指船体底部中央连接船首和船尾的一个纵向构件，可以视为船只的脊柱。龙骨是帆船最重要的承重结构，有了它就可以承载更大更重的货物。此外，从流体动力学上说，它还可以扩大船的侧面积，防止船只在侧风时转向，对逆风航行尤为重要。腓尼基的船之所以厉害，就在于拥有了龙骨结构。

腓尼基人不仅精于货船制造，而且在战船制造上也相当强悍。他们破天荒地把赫梯公司的炼铁技术和造船业结合，不仅把船只的重要部件改换成铁制，而且在战船的前端加装了一个厚重的铁制撞角。这个大杀器让腓尼基战船可以靠着冲击力顶碎对手，更加无敌于海上。后来，撞角技术被希腊和伊特鲁里亚借鉴，这两家公司的海上实力也迅速飞跃。

除了造船科技，腓尼基人的航海技术也极为发达。腓尼基是史上最早掌握了导航技术的公司：通过北极星来定位自身。所以，北极星在希腊语中也被称为"腓尼基星"。在当时，只有掌握这项技术的腓尼基船队才可以在夜晚继续航行，这缩短了货运时间。

值得一提的是，腓尼基联盟还有一项最著名的产品，也可以算作航海科技的衍生物。原来，工人在造船车间生产时，发现了一种提高效率的方法：他们在船体的各个构件涂上不同的字母，相邻的字母结合，才可以组成正确的单词，这样一来便大大降低了安装时的出错率，并且无心插柳地创造出了伟大的发明——腓尼基字母。

腓尼基字母的优势在于，它不同于当时的其他书写系统，化具象为抽象。比如，埃及圣书体文字和楔形文字都需要大量的具象化符号来书写，而腓尼基字母只有22个表达发音的字母，通过这22个抽象字母的排列组合形成单词，就可以表达各种意思，更加便于学习和记忆。腓尼基字母经由阿拉米人借鉴后，又在亚述广泛传播，后来的希腊、拉丁文字也参考了它。可以说，正是腓尼基字母这种划时代的伟大产品改变了后来的西方文字体系。

显然，腓尼基联盟能够贡献出如此多的科技产品，与这家企业独树一帜的浓厚创新氛围是分不开的，去中心化、相对自由的管理，较少条条框框的限制，才能最大限度地激发员工的创新思维。然而，腓尼基公司也存在种种不足，当遇到强势而霸道的对手时，其往往只能俯首称臣；同样地，当遇到同类型但更加自由、创新机制更好的公司时，其也会败下阵来。

这里的前一种公司，叫作亚述；而后一种公司，叫作希腊。

6

我们都知道亚述公司是何等凶残，在公元前700年左右，3.0版本的亚述崛起之后，这头睡醒的猛狮扑向了腓尼基。来自埃及的阴影还未消退，腓尼基人又不得不面对新帝国的管控。

作为一个没有海岸线的强大内陆国家，亚述一直迫切需要海港来进行贸易和发展海军。于是，公元前729年，亚述强推巴比伦，终于获得了进入波斯湾的入海口。此时的亚述又将目光瞄向了西边的地中海，而腓尼基诸城只能在这恐怖的视线中瑟瑟发抖……

值得庆幸的是，亚述公司并没有痛下杀手，其时任领导者辛那赫里布为了在尼尼微修建一座"举世无双的宫殿"，需要大量的高档建材和昂贵奢侈品，而普天之下能搞定这些货源并将其运输到亚述高地的，只有腓尼基一家了。于是，这一次腓尼基联盟又只能依附亚述帝国，成了为其跑腿的快递公司。

刚开始腓尼基还不太适应这样角色的转变，但是在亚述攻

腓尼基篇

入叙利亚北边，兵临泰尔和比布鲁斯城下之后，腓尼基人吓得立刻服软了。泰尔公司带头表示，唯亚述马首是瞻。亚述的回复冷酷而直接：我可以让你保持独立，但作为交换，你要给我跑腿，提供我所需要的任何货品，特别是贵金属。

就这样，腓尼基联盟免于城破人亡的结局，但付出的代价也是高昂的，在当时做物流，那可不容易啊……毕竟，此时的它们早已失去了和一些旧贸易伙伴的紧密联系，比如塞浦路斯就不满于过低的开价而拒绝执行过去那样的交易。同时，海上还有其他竞争对手，如希腊、伊特鲁里亚。而且亚述本身就占据了一些贵金属出产地，这样一来，腓尼基要想完成任务，就只剩下唯一的选择了，那就是继续向地中海西面扩张，开辟新的贵金属发源地。

不得不说，腓尼基联盟还是有实力的。他们先是在撒丁岛上开辟了殖民地，从而获取了岛上的铁资源。铁在那时也是珍贵的战略资源。他们继而又深入伊比利亚半岛南部的塔尔特苏斯地区，在那里建立了殖民城市加的尔。加的尔，即腓尼基语中"城堡"的意思，这座城市就是如今西班牙的海滨城市加的斯，这里曾经盛产银矿和锡矿。

于是，西班牙的白银经由腓尼基的航运船队，源源不断地流入亚述公司的仓库。即便如此，亚述的贪欲还是没能得到满足。公元前8世纪中叶，亚述公司进一步加强了对腓尼基联盟的贸易管控，其强制性地对腓尼基货物征收巨额关税，并且巧立名目地设置了各种贸易禁令。

亚述人的残暴,加上他们对自由的亵渎,逼迫软弱的腓尼基联盟只能选择反抗。腓尼基联盟加入了由犹大国国王希西家发起的反亚述联盟,只可惜很快就一败涂地。令人惊奇的是,亚述并没有像对其他公司那样以一场残暴的征服来报复腓尼基联盟,而是允许它继续保持在高压统治下的独立。

这么做的原因也不难理解,对庞大的亚述帝国而言,只有腓尼基联盟的物流网络才能提供其维持公司所必需的现金流。所以,腓尼基又一次成了强国的附属品和利用工具。

这样的宿命既可以说是腓尼基的幸运之处,也可以说是它的悲剧之处。所以,当我们看到腓尼基联盟在近东各种冲突中总是能够独善其身、置身事外时,不要急于羡慕它们的那点儿自治权和泡沫繁荣,而要更多地看到其中的无奈和委曲求全。

可是我们知道,对一家把创新写进基因里的公司而言,一旦失去了独立性和自由,业绩就会一落千丈。更何况在地中海上还有一家类型相似的公司——希腊联盟。

希腊人同样擅长航运,长期以来他们和腓尼基人之间的关系不断变化,从师生变成伙伴,又变成了竞争对手。最初,他们谦逊地师从腓尼基人,除了学习航海技术和字母外,他们全盘学会了腓尼基人拿手的商业技术:航运保险、商业融资、有息贷款和储蓄等。快速成长之后,他们又联手腓尼基人一起开拓撒丁岛的市场。到最后,他们不可避免地成了腓尼基人最大的竞争对手。为了对付他们，腓尼基联盟甚至试图通过殖民地组成封锁网络阻止希腊联盟的海上扩张。

只可惜，对戴着镣铐跳舞的腓尼基人来说，这一切都只是徒劳，在更加开放自由的希腊人面前，他们终究难逃失败的命运。随着亚述的灭亡，腓尼基又一次沉沦了，之后它又依附波斯，并永远丧失了曾经的创新力。不过，或许腓尼基人可以"带着微笑死亡"，因为他们留下的一颗种子已经生根发芽，那就是迦太基。

分析腓尼基公司的发展脉络，这家物流公司可谓成也自由，败也自由。因为自由的气氛，腓尼基人可以创新出各种技术，可以迅速扩张自己的物流网络，遍地殖民，联盟内各家公司互相竞争，获得更好的发展。同样因为崇尚自由，其内部没有形成统一的凝聚力，无法真正控制殖民地，面对强敌就显得过于软弱和松散，只能成为别人的附属。

更重要的是，腓尼基一直缺乏那种影响力极强、一呼百应的真正领袖。因此，同为自由化的海洋型企业，其始终难以达到希腊公司那样的高度，甚至不及自家的衍生公司迦太基。

波斯篇
死于海外扩张的跨国巨头

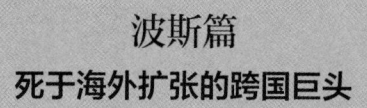

我更愿意收获一个真正的因果，而不是得到整个波斯帝国。

——德谟克利特

很多人都说如今的美国是一个种族和文化大熔炉，但以我这些年的所见所闻，我并未觉得来自各个国家的移民真的"熔合"到了一起，来自五洲四洋的大伙儿普遍还是各自以群集的方式居住在一起，生活方式和习惯上都保留着各自的特点。而且，种族之间的冲突和难以言说的歧视依然存在。

所以说，想要建立一个真正意义上的"国际化"大国，让原本属于不同民族、不同文化、不同宗教背景的族群能够长期稳定地生活在一起，还真的不是一件容易的事情，连发达的美国都如此，更遑论那些曾经的古老国家了。

前文提到的各个文明公司，从本质上而言，除了阿卡德和苏美尔相互交融的那一阶段外，其余所建立的国家基本都是彼此独立的，或是征服与奴役的关系。然而，这一篇要说的波斯文明，终于可以称为"跨国级巨型文明公司"了。它真正做到了包容并蓄，将数家老牌文明公司融为一体。鼎盛时期的波斯帝国疆域从撒哈拉沙漠横跨欧亚非三大洲，直抵中亚的兴都库什山脉，面积比后来的罗马帝国还要大。

此前全然名不见经传的波斯人，究竟是如何做到这一切的？更重要的是，他们是如何统治这样一个多民族、多元文化的巨大帝国，经营好这么一家体量不可思议的超级跨国公司的？他们采用了哪些前所未有的管理方式，这些策略又有哪些隐患？本篇将一一揭晓答案。

破产的文明

1

在正式讨论波斯之前，且容我将话题引申得更远一些。在前文中我们提到了苏美尔人、闪米特人，也在说赫梯公司时短暂地提及了他们所属的印欧人。而在后文中，印欧人将取代闪米特人的位子，成为地中海世界新的霸主。

17—18世纪，许多语言学家发现了一个值得玩味的现象：欧洲、西亚再到印度的诸种语言，包括荷兰语、德语、希腊语、拉丁语、波斯语，以及印度梵语，竟然有着许多相似之处。比如"父亲"一词，在英语中是father，在德语中是vater，在拉丁语和希腊语中都是pater，而在梵语中则是piter。于是他们推测，使用这些语言的民族是不是有一个共同的起源呢？语言学领域很快认可了这种说法，并将这种古老的种族称为"原始印欧人"。后来分子人类学的发展也佐证了这一点，原来这群如今天南海北、外形全然不同的人居然有着共同的老祖先。

公元前5500年左右，原始印欧人定居在今乌克兰和俄罗斯南部的东欧大草原。到公元前3000年，正当美索不达米亚文明蓬勃发展之时，原始印欧人也受其影响，开始尝试向外迁徙。他们以东欧大草原为圆心，辐射到了四面八方：一支沿着巴尔干半岛进入了地中海南部，成了后来人人惧怕的海上民族，其中一部分又演变成为古希腊人；一支进入了小亚细亚，成了赫梯、吕底亚人；还有好几支印欧人进入了欧洲，其中一支向南

波斯篇

并翻越了阿尔卑斯山脉，成了后来的拉丁人；而剩下的印欧人也分为两支，分别向着欧洲的西方和北方前行，他们成了后来的凯尔特人和日耳曼人。

除此之外，还有一支原始印欧人离开东欧草原后，向南进入了中亚，并入侵了更远的南亚印度，他们有着一个大家耳熟能详的名字：雅利安人。在古印欧语中，雅利安的意思就是"光荣的、可敬的"。当然，后来希特勒所标榜的那个雅利安人实际上和真正的古代雅利安人并无多大联系，那只是以高等种族之名施行种族灭绝的幌子罢了。

在公元前1300年左右的铁器时代早期，其中一支雅利安人沿着里海向南，进入了伊朗高原。这支雅利安部落很快分化成了东西两个部落：东边的一支逐渐演变成了后来的斯基泰人和巴克特里亚人；西边的一支则深藏于巍峨的扎格罗斯山脉之中，一直以牧马为生，他们被称为米底人。

扎格罗斯山脉可以算是一座巨大的宝库，此地不仅出产大量石材，而且储藏着金、银等贵金属，不过这里山势险要，易守难攻，因此西边的两河流域文明一直眼红，却又对驻守这里的部落束手无策。说起来，米底人远不是扎格罗斯山脉最早的创业者，早在公元前2700年，埃兰公司就在这里起家了。

关于埃兰公司，我们可以多说几句。如今大家都知道他们凶暴鲁莽，但又缺乏管理和长远策略，所以才会在击败乌尔第三王朝的苏美尔公司之后，又将这里拱手让给了阿摩利人，并且还能在喀西特巴比伦弱势时卷土重来，又劫掠走了《汉谟拉比法典》。这家公司独创了一种被称为"三头统治"的管理方式，即三位最高领导人各司其职，通过族内通婚确保管理层的稳定性。

公元前600年左右，在强盛的亚述帝国的不断打压下，埃兰公司惨遭灭亡。米底人终于等到了出头之日，从此之后他们便盘踞在扎格罗斯山脉，以优质牧马为产品，组建了一批很小且很松散的部落公司群体。这些酋长制的米底小企业原本过得还算滋润，但随着3.0版本亚述公司的不断野蛮发展，其对周边小公司的压榨也越发剥肤椎髓。在腓尼基的历史中，我们就深刻领悟到了亚述的贪婪和严苛，而这一次，亚述的欺压对象是米底，不断要求对方进贡重要的战略资源——战马。

只可惜，流淌着雅利安血液的米底人不是腓尼基人，他们从未如后者般软弱和逆来顺受，亚述的高压统治反而将原本松散的他们凝聚在了一起，形成了联合形态的米底公司，并推选出了公司第一位总裁：迪奥塞斯。迪奥塞斯明智地选择了位于扎格罗斯山脉之中四通八达的钢铁要塞埃克巴坦那作为公司总部，崎岖的山势令亚述人的攻城部队在此毫无用武之地，因此亚述人也从未想过啃下这块坚不可摧的堡垒。

米底公司立足之后，总裁之位传到了第三任也就是基亚克萨雷斯的手中。他不仅挫败了此前一直在东部侵扰犯禁的斯基泰人，而且收编了斯基泰人的轻骑兵，让其加入自家军队中配

波斯篇

合长矛手和弓箭手，也和亚述人一样玩起了兵种搭配的新军事思想。而配备了优良战马的米底人的骑兵明显更强，长途奔袭的经验也远胜亚述人。

基亚克萨雷斯深知，要想对抗亚述强大的战争机器，只靠米底一家是依然不够的，他看中了另一家新兴公司——新巴比伦的实力，于是和迦勒底人组建了联盟。他将女儿安美依迪丝嫁给了新巴比伦的尼布甲尼撒二世，后者正是因为她思乡心切才特意修建了著名的空中花园。两大新兴公司联手之后，立刻迸发出了难以想象的力量，它们趁亚述东征西战的当口，以摧枯拉朽之势率军直捣尼尼微，仅仅用了三年时间就把这家曾经不可一世的巨头企业拖进了坟墓。

2

公元前612年亚述倒台之后，米底、新巴比伦，以及在小亚细亚接替赫梯做大的吕底亚，成了近东的新生三强。

可是，吞下亚述的米底公司胃口一下变大了，在兼并了乌拉尔图之后，它将目标锁定在了西边的吕底亚身上。两军在安纳托利亚高原上来回厮杀了5年之久，仍未分出胜负。谁也想不到，最终终止两家战争的居然是老天爷：正在某次交锋之中，一场日食突然发生了，双方都认为这是不祥之兆，再加上觉得继续耗下去也不是什么好办法，于是决定以哈里斯河为界，划分出彼此的势力范围。此后的30年里，两家相安无事，直到某位超级领导者出山，才又重燃了战火……

要说到这位超级领导者，我们必须先说说米底公司的第四任总裁阿斯提阿格斯。他是基亚克萨雷斯的儿子，他的两个姐姐分别是吕底亚和新巴比伦两大公司的老板娘，而他自己能征善战，将亚美尼亚高原纳入了自家地盘。所以，在阿斯提阿格斯执政期间，可以说米底公司处于一个相对稳定的发展期，看起来并没有什么值得过分担忧的困扰。

然而，阿斯提阿格斯却不敢高枕无忧，他始终为某种莫名的焦虑所困扰，其源头可以追溯到一个怪梦：根据希罗多德的说法，阿斯提阿格斯梦见自己的女儿生了一个儿子，这个婴儿一直流淌出金色的尿液，迅速淹没了整个米底王国……

很多人会觉得这纯属被害妄想症，可是阿斯提阿格斯认定此乃不祥之兆，他担心这个未来的外孙会成为颠覆米底公司的隐患。为了杜绝这种可能性，阿斯提阿格斯做出了一个自认为明智的决定，他把女儿远嫁到位于安善的一个小部落。这个穷苦的部落也属于雅利安人，而且一向以游牧为生，极少惹是生非。阿斯提阿格斯认为女儿远嫁到这个偏僻的小部落，就不会发生梦中的情景了。

这个小部落的名字，叫作波斯。

波斯篇

只不过,此时的波斯还仅仅是米底公司下属的一个名不见经传的小分部罢了。排除梦境这种玄妙的东西,我们倒真的可以理解阿斯提阿格斯作为米底公司领导人的顾虑所在,他迫切需要独揽大权,实施中央集权统治,但是底下的分公司都是游牧部落出身,习惯于自治,很难忍受来自上层的管束。通过联姻或赏赐的方式加固统治,也算是个可取的办法。

只可惜人算不如天算,阿斯提阿格斯的波斯女婿冈比西斯一世虽是个老实人,但他的儿子不仅天赋异禀,而且外貌奇特,巨大的鹰钩鼻让人望而生畏。知道自己的外孙终于出生之后,阿斯提阿格斯不踏实了,他又梦见这个孩子成了米底的心腹大患,于是一不做,二不休,干脆安排手下大将哈尔帕格去杀掉自己的亲外孙。

接下来的一幕有如《赵氏孤儿》的剧本,哈尔帕格被婴儿打动,拒绝执行谋杀任务,而是将他转交给一个牧羊人收养。10年后此事败露,暴怒的阿斯提阿格斯杀掉了哈尔帕格的儿子,还残忍地安排包括哈尔帕格在内的众臣分而食之。我们不难想象此时的哈尔帕格忍受着怎样的悲痛,不动声色的他一直在耐心等待机会,一个复仇且推翻这位暴君的机会。或许他清楚地知道,当年自己救下的那个孩子,就是让这个机会来临的关键。

到这里,我们终于可以揭晓这个孩子的真名了,他就是居鲁士。居鲁士所在的波斯部落,是时属于一个叫作阿契美尼德的家族，但谁也无法抹去他身上米底人的血脉，这位混血王子有着超凡脱俗的能力和极强的统率力。他不甘心部落被米底人压迫，于是决意在公元前553年起兵造反。

阿斯提阿格斯可以说早就预见了这一天的到来，他立刻安排大军进行围剿，可是居鲁士又展现出波斯人坚韧不拔的一面，他带领着全部落男女老少，愣是顶住了这一波围剿，完成了看似不可能完成的任务。

史书中也无法很好地解释居鲁士是如何以弱胜强，在后来居然反客为主，攻灭了米底大军的。但是，我们如果借助心理学理论，就知道物质生活和外界环境对人产生的影响是巨大的：虽然同为雅利安人，但米底人创立基业之后，已经安于富贵安逸的生活，他们甚至在扎格罗斯山里建造了豪华的宫城；而波斯人依然在穷困和艰苦的边疆求生存，因而他们的战斗意志显然也强得多。

还有一个合理的解释在于，波斯和米底毕竟是同根同源的，而居鲁士更是王族一脉，所以米底公司很容易接受居鲁士的统治，不会产生被外族入侵时所激发出的强烈抗争意识。总而言之，居鲁士仅仅用时三年便征服了整个米底，将波斯公司的鼎鼎大名正式记载在了人类文明史的漫漫长卷中。

那么剩下的问题就是：该如何处理自己那个心狠手辣的外公呢？

波斯篇

3

出乎很多人意料的是，年轻气盛的居鲁士非但没有处决阿斯提阿格斯，反而选择让外公在深宫中颐养天年，度过余生。这一个侧面也反映了居鲁士具有天然的仁慈之心。这其实是非常重要的，居鲁士性格里的宽容，不仅对他后续的统治起到了莫大的帮助作用，而且帮助他确立了波斯阿契美尼德王朝早期的核心管理思想——怀柔。

相比亚述公司，居鲁士治下的波斯公司简直就是一枚硬币的两面。他不是靠着单纯的铁血和暴力，而是尽量善待被征服的国家，以宽容的态度收买人心，以实现更好的稳定。从以下几件事情可以看出居鲁士包括早期波斯公司的这一特性。

第一件事，在拿下米底公司之后，按照印欧人的老传统，上家公司的老员工必须连降数级成为奴隶，有些敢于反抗的还得掉脑袋。然而，居鲁士却并没有如此责罚米底老员工，而是将他们收编进了新公司，甚至还让一些米底贵族沿袭原本的职位，进入了波斯高管层。对于米底公司的总部埃克巴坦那，居鲁士也没有如同亚述巴尼拔那样动辄把城市付之一炬，他看中了此地的交通重要性（坐落于进出扎格罗斯山脉的必经之路，是巴比伦尼亚和伊朗高原连接的重要关隘），于是将此地修建成了夏日行宫。

第二件事，要先说到另一个人。公元前561年，吕底亚公司的新总裁克洛伊索斯上台。此人对货币行业贡献重大，因为他是人类史上首个公开发行纯金纯银货币，使其标准化并顺利流通的君主，可以说他一手确立了金银复本位制度，至今英语里还有一句俗语叫作"像克洛伊索斯一样富有"。对贵金属的需求，让克洛伊索斯看中了波斯公司的地盘，为此他撕毁了曾经的和约，带领一支规模庞大的军队渡过了哈里斯河，在战争的边缘疯狂试探……

居鲁士当然不能容忍这样的事情发生，他立刻带兵接战。公元前547年，吕底亚大军与波斯大军在今土耳其卡帕多奇亚地区激烈交火。两边又一次形成势均力敌之势，只不过这一次再也没有日食带来和平了……眼看凛冬将至，吕底亚军队不想在恶劣的天气下继续干耗着，克洛伊索斯只能宣布撤军回归本部萨迪斯，以暂避波斯大军的锋芒。

他万万没有料到，坚忍的波斯人不但没有见好就收，反而冒着苦寒和风雪，一路追击到了自己的老巢。而且，居鲁士早就做好了多方准备，他不仅给部队配备了抗冻的皮毛军装，而且带来了骆驼运输辎重。这番不可思议的奇袭让吕底亚人感受到了什么是绝望，他们彻底败下阵来。面对手下败将，居鲁士又一次展示了自己的宽宏大量，他没有处决克洛伊索斯，还让吕底亚贵族继续代管吕底亚公司，正如接手米底公司时一样……

如此一来，曾经的近东新三强就只剩新巴比伦一家了。而最后一件事就是关于新巴比伦是如何被征服的。公元前539年，居

波斯篇

鲁士率领波斯铁骑进入巴比伦，和历史上的任何一次文明公司兼并都不相同，这一次没有经历任何战斗，波斯人就和平接管了这座古城，终结了这家文明公司。他在这里还做了一件事，就是将尼布甲尼撒二世劫掠来此的犹太人释放了，他们就是著名的"巴比伦之囚"。不仅如此，居鲁士还批准犹大王国重建他们心心念念的第二圣殿。可以想见，一向苦大仇深的犹太人，对于他们的解放者居鲁士有多么感恩戴德，甚至以弥赛亚来称呼他。

可以说，正是怀柔的思想，加上相对和平的征服方式，帮助居鲁士建立起了史上第一个跨越不同种族和不同文明的巨型帝国，他甚至缔造了史上第一份人权宣言——《居鲁士文书》。中国人将这种管理方式称为"以德服人"，对新的征服者而言，这样做的好处是，那些被征服的民族不会产生深仇大恨，也不会有很强烈的被奴役之感。

所以，在吞下新巴比伦之后，波斯公司不仅坐拥兴都库什山脉两端的中亚和伊朗高原，而且几乎囊括了整个近东地区：亚述、米底、吕底亚、新巴比伦……这是此前任何一家文明公司都无法做到的事情。可是从另一个角度分析，千百年来，上述这些老牌公司因为自身已经长期统治当地区域，形成了一个个面积巨大的统一体，这也替波斯的兼容并包大大降低了难度。新波斯公司只需要适当保持当地的文化传统、风俗习惯和宗教仪式，就能维持暂时的稳定统治。

即便如此，我们也必须承认居鲁士大帝的伟大，毕竟千百年来,唯有他做到了这一切,并且真实地让自己宽容的名声传遍地中海,获得了新老员工的一致认可。对古往今来任何一位顶级统治者而言,能有这样的声誉都是相当难得的。色诺芬在他的《长征记》中如此写道:居鲁士就是那种天然懂得统治的好手,所有被征服者都会从他的治理中获得快乐,发自内心地接受他的领导地位。这是此前任何一位领袖都无法做到的,在他之后也无人实现……

然而,被征服者并不代表地中海世界的全部,也有那么一小撮人根本不买居鲁士的账,他们甚至特意派出了一批使者去到居鲁士的营帐,不卑不亢地给出了警告:管好您的地盘,别把触角伸向爱琴海沿岸,否则我们斯巴达人定会还以颜色!

身居内陆的居鲁士显然不认识这群身穿鲜红色长袍的斯巴达人,除了小亚细亚的爱奥尼亚人外,他对爱琴海西岸的希腊人几乎一无所知。当然,他也决计想不到,这些偏远之地的小国寡民终有一天会成为波斯帝国的心腹大患,不过这都是后话了……

4

关于居鲁士的离世,有很多种说法,其中流传最广的说法是他为了巩固中亚的统治,在带兵前往镇压叛乱时不幸被仇家暗算。在他死后,他的长子冈比西斯二世接任他的位子,这位少主也是个野心勃勃的企业家,他并没有满足于波斯帝国的现有地盘,依然想着向外扩张。

如果我们把当时的文明公司列出一个世界500强名单的话,排在冈比西斯二世兼并列表上的下一个目标已经呼之欲出了,那就是处于风烛残年的古埃及公司。对埃及的征服非常顺利,值得一提的是,阿拉伯人在这次战役中曾经为波斯人运送饮水,这是他们第一次出现在史料中,这也可以从侧面表明此时的波斯公司有多么国际化。

拿下埃及之后,冈比西斯二世做了一件不太起眼却意义深远的事情:强迫埃及各个神庙向皇室上缴重税。这可是埃及历史上多少位法老想都不敢想的事情,却被波斯统治者轻而易举地搞定了。如果我们结合埃及篇来看就会发现,有些时候,在一家老牌公司陷入固化的思维模式之后,体制之内的领导人就难以做出改革之举,因为涉及的利害关系盘根错节,此时外来者反而能够给公司带来洗心革面式的变化,这就是所谓的"外来的和尚好念经"。

可是,虽然当时的波斯公司气势浩大,但内部出现了隐患:冈比西斯二世的弟弟巴尔迪亚意图谋反。当初居鲁士知道这个小儿子自视甚高,特意将他安排在波斯东部分公司掌管大局,以防二子争权。可是这依然无法约束巴尔迪亚对于至高权力的欲望，当兄长远征埃及时，他一直在公司内部煽动群众，宣传自己才是最适合成为总裁的那一个。

冈比西斯二世很快就觉察到了弟弟的意图，但在他赶回波斯本部的途中却不幸腿部受伤，很快死于伤口严重感染。巴尔迪亚顺理成章地成了这家超级企业的接班人，可他并不知道，因为长期以来管理过于严苛，已经有很多高管看他不顺眼了。不久之后，波斯公司一位元老级高管就和另外6位高管一起发动了一次谋反，推翻了巴尔迪亚，夺走了公司的控制权。

这位变节者的名字同样如雷贯耳，他就是赫赫有名的大流士一世。

说起来大流士一世也算是位皇亲国戚，还是冈比西斯二世的贴身护卫，但他毕竟不是公司的合法继承人，所以他一上台，各地就叛乱不断。可以想象，如果换成普通统治者，或者是亚述公司的那些暴力总裁，一定会动用各种武力手段镇压叛乱。大流士一世可不是一般人，他深知虽然公司各地人心惶惶，呈现四面倒戈之状，但是归根结底还是属于高层人员的不满，并非来自大量底层员工的怨怒，所以情况并没有看上去那么严重。

为了应对这些高层权力斗争，大流士一世展现出了超人一等的管理手腕，他一边率军进行镇压，一边做着一件更重要的事情：通过大规模的公关宣传，重新树立自己的声望，保障继承公司的合法性。

我们知道，当企业发展到一定的规模时，人际关系会变得

波斯篇

极其复杂,很容易因为彼此的观念冲突发生内部斗争,这将严重削弱公司的凝聚力。这时候就必须利用各种传播媒介和交流沟通方式,对员工做思想统一工作。所以,过去很多公司都会自办企业报刊,发放员工手册,也会通过不断举办包括年会在内的各种集体会议进行内部公关宣传。现在这些宣传则更为人性化、更加隐性,企业自媒体、团队建设、员工价值观管理,都是行之有效的方式。

在大流士一世的年代,虽然没有如今的这些方式,但他所采用的办法和今天的公关宣传有着如出一辙的内核:为了削弱前任总裁巴尔迪亚的影响力,他声称真正的巴尔迪亚早已不在人世,一个名为高墨达的琐罗亚斯德教祭司潜伏在宫中多年,并冒名顶替了他。如此一来,大流士一世当年发动政变所推翻的,就是一个胆大妄为的冒牌总裁,而不是居鲁士一世的儿子。

虽然这个公关文案如今看起来很扯,历史学家也不断指出其中的重重漏洞,但在当年令许多人信服。大流士一世只需要解决一个问题,那就是如何把这个故事包装得更加"高大上",推广给更多的员工,以此来强化自己的统治合法性。

在那个年代,大流士一世就深深明白"流量"的重要性,想要让更多人接收宣传内容,就必须挖掘最大的"流量"。

因此,大流士一世选择在整个扎格罗斯山脉最为高大神圣的山峰——贝希斯敦的山崖上刻下一座带着庞大浮雕的铭文。这座铭文不但栩栩如生地描绘了大流士一世制裁邪恶祭司高墨达的画面，而且煞费苦心地选用古波斯语、埃兰语和新巴比伦语三种语言详细记录下了这段故事。值得一提的是，正是由于多语言叙事，这座著名的贝希斯敦铭文才得以在1835年被英国学者罗林森顺利破译。

可以想见，贝希斯敦铭文在波斯公司拥有着无可匹敌的顶级流量，它帮助大流士一世成功完成了对篡位的合理辩护，也巩固了这位新帝王的执政。正是利用了巧妙的公关宣传，大流士一世才得以名正言顺地驾驭波斯这家超级文明公司，他终于可以向前辈居鲁士看齐，自称"万王之王"了。平定了内乱之后，伟大的第二代"万王之王"也像过去的波斯领袖一样，想要继续扩张波斯公司的疆域。

但是，一家看似弱小却有着巨大潜力的新兴公司，如同大卫面对抗歌利亚一般，挡在了这个不可一世的巨头面前。

5

早在居鲁士征服吕底亚之后，他就知道在这片小亚细亚半岛的最西端还存在一些和吕底亚人不太一样的民族。这些人以海洋为生，穿着白色的长袍，留着浓密的胡须和长发，身姿潇洒且散发着迷人的香水味，人们称之为爱奥尼亚人。

波斯篇

爱奥尼亚属于希腊联盟,是古希腊人东渡爱琴海之后在小亚细亚半岛留下的殖民公司。和腓尼基人一样,爱奥尼亚人也崇尚自由主义,他们没有庞大的集权组织,只有散落在各地的小城邦公司。

公元前494年,大流士一世虽然名义上征服了整个爱奥尼亚,但他发现这里从来都没有真正接受他的统治,一直都在谋求独立和分裂。大流士一世想了各种方法,甚至给予了爱奥尼亚僭主们极高的自治权,可是依然没有效果。到了这一步,他终于明白,要想让爱奥尼亚员工彻底顺服,就必须把他们独立精神的真正源头——希腊联盟彻底征服。

正是在这样的大背景下,大流士一世发动了对希腊的入侵,史称第一次希波战争。我将在后文中用一篇专门详细介绍完整的希波战争全过程,在这里我们只需要知道大流士一世的波斯远征军遭遇了迎头痛击,在著名的马拉松战役中惨败就可以了……

波斯公司输掉了第一次希波战争,对于整个世界的进程都有着深远的影响,但对当时的这家巨头企业而言,这其实算不上什么大不了的事情。何况大流士一世本人并未亲自指挥这场战争,所以这场失利并不会过多损害他的名声。毕竟这位雄主在企业管理方面展现出了令人称奇的天赋,他为壮大波斯公司所做出的贡献足以压倒性地掩盖征服希腊的失败。

那么,雄才大略的大流士一世都做了哪些大事呢?

破产的文明

大流士一世明白自己的公司地盘广大,只有一个总部显然是不够的,所以公元前520年他在今伊朗境内的设拉子附近修建了一座新城,名为波斯波利斯,意为波斯的首都。波斯波利斯背靠大山,三面都是高墙,更特殊的是,整座城市都建立在高达十几米的平台之上,给人一种高高在上的威严感,不愧是公司新总部的所在地。

除了波斯波利斯外,大流士一世还选择了另外三座重要的城市,设立为波斯公司的区域性总部,它们分别是米底人的山区交通要塞埃克巴坦那、埃兰人的老牌城市苏萨和新巴比伦历经千年沧桑的巴比伦城。除此之外,吕底亚的萨迪斯城也是一个重要分部。可以看出,大流士一世对于这个跨国公司不同籍贯的员工有着非常强的包容性,给予他们的家乡城市区域核心的地位。

除了设置不同的区域总部外,大流士一世深知这样幅员广阔的帝国,依赖中央集权是不够的,只会导致来自地方的反感和抵抗,因此适当的放权很重要。冈比西斯二世和巴尔迪亚就是因为没有领悟这一点,所以一直遭遇各式各样的叛乱。为此,大流士一世将整个波斯划分为20多个行省,每个行省设置了一名总督,由其代理重要的地方事务,比如军事、税收、行政等。

这些行省好比大公司的各个片区分公司,总督就类似于分公司经理,拥有相当大的自主权。这些总督显然都是封疆大吏,需要高度的忠诚感,因此他们大都是追随大流士一世多年的波斯贵族,还有很少的一部分是原先米底的高管。

波斯篇

行省和总督制度并非大流士一世的发明，但他是把这一套玩得最好的：各地总督有着高度的自治权，可以独立制定地方性政策，甚至只需要按期交税，连征兵发动小规模战争都是可以的；与此同时，大流士一世又保持着对总督们的监督，遇到关乎整个公司命运的大事件时，他都会亲自给出指导意见。可以说，在维护自己的最高权威与支持地方自主发展这两件事上，大流士一世都做到了精妙的平衡，这也是他政治手腕的高超之处。

除了这些大方向的管理外，大流士一世还是一个基建狂人，他在整个国家境内修建了大量的道路，其中最著名的就是人类史上第一条长途公路——从苏萨直通萨迪斯的波斯御道。这些道路除了运送货物外，还有一个很重要的作用，那就是通信。越大的帝国，信息交互的速度就越发显得重要，否则政令到达地方就会彻底丧失时效性。

因此，在波斯的各条大道上，你都可以看见忙碌奔波的波斯信使，他们必须日夜兼程，在两周之内把信息从总部送达到帝国的任何角落。在希罗多德的笔下，波斯信使被描述为当时世界上跑得最快的东西。或许你会好奇：在波斯那些地势崎岖的山地里，信使们无法策马奔腾怎么办呢？他们还有当年最强大的通信技术，即通过各种山洞和崖壁进行回声式传播，通过烽火台进行远距离光波传输，真正把声光的通信作用发挥得淋漓尽致……

破产的文明

6

在大流士一世的治理之下，波斯公司一跃而起，成了当时世界上最强盛的企业，人们甚至无法想象他们居然会在希腊人那里吃了败仗，就像当年如日中天的雅虎居然被名不见经传的谷歌击败，曾经的社交网络巨头 MySpace 居然会栽在脸书手中一样。

人们更加无法想象的是，这家举世无双的巨头居然会第二次栽在希腊手中，不过那已经不是大流士一世时代的事情了。在大流士一世死后，他的儿子薛西斯一世继承了总裁之位。和居鲁士和大流士一世比起来，薛西斯一世最多只能算是个平庸的管理者，他既没有继承居鲁士自带的包容与仁慈（虽然他是居鲁士的外孙），也不理解大流士一世专擅的制衡和放权，而是一个时而笃信武力，时而优柔寡断的多变之人。历史无数次证明，这种性格的人无论能力如何，无论先天拥有多么丰厚的资本，都成不了什么大气候。

从几件事情上就能清晰地看出薛西斯一世和他的前任们有着多么大的区别。

薛西斯一世上任伊始，埃及就爆发了叛变，薛西斯一世觉得这是对自己权威赤裸裸的挑衅，暴怒之下立刻率军进行镇压。平叛之后，薛西斯一世再也没有恢复埃及分公司过去的自由，他用自己的亲弟弟取代了任命多年的埃及总督，并且大量干预

波斯篇

了当地的政策：不但加重了赋税作为惩罚，而且强迫埃及人把修建神庙的钱作为纳税的一部分，这对后者而言，无异于亵渎神明。

论对神明的大不敬，薛西斯一世还做过更过分的事情。为了推广波斯宗教外加捞些外快，他甚至将一尊纯金制成的马杜克神像融化制成金币，此举大大激怒了巴比伦员工。难怪希罗多德在著作《历史》中把薛西斯一世描绘成一个自以为是、刚愎自用，对底层毫无怜悯之心的混蛋。

不难想象以薛西斯一世好大喜功的性格，他自始至终都以扩张版图为己任，这也是波斯帝国再次入侵希腊联盟的重要原因。不同于父亲大流士一世，这一次薛西斯一世可是御驾亲征了，然而他的统率注定是个灾难：在萨拉米湾海战中，薛西斯一世听信了假情报，贸然出击，导致全军覆灭……

相比第一次希波战争，这一次的打击对波斯而言是致命的。倾举国之力发动的战争，不但没有获得任何成果，而且让国家陷入了长期的动荡。更重要的一点在于，他们再也无法宣传自己是不可战胜的巨头了，这让许多曾经臣服的分公司都产生了二心。如果当年有 K 线图的话，我们会看到这只巨头企业的股票在这个时间点之后就开始一路迅速下滑，再也不复往日荣光。

事实也的确如此，薛西斯一世之后，波斯的领导层就处于无休止的宫斗之中，政变、暗杀、叛乱、分裂……不过希腊联盟那边日子也不算好过，伯罗奔尼撒战争的爆发，让一家毫不起眼的小公司以不可思议的速度野蛮生长，只花了短短数十年就把整个希腊和波斯都吞并了。

这家公司就是马其顿，他们的领导人叫作亚历山大。

先不说那么远，我们再来看看波斯公司的一些问题。姑且不论薛西斯一世时代的穷兵黩武，实际上即便在大流士一世治下的盛世，也远远不是完美的体制，很多问题都已经暴露出来，值得我们去思考和借鉴。

无可否认，波斯公司前所未有地实现了跨国公司的庞大体量，这在2 600年前是一件难以想象的事情（哪怕是秦帝国也要在其300多年后），从没有任何统治者面对过如此规模的企业，也没有现成的管理经验可以照搬。因此，居鲁士的怀柔、大流士一世的总督制放权，都已经做得非常出色。但是，相比中央高度集权，总督制显然只是无奈之举，在此制度下，中央对于地方严重缺乏管辖能力，君主的统治力根本无以渗透到帝国的基层。

同时，在波斯帝国的时代，并没有完善的文官体系可以辅助君主加强集权，以当时的治理效率，也无法想象需要多么庞大的官员团队才能管理好整个国家，这些大小领导肯定会脱离生产不说，也势必带来数不清的人事斗争。因此，波斯只有粗放式的行省规划，在行省之下就没有再细分的行政规划了，被迫依赖总督进行代理。

总督制度的优势和劣势同样明显，归根结底，这是一种非

波斯篇

常依赖总督个人能力及其对最高领导者忠诚度的管理制度。对波斯而言，总督世袭且权力过大，其管辖地区的文化、传统、宗教甚至语言都和核心区域差异很大，这些原因导致了帝国根基一旦有所动摇，就立刻会四处叛乱、人心向背。

所以，波斯公司就像那种需要依赖不断扩张吞并更多公司来拉升市值，维持股价不断上涨的巨头企业，一旦扩张的脚步放缓，就会立刻面临数不尽的问题。可惜，贪吃蛇最终吞噬的只会是自己。

爱琴篇
小微企业的经营之道

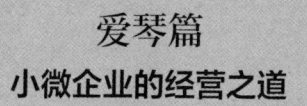

正在死去的我们,比那些将要活下去的人做得更好。克里特岛并不需要居民,她只需要像我们这样的疯子。疯狂者,会令克里特不朽。

——尼可斯·卡赞扎基斯

相信很多去过爱琴海的人都会被那里迷人的风景吸引，我也不例外。我曾在圣托里尼岛上见识过落日余晖下的寂静海面，它有如古典时代的油画全景浸入式地呈现于我的眼前，那一刻时空仿佛都凝滞了。不过令我印象更深刻的是，在这个浪漫圣地的南端游历时，我发现了大量的黑色火成岩，其数量之丰富，甚至形成了独特的黑沙滩。

可能没有太多人知道，这道如今的盛世美景却曾经是人类的末日劫难。在3 600多年前，圣托里尼岛附近发生过一次剧烈的火山爆发，间接毁灭了一个极其古老的文明，又继而诞生出了一个新的文明。

这两个文明都和圣托里尼岛所属的基克拉泽斯群岛有着联系，属于比腓尼基还要纯粹的海洋文明，只是今天的我们对它们知之甚少，甚至曾经以为它们只是存在于神话中的虚构文明。因为这两个文明继承关系明显，又都位于爱琴海上，所以如今历史学家将其称为爱琴文明。和之前的那些文明略有不同的是，爱琴公司的体量很小，是地中海世界中不折不扣的小微企业。

1

如果我们把以美索不达米亚平原为中心的诸多文明称为第一区域文明公司，把沿着尼罗河的古埃及文明称为第二区域文

破产的文明

明公司，那么地中海上的爱琴文明便属于和它们都不尽相同的第三区域文明公司。只是爱琴这家小公司无论从规模还是延续性上都无法和其他两类相比，换句话说，其留下的遗物和历史记录实在少得可怜。但是，没有爱琴文明，就不会有后来辉煌的希腊文明。

希腊文明中最著名的史诗作家荷马在《奥德赛》中讲述过这么一个故事。

在一座叫作克里特岛的小岛上，住着一个恐怖而凶残的怪物米诺陶诺斯，它长着牛头人身，怪力逆天，平素以人肉为食。

为了困住这个祸害，一位叫作代达罗斯的天才设计师特意打造了一座充满混乱与复杂的迷宫，将其置于迷宫中央，无法出来。除此之外，雅典人每年也会进贡7名童男童女给这个怪物，以求安稳。后来，一位雅典王子忒修斯觉得这样做对小孩太残忍了，决定除掉怪物，于是只身进入迷宫，成功杀死了米诺陶诺斯……

这个最古老的勇士斗怪物式的老派故事还有丰富的细节，比如飞向太阳的翅膀、忘了换下的黑帆、智能导航的线团等，但是，这一离奇的故事依然反映了一些真实的历史：那个牛头人米诺陶诺斯的父亲，正是克里特岛的国王米诺斯，而米诺斯正是爱琴文明前半段的名称，这个文明的核心区域就在克里特岛上。

爱琴篇

荷马写下的这些故事会不会并非完全"开脑洞",而是参照了某些真实历史背景呢?

千百年来,人们都认为所谓的米诺斯文明只是《荷马史诗》中传说的英雄年代,就像我们的三皇五帝时期一样遥不可及。谁也不会想到,厚重的历史就一直悄无声息地沉睡在那里,等待着发掘它的人降临。

19世纪,一位名叫海因里希·谢里曼的德国古董商赚了大钱后准备实现一下童年梦想,摇身一变成了考古工作者。他带着团队来到了小亚细亚西北部,并在这里发现了令世界震惊的特洛伊遗址。然而,因为和奥斯曼帝国没有谈拢合作,他后来被禁止在小亚细亚继续考古,便选择前往隔海相望的希腊,然后又发现了好几处著名遗址……这些遗址也属于爱琴文明,不过是不同于米诺斯的后半段,我们放到后文再讲。

接下来,信心"爆棚"的他又来到了克里特岛。在仔细检查了这里每一块可疑的陶片和石块之后,谢里曼如同老道的寻龙点穴高手一般,果断把目标锁定在了岛上一个叫作克诺索斯的地方,试图在这里发掘出传说中的米诺斯王宫。只可惜当地人收取开掘费用时漫天要价,逼得谢里曼知难而退,至死也未能遂愿。于是,这处神奇的遗址只能等待下一个奇迹的出现。所幸,这一次并没有等多久……

19世纪末,一名克里特岛当地的居民发现了大量奇怪的器物,这吸引了一位英国考古学家阿瑟·埃文斯的注意。此人

破产的文明

与我一样,也是个历史控,而且很喜欢到实地考察。埃文斯来到了克里特岛上,并且发现当地的小商贩售卖一种女性专用的护身符。令他感到好奇的是,这些石质的护身符之上刻着一种非常神秘的文字,这种线条样式的文字和他此前见过的任何一种文字都不同。这些小玩意儿显然属于非常古老的民族,或许……就是传说中的米诺斯人?

种种迹象表明,谢里曼当年的猜测是正确的,埃文斯也选择跟随其脚步。他雇用了150名当地工人,决定在克诺索斯进行一次深度挖掘。9个月之后,世界又一次被震惊了,这里居然埋藏着一座史前的巨型王宫,复杂的结构和大量的宫墙显示,这里就是传说中的米诺斯王宫,就连《荷马史诗》中的那个迷宫也真的存在……

其实早在此之前的100多年里,许多考古学家已经在整个希腊大陆,包括地中海的安提帕罗斯岛、伊奥斯岛、阿莫尔戈斯岛、锡罗斯岛等岛屿上,发现了大量某种古老文明的遗迹。而埃文斯的发现只是把这些遗迹的源头给找到了,也证实了米诺斯文明公司的存在。

米诺斯文明竟然真的存在?这就像我们从小说里看到的一家传奇公司竟然在现实里被人扒出了真身一样……

爱琴
篇

2

是的,米诺斯就是爱琴文明的前半段。不过关于米诺斯人到底属于哪个民族,至今仍没有定论。大约在公元前 3000 年前的新石器时代晚期,这些人聚集在克里特岛上,并逐渐形成了一个以海洋为生的聚集体。从米诺斯人自己的绘画和雕像作品来看,他们的外貌特征很明显:身材非常矮小,四肢包括腰部都很纤细,肤色偏浅,头发、胡须包括瞳色都是黑色的。正是这些特征令一些学者认为,米诺斯人和拉丁人或许存在着某种血缘关系。

米诺斯人无论男女都偏好穿长裙,且上半身喜欢裸露在外,显示出一种原始的豪放,女性更是会用一种珍珠串起的头饰来装饰自己卷曲的黑发。用今天的审美来看,米诺斯人的装扮是相当前卫的,他们比后来的希腊人开放得多。

在埃文斯的发掘地点,曾经出土过一个造型奇特的女性泥偶,她拥有着尺寸极度夸张的乳房。事实证明,这样赤裸裸的女性崇拜,正是因为米诺斯文明类似于母系社会的传统,甚至连米诺斯的主神也是罕见的女性。在这家公司里,女性员工的地位不像苏美尔或埃及那么低,只能成为男性员工的附庸,而是真正做到了"男女搭配,干活不累"。你可以看到女性员工和她们的男同事一样,在地里耕作劳动,在屋檐下编织布匹、生产陶器。

米诺斯公司的产品除了陶器外,还有青铜器。有资料显示,米诺斯人在大约公元前 1200 年之前发现了塞浦路斯岛上所产出的铜矿，并把铜和锡结合起来，炼制出了青铜，从此告别了石器时代。不过，究竟米诺斯人是自己独立开发出了青铜冶炼术，还是从别的文明那里借鉴得来的，也已无从考证。

和许多早期文明一样，米诺斯生产的陶器和青铜器也有着自家的产品标识，那就是镶嵌了大量的宝石，浮雕造型逼真，充满了想象力，并且有着线条繁复、精细至极的外表。可以想象，代达罗斯正是这群能工巧匠中的佼佼者，他创造出了流传数千年的复杂迷宫。

下班之后，米诺斯员工的业余生活也是相当丰富的。在克诺索斯的遗址中，埃文斯发现了多达十数排的石制座位，这表明这里曾经是一个规模可观的剧院。这比雅典卫城下面那个著名的酒神剧院还要早了 1 500 年之久，而希腊人很有可能正是继承了爱琴人爱看剧的习惯，也有样学样儿地在各地建起了剧院。

除了看戏外，米诺斯还有一项非常刺激的竞技活动，那就是斗牛。在遥远的卡帕多奇亚地区出土的米诺斯文物，就显示了米诺斯人曾有斗牛的风俗，不过这并不意味着单纯的野蛮。米诺斯人大约是在公元前 3000 年前将牛作为农业资源引入岛上的，牛对他们而言是一种神圣的图腾，文物中有许多关于牛角和牛首的雕塑。而牛头人米诺陶诺斯的形象多多少少也和这种牛图腾崇拜有关。

因为留存的史料实在太少，所以我们虽然简单介绍了米诺

爱琴篇

斯这家公司的员工生活、企业产品，但无法替它构建出一个如同其他文明公司那样的形象，描绘出一整套代代领袖从创业发家到打拼江山，再到企业败落的兴衰史。所幸在现有考古资料的支持下，我们依然可以根据各种线索来判断这家公司的大致发展方向。

仔细观察克里特岛的地形，就会发现它是由数座山脉组成的大型岛屿，山脉之间曾经被茂密的森林覆盖（虽然如今它们很多已经消失不见）。整座克里特岛面积为8 300平方千米，有接近7个崇明岛那么大，这样大的面积让各支部落各立山头有了可能。这些部落的首领很可能都是被视为神明代言人的高级祭司。

在散落于岛屿各处的小部落公司发展到一定规模之后，它们就开始相互兼并。北部的克诺索斯部落成了最终的赢家，统一了全岛，并在本部兴建了国都。

由于疆域面积大且人口有限，克诺索斯王朝的统治是非常集权化的。大老板及其所属的血亲家族成为这家企业绝对的管理层，并且躲在深宫之中，从不外出。所有员工的工作、生活、缴纳税款等事务全部交由一支收税官员团队负责。为了防止不法之徒或闲杂人等闯到身边，米诺斯老板特意修建了一座复杂如迷宫般的宫殿。

其实，在人类的早期文明中，的确存在这种王室深居宫中从不见人的现象。西非的约鲁巴文明也有类似的现象，其国王居住在一座戒备森严的宫殿里,从未有任何国民能够一窥真容。这种隔绝是为了保持王室的威严感,以此来区分君王和平民的身份,甚至赋予君王以神性,变相地保证其统治的合法性。这就像很多现代大型公司的总裁也会刻意和普通员工保持距离,以此来树立自己的权威一样。

《荷马史诗》中那个置身于迷宫深处的怪物米诺陶诺斯,正是这种"王不见人"现象的真实写照。

3

和苏美尔公司以及古埃及公司一样,爱琴公司也留下了自己特殊的文化产品:线形文字。

在对希腊的考古过程中,人们发现在克里特岛出土的泥板上存在一些线条形状的神秘文字,并且这种文字还存在两个相似却又独立存在的版本。因为完全无法辨识这些文字究竟属于哪个文明,考古学家出于谨慎,将其分别命名为线形文字A和线形文字B。

从这对文字兄弟重见天日开始,就有无数专家学者试图对其进行破译,另有很多毫无专业背景的业余爱好者也在尝试破译。在那个年代,谁能够破译古代文明的文字,都是莫大的荣誉，比如著名的埃及罗塞塔石碑，甚至引发了两位天才托马斯·杨和商博良的破译竞争。

罗塞塔石碑之所以可以很快被破译，是因为它上面的古埃及文字虽然已经消失了，但至今还存在衍生的语言可以与之对应。这就好比甲骨文虽然消失了，但我们现在的汉字还是可以和它一一对应一样，这就为破译提供了便利。

可是线形文字就不一样了，爱琴文明本身就存在太多谜团，又没有留下任何衍生语言，我们根本不知道用哪种现存语言可以和它对上号。因此，对于线形文字的破译，简直可以称为"无中生有"式的。

但是，这也并不意味着破译线形文字就像破译一门"外星语"那样困难。因为人类的发声生理构造是相似的，所以语言也都是有着共同特征的。比如，人类语言的元音一般都是5个，辅音都是20多个。如果一种语言的文字符号有30个左右，就表明这是一种字母文字，如英语。如果文字符号更多一些，有50~80个，并且可以按照表格来进行排列组合，那么就表明这是一种音节文字，如日文，假名就是按照音节的五十音图排列的，类似的还有江永女书。如果文字符号多达成百上千甚至上万个的话，就像中文一样，是一种语素文字。

因此，破译者首先根据这样的规律，对线形文字进行了大量的比对和归类，他们发现线形文字B有很多重复的部分，其中重复最多的5个线形符号就是这种语言的元音，而其他一些重复多的符号则构成了辅音。这些元音和辅音加起来有50多个，据此可以确定一件很重要的事：线形文字B是一种音节文字。这样一来，就可以按照音节文字的模式构建出一张表格，只是表格中的每个符号所代表的音节具体如何发音，并不能破解。

就在这个时候，一位英国建筑师迈克尔·文特里斯提出了自己的看法，他认为线形文字B中有三个词只在克里特岛出土的泥板上出现过，在别的地方都没有见过，因此他推测这三个词肯定属于克里特岛上的三个地名。根据这"开脑洞"式的推测，就相当于有了参照物，文特里斯搜集了古代克里特岛上重要城市的名字进行反复比对，终于剥茧抽丝般将这三个词的发音推测了出来。

在这三个词的发音破译后，其中包含的音节也就破译了，再根据这些已知的音节进行反推，通过大量的研究和更多大胆的推测，文特里斯终于破译出了线形文字B，它很接近古代的希腊语。对于这次破译，只能说是天才和灵感的结合。

线形文字B破译了，那么线形文字A呢？虽然这两种文字共用很多符号，但是直接套用线形文字B的发音，依然无法得知线形文字A表达的是一种怎样的语言，它和任何一种已知语言都不相同。学术界认为线形文字B是迈锡尼时代的爱琴人在线形文字A的基础上所进行的改造和创新，而后者才是真正属于米诺斯的语言。

线形文字A或者说米诺斯语至今仍然是考古学中的圣杯之

爱琴篇

一，如果能够对其进行破译，那么我们就能知道米诺斯人究竟属于哪个民族了。

4

如果我们能够遇到一个米诺斯人，他肯定会觉得自己的生活还不错。的确，米诺斯员工的教育实施得还不错，工作负担不重，待遇也还行，更重要的是，业余娱乐活动还挺多的。的确，米诺斯公司的体量很小，管理起来也相对容易，很多处于相对封闭环境下的早期文明都是如此，甚至在 20 世纪初的太平洋上还有许多与世隔绝却自得其乐的小岛国。

从另一个角度来看，这也能反映米诺斯公司的这份安逸，它是上古时期极其罕见的不建立城墙的文明。想想苏美尔人、巴比伦人、亚述人……他们立国后的第一件要事，就是建立起厚实的城墙，把宫殿、神庙和国民保护起来。可是克诺索斯的遗迹上并没有城墙。这其实也是有原因的，据古希腊著名历史学家修昔底德的著作《伯罗奔尼撒战争史》记载，作为一个早期海洋文明，米诺斯的海军是很强大的，只需要通过舰船保卫周边海域，就可确保本土的安全。日不落时代的英国、如今的美国，都有着和这个古老文明异曲同工的海权策略。

可是，没有城墙也就罢了，米诺斯的遗迹上居然很少有武器出土。这说明这家公司安逸到连安保部门都不需要了……事实上，当时的确很少有什么势力可以威胁到米诺斯，可惜，这家小公司的岁月静好并没有维持多久……

正如开篇所说，公元前1642年左右，圣托里尼岛附近发生了剧烈的火山爆发，这是人类史上破坏性最强的火山爆发之一，它直接摧毁了米诺斯人的殖民地锡拉岛。强烈的喷发引起的火山灰柱高达3万多米，直冲平流层遮天蔽日，大量岩浆流入爱琴海产生了爆炸，并引发了上百米高的大海啸。

这些海啸不仅严重破坏了克里特岛上的农田和民居，重创了沿海城市，而且将停泊在岛北岸的海军舰队完全摧毁。直至今日，克里特岛上还有大量光秃秃的地表，这都是曾经被熔岩摧残的痕迹。对米诺斯文明而言，所有这一切不啻降临其身上的灭顶之灾。

虽然顽强的米诺斯人并未被灾祸彻底摧毁，但是他们的实力已经大不如前了。就在此时，整个爱琴海范围内已经崛起了数个小文明，其中位于伯罗奔尼撒半岛东北的一家就乘虚而入入侵了克里特岛，从此米诺斯人便消失得好像从未存在过一样。

这家继承了米诺斯文明而慢慢成长的公司，叫作迈锡尼，它就是组成爱琴文明的后半段。

严格意义上的"迈锡尼"，指的是伯罗奔尼撒半岛东北部阿尔戈斯平原上的一座城市。荷马的另一部史诗《伊利亚特》中就记载了公元前12世纪迈锡尼城主阿伽门农亲自领军攻打爱琴海对岸小亚细亚的特洛伊,著名的木马计就发生在这场战役中。虽然阿伽门农成功得手,但是迈锡尼的实力也大大损耗,最终他本人还在返程中命丧歹人之手。

和米诺斯文明一样,千百年来人们同样认为迈锡尼文明也是个传说,但也有几个不信邪的,比如前文提到的德国考古学家海因里希·谢里曼。19世纪70年代被逐出奥斯曼帝国后,谢里曼就带着一支团队来到了希腊大陆,经过长时间的发掘,好运又一次降临在他头上(上一次是在特洛伊):他在当地一座山的山腰处发现了一段非常古老的城墙,其中一个城门的顶部有两只浮雕狮子倚立着柱子的形象,这就是如今赫赫有名的迈锡尼"狮子门"。

随着狮子门的发现,一座小型城市的遗迹也呼之欲出,这里有宫殿、民居、商铺,还有连接它们的道路。就在这座城市遗迹里,谢里曼还挖出了一具戴着纯金面具的干尸,他认为这就是神话里的英雄阿伽门农本人。不过后来的研究表明,这具干尸所属的竖井墓穴的年代比阿伽门农的时代更加久远。

就这样,迈锡尼终于露出真容,同样属于爱琴文明的它,比米诺斯晚了近2 000年。如果不是后者遭遇了天灾横祸,很难说迈锡尼公司会不会变成爱琴海上的霸主。和米诺斯当年的一家独大相比,到迈锡尼城邦建立时,整个伯罗奔尼撒半岛上已

破产的文明

经远不止它一家了,后起之秀梯林斯、皮洛斯、底比斯等小城邦也同样成为当时割据一方的势力。只不过因为迈锡尼名气最大,所以学术界便把这些小公司的集合总称为迈锡尼文明。

5

和米诺斯文明一样,迈锡尼文明留下的历史记录同样稀少,不过好在其所使用的线形文字 B 被破解了,提供了一些线索。并且迈锡尼和古埃及之间联系频繁,在非洲留下了一些记录可供参考。毕竟考古学家不能完全从荷马的故事里找线索,只能通过那些留存至今的遗迹找寻当年这家公司运营的痕迹。

相对于米诺斯人的不设防,迈锡尼人就谨慎多了,他们的城市全部被厚重的围墙包裹,这些城墙的生产方式都很简单古朴,用大石块堆起来就完事了,并没有使用黏合剂之类的进行加固。值得强调的是,城墙内侧地势往往都比外侧高,这也可能是后来各种卫城的雏形。迈锡尼城的城墙内除了常备的哨所、箭塔外,还设有暗道,有点古代中国瓮城的意思。

为何前后这两家公司对于安防的投资如此不同呢?这是个令人好奇的问题。其实原因很简单,米诺斯人在他们的年代牢牢控制着海权,而迈锡尼人则做不到这一点,为了应对猖獗的

爱琴篇

海盗，他们必须修建起城墙进行自我保护。

除了城墙，迈锡尼公司还存有大量青铜制的武器和盔甲装备，其中包括世间独一套的登德拉盔甲。这套全身甲拥有造型独特的三段式头盔，身甲则由15块独立青铜板组成，通过皮革制的绳索固定在一起，可以将穿着者从脖子包裹到膝盖，它可能是某个高级将领的专用盔甲。而大量出土的青铜武器包括剑、长矛、匕首等，暗示着迈锡尼人不但注重防御，而且很有侵略性，他们经常会主动出击，入侵爱琴海上的那些岛国，甚至远征小亚细亚，比如阿伽门农发动的特洛伊战争。

从不同地点发掘出的迈锡尼遗址来看，这些城市的功能划分非常明晰，周边是大量的农田，城里有联排式的民居，有些依傍着城墙建立，有些围绕着中心广场呈放射性分布，民居群落之间都有便捷的道路连通。各个城市内的公共设施也很齐全，比如有公用水井、下水道、蓄水池等。这些细致的划分充分证明了一点：迈锡尼的城市拥有成熟的管理体系，权力和阶层的特征在这个文明中并不比那些亚洲文明逊色。

值得注意的是，每个城市都有着很发达的手工业，比如迈锡尼城的城墙边就有一排工坊，专门生产造型别致的金银工艺品。看得出在产品生产方面，迈锡尼公司继承了米诺斯公司的企业基因，很重视精细产品和奢侈品，雕刻宝石、贵金属首饰、早期地中海风格的花瓶和玻璃饰品等产品都远销海外，在安纳托利亚、黎凡特、西西里岛、塞浦路斯甚至远至西班牙，都发现过迈锡尼公司的昂贵产品。

除了那些奢侈品外,迈锡尼出产的葡萄酒和橄榄油也非常有名,这些也成了后来希腊公司的看家产品。爱琴海一带的气候格外适合葡萄和橄榄的生长,它们是这里为数稀少的几样特产。

不论贵重的奢侈品还是小众的葡萄酒和橄榄油,都算不上大宗贸易,很难真正支撑起企业的规模。相比腓尼基更注重于抱紧大客户的大腿,以巨额订单来完成送货交付任务,小微企业起步的迈锡尼还处于自力更生阶段,它必须靠着一艘艘商船队在地中海四处发掘新客户,以此寻求市场的拓展。

很多创业公司都是这样,因为行业内已经有了通吃一切的巨头,所以只能在其阴影笼罩下求生存。此时想要有所突破,就必须耐心等待大环境的变化,并且不放弃任何拓展市场的可能,有时可能前面数年都在不断烧钱和原地踏步,但是一旦出现业内的变革,被你抓住了,事情就会立刻不一样。

6

只可惜迈锡尼人没能等到击败腓尼基人的那一天,这个任务还要交给他们后续的文明希腊。为什么会出现这样的情况

爱琴篇

呢？或许是因为迈锡尼公司的体量一直都很小；或许是因为迈锡尼存在的时间不够长，没有熬到功成名就的那一天；也可能是因为迈锡尼和希腊在顶层体制上就有着巨大的差异。

迈锡尼每个城邦的管理都是集权式的，其最高首领称为瓦纳克斯，在瓦纳克斯之下有一整套严密的官僚体系，这些官员负责城邦的基础建设、农业生产、手工业制造、赋税和教育等，一切都显得井井有条。历史研究认为，迈锡尼施行的是类似于东方文明的那种宫廷式集权统治，将统治者和民众分割开。正如米诺斯文明一样，迈锡尼的统治者也深居在戒备森严的宫殿里，只是以发达的官僚体系作为媒介来管理民众。而希腊是全体公民式的权力结构，关于他们，后文中会详述。

由散列于爱琴海的各个岛屿组成的迈锡尼联盟，从未有过一个真正的核心城邦，换言之，没有任何统领这个联盟的领袖。腓尼基联盟虽然也存在类似的问题，但是前期的比布鲁斯和后期的推罗都有过那种一家独大引领联盟的趋势，可是至少目前的研究并未发现这种趋势在迈锡尼身上发生过。

而这又是由迈锡尼联盟的地理位置决定的，迈锡尼联盟的各家分公司不是独立的岛屿，相互之间隔着海洋，就是在伯罗奔尼撒半岛众多的山脉之间，破碎的地势决定了它们的联系不可能非常紧密。反观腓尼基联盟的各家分公司，全部密集地分布在地中海东岸一块狭长区域里，相互之间的联系比迈锡尼紧密多了。

破产的文明

所以，如果说腓尼基是一个由一群坐标接近的公司组成的联盟，这些公司一边相互竞争，一边相互学习成长，用海外殖民的形式扩张自己的地盘，那么迈锡尼就像是一个由松散的加盟店组成的联盟，这些加盟店除了文化、习俗和语言相似，彼此之间联系并不密切。用现实中的例子来做个不恰当的类比，前者就像莆田的鞋业公司，而后者就像全国遍地都是的沙县小吃。

假如迈锡尼真的熬到了做大的那一天，或许它也可以成为一方海洋文明霸主，至少可以和腓尼基一样在顶级公司的庇护和管制下生存。遗憾的是，迈锡尼没有熬到那一天，就遇到了青铜时代末期的文明大崩溃……黑暗时代的来临，给了那些松散的文明当头一击。从巴尔干半岛北方而来的海上民族纷纷入侵爱琴海，这群异族身材高大而强壮，他们野蛮而勇悍的作战方式是迈锡尼人从未遇到过的。

为了对抗海上民族特别是其中最勇猛善战的多利安人，迈锡尼人做出了很大的改变。他们的最高领袖瓦纳克斯也走出了深宫，和居民共同抵御敌人的入侵。这意味着整个迈锡尼的权力体系开始出现了变化，领导层开始主动听取民意，平等原则逐渐在迈锡尼文明中形成了雏形。

但多利安人实在是太凶猛了，迈锡尼人的抵抗显得无力，他们不断败退，考古发现的大量宫殿正是在此时被大火摧毁的。人口的锐减很快让原本的文明结构无法维持，只能分裂成一些更小型化的文明共同体，它们变得更加独立，小心翼翼地维持着生存的可能。

这些残余的迈锡尼分公司已经再也不复往日的集权管理，战乱下人民普遍缺乏专业的训练和培养，于是连官僚系统也崩溃了。此时他们的首领大都是家族里年老一些的长辈。由于成员间彼此地位接近，他们开始采用集体会议来制定决策，这一点很可能被后来的希腊人借鉴了，改进之后成了他们引以为傲的公民大会投票制度。

当然，发展到最后都没有脱离小微企业范畴的迈锡尼还是灭亡了，研究表明当时的气候异常导致庄稼歉收，市民连最基础的生活都无法维持，又如何对抗敌人的劫掠呢？在黑暗时代过后，海上民族占据了伯罗奔尼撒半岛和整个爱琴海。正是这些曾经的野蛮人，孕育出了灿烂的希腊文明。

希腊篇
民主和强权的博弈

我赋予人民恰如其分的崇高地位，未曾剥夺他们的荣誉，也未曾给予过多的尊荣……我坚持立场，不偏不倚，不允许任何一方恃强凌弱。

——梭伦

相信许多人听说过爱伦·坡在《致海伦》中的那句名言："光荣属于希腊，伟大属于罗马。"不论对这个类似互文的名句如何解释，我们都必须承认希腊文明是独一无二的。是的，或许每个文明都有属于它的独特性，但希腊的气质是如此鲜明，可以说它是地中海海洋型文明中的集大成者。和它相比，腓尼基文明失之软弱，迦太基文明过于顽固，而它的前身爱琴文明又显得有些不幸。

作为一家文明公司，希腊是极其成功的，鲜有人不知道苏格拉底、柏拉图，希腊神话更是家喻户晓，就连其中一家分公司的名称也曾经被恶搞成网络段子：我整个人都斯巴达[①]了……更重要的是，希腊带给整个世界一种全新的企业文化和制度，告诉世人原来除了那种传统的一家独大式君主管理，还可以有更多的选择。

本篇我们就来说说希腊，分析希腊会形成这些别处没有的东西的深层原因。此外，如果从企业管理的角度来看，希腊，特别是雅典，出现了一大批能力超群的顶级管理者，这也是其他文明公司所无法媲美的。

1

和腓尼基联盟相似的是，希腊也是一家大联盟，而且联盟

[①] 此处斯巴达意为抓狂、崩溃。——编者注

中的各家公司都有着截然不同的特征，这主要是因为希腊最开始就是由各个相对独立的早期文明组合而成的。

时至今日，历史学家已经很难定义希腊文明究竟是在怎样的基础上诞生的，也无法确定它和迈锡尼文明甚至米诺斯文明之间的继承关系。即便是希罗多德、修昔底德这样的史学大家，也只能借助有限的资料，甚至是从《荷马史诗》中来寻找线索，以叙述关于希腊早期的那个黑暗时代。

公元前 1200 年左右，迈锡尼文明进入了黄昏时分，此时有一支叫作亚该亚的民族迅速占据了迈锡尼人原先的地盘，这些人也被称为阿哈伊亚人。起初考古学家以为他们就是迈锡尼公司的员工，但后来研究发现他们会使用一些迈锡尼人从未用过的铁器，再加上他们的宗教崇拜似乎和迈锡尼人完全不同，于是推测出亚该亚人是之后逐渐来到迈锡尼的地盘的。

史料中从未发现亚该亚人采用武力入侵迈锡尼的证据，因此史学界普遍认为这个民族性格比较和善，只是趁着迈锡尼人的衰弱，通过大量移民的方式转变为爱琴海的新主人。

可惜的是，后来的一支外来民族就凶悍得多了。这些人就是前文提到过的多利安人，这些身材高大、肌肉发达的游牧民不但战斗欲望极其强烈，而且携带着大量当时迈锡尼公司从未听闻的新科技产品——铁器。他们以摧枯拉朽之势入侵基克拉泽斯群岛，加上那里遭遇了百年难遇的旱灾，迈锡尼人很快灭亡，亚该亚人也在多利安人的侵略下迅速沦为次等民族。

希腊篇

各种史料和文物都暗示着，多利安人大都是粗鄙不堪的。他们自己没什么文化，因此无法继承迈锡尼公司的辉煌，曾经的雄伟宫殿不是被遗弃在荒野中，就是被彻底摧毁。新公司产品的质量也一落千丈：多利安生产的陶罐上只有简单的几何图案，远不复迈锡尼生产的陶罐的精致和多彩。多利安人的员工宿舍更是简陋，在各个岛上只有最原始的石砌房屋挡风遮雨，虽然这样倒也符合他们坚忍勇武的个性。

本来产品质量就不行，偏偏多利安人还完全不会做生意，导致原本就极度萎缩的市场规模几乎完全消失了。考古学家发现，多利安人统治时期，整个爱琴海地区的国际贸易完全停滞，和其他文明的联系也中断了。如果穿越回当时，那一幕幕景象展现着战乱四起、家庭破碎、人们流离失所、农田荒废……以上种种，都给这个时代增添了一种黑暗而无序的混沌感，所以古希腊人认为铁器是带来灾祸的源泉，所谓"黑铁时代"的礼崩乐坏、民不聊生，便是这样的。

无论如何，希腊就是在这样的黑暗时代诞生的。在这个时代，多利安人、亚该亚人、爱奥尼亚人和伊奥利亚人四大希腊民族逐渐融合，并且在整个伯罗奔尼撒半岛上形成了无数以血缘为纽带的氏族部落。

有些讽刺的是，这个时代也被称为英雄时代，这不仅仅是因为希腊神话中那些著名的英雄（忒修斯、赫拉克勒斯、赫克托耳、伊阿宋）大都属于这个时代，更是因为在这段时期，过

破产的文明

去那种老式的国王统治已经烟消云散,取而代之的是各地豪强风起云涌。这些新贵用最新的铁制武器和盔甲武装自己,很快就建立了一个个小型的创业公司。一时间,海域上群雄并起,竞相风流。

后来,这些遍布爱琴海东西海岸的伯罗奔尼撒半岛和小亚细亚西端的小公司融合得更加成熟,连生活方式和风俗传统都越发接近,它们逐渐形成了某种统一的联盟,并且有了一个共同的名字——希腊。

从地理决定论的角度来看,人类之所以会形成不同的文明公司,还是因为公司所处的周边环境。比如,中亚大草原上盛产游牧型公司,就是因为那里水草丰盛,且缺乏显著的地理屏障作为防御。而毗邻大河水源的平原地区则多为以农业为主的农耕型公司,如苏美尔、巴比伦和埃及。那么希腊呢?

希腊公司不但面积很小,而且地形不是星罗棋布散落的群岛,就是群山迭起、地势破碎的大陆。这里没有几块像样的平原,更不用说适合耕种的田地了。雅典所在的阿提卡半岛更是极度缺乏资源,土地贫瘠,无法支撑大量的农业人口。所以希罗多德才会说,希腊从诞生之刻起,就是被贫穷哺育大的。

可是,这并不意味着希腊公司的地理环境就完全一无是处,毕竟这里有着触手可及的大海。通过地中海,希腊人可以非常便利地接触到近东和欧洲的每个角落,而且由于不与那些军事大帝国接壤,希腊的地理位置显然比腓尼基更加优越。从地形

希腊篇

的角度来看，希腊拥有曲折而绵长的海岸线，这也提供了大量优良的海港，便于船舶停靠。正是这样的地理环境为希腊公司明确指出了最适合的发展方向：以航海为支柱的商业和手工业，再辅以垂直农业。

于是，就在这一片黎明前的黑暗里，希腊联盟中的某一家公司开始以惊人的速度成长……

2

这家位于阿提卡的公司虽然当时毫无名气，但未来某一天全世界都会知道它的名字：雅典。

雅典气候终年温暖，却被大量的岩石覆盖，几乎没有可耕种的田地，所以雅典人只能像迈锡尼人那样，见缝插针地种植一些葡萄和橄榄。早期的雅典公司是标准的家族式企业，各大家族占据着公司的重要位子，每个家族由一名族长负责管理，其他所有人共享田地和金钱，大家习惯于共同工作。

可以看出，雅典的员工从一开始就习惯了彼此相对平等的地位，他们可能既不知道东方那种森严的等级制，也不了解埃及的高度集权化管理，于是依据自己的本性选择了更适合自己的管理模式。雅典公司并没有一个统领一切的总裁，而是将管理的职能分摊给了一些能力出众的人，他们就是执政官。

公司初创时，担任执政官的只有三人，且必须从雅典的大家族中选出：一人叫作名年执政官，他负责记录公司每年发生的大事，并且以他的名讳来命名年份；一人叫作王者执政官，他主要负责管理宗教和祭祀事务，还要操办公司的各种年会和礼仪活动；一人叫作军事执政官，他负责军队的建设，包括防御和对外征战。三名执政官的手下，都会另外再任命两名助理。

这样的管理模式已经和当时任何一家其他文明公司都不太相同了。然而，雅典公司内部还有很多家族，这些家族都希望自己家能够选拔出代表参与公司管理，于是在他们的强烈要求下，雅典公司又增加了6名司法执政官掌管法律事务，如此一来，高管阶层便有了9人。

这9名执政官退休之后，会加入一个叫作亚略巴古的会议组织，很像今天上市公司的董事会。所谓亚略巴古，其实是雅典城外一座以战神阿瑞斯之名命名的小山，所以又被称为战神山最高议会。可以说，战神山最高议会就是希腊版本的元老院，其成员负责为雅典公司规划各种政策，特别是法律政策。

除了亚略巴古成员外，当时的雅典全体人民被分为三个阶层：第一阶层叫作武士阶层，他们拥有自己的私人武器装备，还配备有专属的马，有点类似于后来的骑士；第二阶层叫作有轭牲阶层，他们也有一些装备，可以在作战时充当重甲步兵；第三阶层叫作雇工阶层，他们是受雇用后替人干活的，没有自己的财产，在作战时只能充当轻甲步兵。

值得一提的是，执政官必须从武士阶层中选拔，并且只有他们和有轭牲阶层才是雅典的公民。而武士阶层都是雅典的贵族豪强，这种从贵族中选拔执政官来管理公司的统治方式，被称为寡头统治。

雅典公司看似并非一人掌权，但寡头统治同样充满了弊端，其中最严重的莫过于土地兼并问题。最初，雅典公司的土地都是由大家共享的，但随着时间的推移，一代一代人不断出生，在人口越来越多之后，原本稀少的土地就再也不够供所有人一起耕种了。于是，土地私有化以及随之而来的分配也就不可避免，贫富差距也开始不断扩大。

当底层的贫民能够分到的土地越来越少，根本养不活自己时，他们就只能把土地抵押给地主，并为其打工。地主笑纳了土地之后，会在上面立一块石碑作为标记，以表示自己暂时拥有。如果贫民无法缴纳足够的收成，那么就只能永远失去原本属于自己的土地，甚至失去自由成为奴隶。

当贫富差距扩大到一个极其严重的程度时，雅典公司已经岌岌可危了。底层民众除了内心强烈的愤怒外一无所有，暴动在各处发生。贵族们也意识到这样的局面对公司的发展很不利，但是没有人知道该怎么办，执政官德拉古选择用严刑峻法来镇压，结果因为过于偏袒贵族，反而进一步激怒了底层民众。

在这个风雨飘摇的动荡之际，有一位顶级管理者被几乎全体雅典人以请愿的方式邀请成为执政官，正是此人挽救了雅典。这位执政官的名字，叫作梭伦。

梭伦本身也是贵族出身，但是他非常同情底层民众，并且多次表现出自己的高标准道德感和仁爱之心，因此无论贵族还是贫民，都觉得他是最适合替自己发声的那个人。正因如此，梭伦才当选雅典公司的一把手，他也的确有两把刷子，通过在公元前594年推进的一系列变革，让雅典从濒死的关头获得了重生。

最重要的改革政策在于将过去的执政官只能从贵族中选拔改为从全体公民中选出400人，组成一个取代亚略巴古的新组织——四百人会议，以投票进行选举，这可以被视为雅典式民主的雏形。仅凭这一点，梭伦之功劳就不可谓不大。

此外，梭伦还在原先雅典三个阶层的基础上，增加了一个更高的高管阶层——五百桶户，并且把这些等级直接与荣誉、职责和能力挂钩。所谓的"五百桶户"，其实就是最高级别的贵族，他们拥有至高的荣誉和社会地位，同时也必须履行相应的职责，即每年需要创造等价于500桶麦子的价值，同时还需要在对外作战时充当主力军。

不得不说，这样的制度即便放在一个现代企业中，也算得上合情合理：正所谓你有多大能力，才能坐上多高的位子。换言之，给你的优厚待遇，是需要你相应地付出的，而不是凭着出身的特权就能为所欲为。

希腊篇

在经济方面，梭伦的改革也让雅典公司触底反弹，业绩迅速增长，实现了复苏。比如，除了雅典盛产的橄榄油外，其他粮食一律不许出口，如此便降低了居高不下的粮价，确保最底层的员工能吃得起饭、干得动活。

梭伦还借鉴了科林斯公司的先进度量衡制度，将两家标准统一，这样双方进行贸易就方便多了……再到后来，整个爱琴海和小亚细亚西端都使用了统一的铸币标准。这也可视为希腊联盟内部整合的一大进步。

另外，梭伦非常重视手工业的发展，他要求一个家庭中父亲必须把手艺传给儿子，否则不得获取赡养资格。他还鼓励希腊联盟其他公司的出色工匠来雅典定居，并给予其公民身份，以此来提升雅典手工业的整体实力，这也可以算是人类史上最早期的移民福利政策之一了。

虽然梭伦推进了这些足以名垂青史的变革，但是除此之外，他的其他改革政策并不够彻底。

比如，为了解决严重的土地兼并问题，梭伦要求废除所有的土地抵押制度，并且禁止肉身抵债，重新赋予之前的奴隶自由，甚至要求尽量赎回卖到海外的奴隶。这样一来，民怨的确大大减轻，可是也有一些意想不到的状况发生了。

当时有一些投机分子事先听说梭伦将取消抵押的新政，便在其推行之前，以抵押土地的手段购买了大量财产，在抵押制度废除之后，便可以名正言顺地占有这些资产，还不用损失一分一毫土地。这些投机者基本上都是贵族,很多还是梭伦的朋友,究竟是这帮人商业头脑敏锐,还是梭伦为了安抚他们而事先通风报信,就不得而知了。

虽然梭伦的改革折中主义态度明显,但是他毕竟废除了雅典的农奴制度,保障了底层民众的自由,缓解了贫富矛盾,也刺激了雅典的经济发展,可谓是早期人类史上最值得称道的变革之一。在整个希腊联盟中,雅典公司的地位也从此开始腾飞。

3

在制定了各种新政之后,伟大的梭伦同志却并没有贪恋这个最高领导者的位子,而是选择了离开雅典远游,真正是"事了拂衣去,深藏功与名"……不过他这么一走,看似离开了纷纷扰扰的政治斗争,却留下了一个巨大的权力真空。你对权力没兴趣,在雅典对权力有兴趣的人那可是一抓一大把。

在当时,雅典公司由三个派系组成。一个是海岸派,这一派系大都是港口的贸易商,他们非常支持梭伦的改革。与之相对的是平原派,他们由大地主组成,是抵制梭伦改革的主力军。最后一个派系名为山地派,他们由底层平民和手工业者组成,虽然人数最多但势力最弱,毕竟拥有的财富极其有限。

希腊篇

就在海岸派和平原派为了自身利益争斗不息的时候，有一个政治触觉极其敏锐的家伙意识到，想要控制整个雅典，必须依靠大众的支持。所以，同样出身贵族的他，一反常态地高调支持山地派，并且做出各种姿态，表现得和大众打成一片。

这个老谋深算的人名叫庇西特拉图，说起来他还是梭伦的堂兄弟，只是比起梭伦的淡泊名利，他绝对是个野心勃勃的政治家。他这一招笼络人心可谓对症下药，山地派的广大老百姓虽然人数多，但一直缺乏权贵为他们撑腰，如今有了庇西特拉图为他们摇旗呐喊，当然觉得这是天降伟人，于是纷纷成为他的粉丝。

很快，庇西特拉图就开始操纵这群追随者了。在某次公开演讲时，他突然一脸悲愤地脱下外衣，露出胸口一块伤疤，哭诉有刺客暗算，自己差点儿死于非命。这一出苦肉计效果好得出奇，大伙儿哪能容忍偶像有生命危险，于是他们纷纷投票同意庇西特拉图建立一支40人的保镖大队，护卫他的人身安全。

谁也不会想到，这些全都是幌子，公元前561年，庇西特拉图直接组建了一支400人的保镖大队，这已经是一支小型军队了。他率领着这支军队一举占据了雅典四百人会议，并宣布独裁统治开始，从此之后，雅典公司从寡头统治迈入了一个新的纪元：僭主统治时代。

什么叫作僭主？它的定义是既不通过世袭继承，也不通过合法选举，而是通过个人影响力和声望，以政变和暴乱等非法的方式获得最高权力的古希腊统治者。其实这个词取自日语，如果直接用英文翻译的话，僭主和暴君是同一个词。但古希腊的僭主并非纯粹意义上的暴君，至少庇西特拉图就绝对称不上暴君，他推行的政策是很温和而节制的。

希罗多德就如此评价过庇西特拉图，说他虽然得位不正，但是上台后并没有肆意修改法令，而是根据现有法律管理这个国家，并且尽量公平地对待国民。的确，庇西特拉图是一个天才管理者，他既有谦和仁慈、礼贤下士的一面，也有果决超然、铁面无情的时刻。如果作为类比，他和唐朝的李世民非常相似。

那么，这位"希腊李世民"在位时，都做了哪些厉害的事情呢？

首先，庇西特拉图搞了一出希腊版的"萧规曹随"，他完全沿袭了梭伦的法律框架，甚至连最高法院、公民大会和执政官选拔制度都沿袭了下来，所以他才会两度遭到流放，又两度被需要他的雅典人请回来重新执政。虽然是一位僭主，但上位之后他并没有破坏既有规则为自己谋利，这是很难得的。

其次，庇西特拉图和梭伦一样，深知工商业才是雅典公司的命脉。于是，他一方面开辟小亚细亚甚至远至西欧的商路，另一方面鼓励手工从业者提高产品的精美度和质量，以此加大雅典出品的营销力度。为了打造雅典的城市名片，扩大知名度，他不但在这座城市大搞基建，而且请了一大帮文化人来雅典写诗作赋，将其建设成整个希腊联盟最热门的城市品牌。《荷马史诗》的整理工作就是在此时完成的。

最后，庇西特拉图也没忘了农业，他向农民免费发放农具，还向他们提供低息贷款来买地。更重要的是，为了避免底层农民被地主欺压迫害，他还在农村成立了流动法院，专门处理农民的诉讼。此举立刻获得了广大农民的支持，土地问题大致解决之后，雅典公司获得了前所未有的稳定。

除此之外，庇西特拉图还在雅典建造了第一座渡槽，开辟了可靠的供水系统，以满足数量持续增长的员工所需。他还鼓励开发银矿，以获得大量的贵金属资源来支撑公司高速发展所需的昂贵费用。

可以说，在庇西特拉图的治理之下，底层农民和工商业者都成了最大受益者，对他强烈不满的只有原先的氏族权贵，但终究大众才是一个国家真正的主人。雅典公司从此前的希腊联盟二流企业一下成为整个希腊甚至地中海地区最耀眼的独角兽企业。连亚里士多德也承认庇西特拉图虽然是位僭主，但他的时代是极其繁荣的。

扯远一些说，其实在现代企业中，也有一些高管甚至最高领导者也是通过非正常手段上位的。诚然，这些管理者中很多的确有着超乎常人的能力和手腕，也能把企业管理得更好，但是通过非正当的手段得权，终究是对企业机制的破坏。这就相当于践踏既有的规则，让那些有野心却没能力的人有了可乘之机，毕竟谁也不能保证每个篡位者都是庇西特拉图那样的明君。

可惜的是，英明一世的庇西特拉图最终做了一件错事，他把自己的位子留给了两个儿子，这并不符合希腊传统，更何况他俩也不具备父亲那样的能力。雅典员工借助斯巴达公司的力量，发动了一场大暴乱，最终推翻了这场僭主统治，并且又引出了雅典公司下一位杰出的人物。

4

暴乱之后权力再次真空，一个叫作伊萨哥拉斯的野心家借助自己贵族的身份哄骗了民众，被选举为新一任执政官，但这哥们儿甫一上台，就急不可耐地暴露出独裁的本性。雅典人民非常担心重归僭主统治之下，于是他们开始寻找下一个适合领导他们的领袖。

这个人选很快就浮出了水面，他的名字叫作克利斯提尼。和庇西特拉图相似的是，同样是贵族出身的克利斯提尼也深知在雅典这家特殊的公司里，人民的力量才是最强大的，而过去那些世家大族早已是日薄西山。而且他比庇西特拉图想得更加深远，他明白僭主制度并不适合此时的雅典，如果执政的合法性不能得到保证，就意味着民众随时可以掀起下一场暴乱。

希腊篇

那么，什么样的制度才更适合雅典呢？经过百般思量，智慧过人的克利斯提尼终于想到了：唯有民主，方是解决之道。不得不说，他的想法的确超越了时代。

要实现民主，让雅典普通民众获得更大的权力，就势必要削减原本那些权贵的权力。成为最高统治者之后，克利斯提尼立刻对雅典城原来的四大家族实行打压：他明白这四大家族都是由古老的部落形成的，对地域的依赖性很强，如果不进行改革，它们就会一直利用自己占据的地盘和资源来制造影响力，最终影响任何选举的公平性。

所以，克利斯提尼重新划分了整个阿提卡地区，将其分成139个相对自治的社区，还创造出一种叫作"三分区"的划分方法，把原本的贵族势力全部打散，混居在雅典各处。这也为民主创造了最基础的条件。

克利斯提尼的另一项重要改革措施是把梭伦创立的四百人会议改为五百人会议，即又增加了一百人。而且这五百人不再是像过去那样推选出来，而是通过抽签的方式随机确定的。即便如此，克利斯提尼还考虑到新的议员可能会被贵族利用，成为他们的傀儡，于是又补充了规定，每位议员的任期只有一年，从而杜绝了这些人短期内被腐化的可能。

此外，克利斯提尼还把过去的市民集会升级为公民大会，在公民大会上提出且通过的法案会立刻得到执行，比五百人会议的法条还要优先。这样一来，雅典员工变得充满责任感，参与公司建设的热情倍增,整个公司的凝聚度也大幅提升。

推行这些改革举措之后,克利斯提尼依然存在一些担忧,他害怕某个手腕特别厉害的人物会通过各种影响力手段攫取人民的利益,威胁到民主的根本。于是,克利斯提尼又费尽心思打造出了一项名为陶片放逐法的新制度。

陶片放逐法规定,投票者首先要到达阿格拉会场,入场后人手持有一枚陶片,上面刻上自己觉得应当放逐的人选,然后进行投票。如果总选票达到6 000枚陶片就正式生效,获得投票最多的人选将遭到放逐,期限为5年或10年。被放逐者无上诉权,需要立刻打点包裹离开雅典,期限到达后方可恢复公民身份。

可以说,克利斯提尼的改革深刻地改变了雅典全体人民的思想,同时也促进了经济的进一步发展。此后,希腊联盟内许多公司也纷纷效仿克利斯提尼,搞起了各式各样的新式民主,当然,斯巴达公司除外……正是在这个时间点上,希腊变成了地中海地区一颗不可忽视的超级新星,只是东方的那些文明尚未完全理解这一点。

必须强调的一点是,雅典式或者古希腊式的民主和我们现代的民主有着相当大的差异,比如女性并无权力,底层奴隶依然存在,同时政府效率低下,选举时煽动民意的举动层出不穷,但这依然是现代民主制度的雏形,当时的其他文明公司从未实施过类似的制度,甚至连试验都未曾有过。

希腊篇

为什么人类史上最初的民主制度会在希腊特别是雅典诞生呢?

首先,因为希腊各个城邦的面积很小,可耕种的面积更小,这变相地削弱了希腊地方豪强的势力,也使得这里难以发生像东方帝国那样剧烈的土地兼并行为。同时,因为权贵拥有的土地资源有限,他们难以供养得起一支庞大的军队,缺乏军队的力量支持,所以很难形成集权式的国家。

其次,希腊公司的主要业务是工商业,而不是农业。相对于农民只需要土地资源就能养活自己,工商业从业者想要扩大生产能力和业务量,都需要一定的自由,特别是贸易自由。此外,长期从事贸易活动的人士也会更加懂得公平、对等的重要性。如此一来,他们天生就排斥集权,崇尚平等和自由。而这些工商业从业者又是希腊各公司的主力军,他们的势力很大,大到足以抗衡传统贵族,民主是他们的天然诉求。

最后,由于地域面积狭小,希腊各公司的员工都是抬头不见低头见,彼此都认识。这层熟人关系促使他们自愿参加各种公众活动,比如集会、演说、运动会、戏剧表演等,这些公众活动又反向促使大家成为一个牢不可破的利益共同体,所以他们迫切需要一个公民大会来表达个人的想法,同时谋求群体利益。

不可忽视的还有一个因素,那就是希腊人在自身越发壮大的同时,也越发感受到来自东边的那个巨大阴影的存在——波斯帝国的可怕实力。希腊人明白必须更加团结，才能与之抗衡。

虽然从公司体量上来看，小小的希腊根本不是波斯的对手，君临天下的大流士一世也全然不知克利斯提尼是哪号人物，但若是站在整个人类史的高度，克利斯提尼毋庸置疑是足以比肩大流士一世的划时代的巨头。堪称一时瑜亮的这两位，终究将引领自家的公司进入一较高下的对抗之中……

5

在提及那场波澜壮阔的希波大战之前，关于当时的希腊联盟我们还需要再补充一些知识。

很多人听到希腊，或许本能地认为它就是爱琴海西边的那一块土地，但是在公元前6—前5世纪，古希腊的领地一度延伸到了地中海的东边，也就是小亚细亚一带。如果你去过土耳其西边临近爱琴海东岸一带，就会发现这里的风土人情和希腊极为相似，这里就曾是古希腊的殖民地。

和腓尼基联盟一样，希腊联盟也受困于地盘太小，因此为了寻求更大的发展，走上海外贸易和海外殖民之路是不可避免的。而且他们之所以会选择小亚细亚作为殖民地，也和希腊的主体民族（多利安人、爱奥尼亚人和伊奥利亚人）原本就生活

希腊篇

在那里有关。

然而，和腓尼基联盟不同的是，希腊联盟不但有自主性海外殖民，而且有强制性的移民政策。其实，陶片放逐法存在的原因也在于此，当人口快速增长以至超出一个城邦能够承受的限度时，一些人口就只能离开本土，出海寻求发展。并且，当不同派系互相争斗时，失败的一方往往就只能被迫离开。

当然，这些人还只是很小的一部分，那些扩展商路和海外贸易的商人才是殖民者的主体。在这些殖民地中，最著名的就是包括米利都、以弗所、萨摩斯在内的爱奥尼亚十二城。在殖民者到达这些大城市后，他们迅速发展，并且把僭主制度的那一套也照搬了过来。

但我们不要忘了，小亚细亚也是波斯帝国的一部分，早在居鲁士时代这里就被征服了，如今属于吕底亚行省。在大流士一世的眼皮底下搞殖民，难道这位万王之王就坐视不管吗？

当然不是，大流士一世也意识到了希腊人的扩张，但是他知道这里处于帝国的边疆，难以直接管理，即便是当地总督也力有不逮，分裂和独立的可能始终存在。鉴于此，大流士一世干脆把整个爱奥尼亚都委任给了当地的僭主来管理，不过名义上它还属于波斯帝国。

原本这样大家也算相安无事，可是在克利斯提尼搞起民主制度之后，这股改革之风渐渐吹到了爱琴海的东边，爱奥尼亚人纷纷寻求推翻僭主统治，想要谋求民主政体，更企图脱离波斯帝国的统治，实现独立。为了达到目的，他们不惜采用暴动的形式，最终升级到了席卷整个爱奥尼亚地区的大起义。

这样一来，波斯人必然不答应了。在他们的西部重镇萨迪斯遭到叛乱焚毁之后，大流士一世勃然大怒，决意捣毁希腊这个让爱奥尼亚不得安生的思想之源，于是一场史无前例的大战就来临了。

和卡迭石战役一样，我也会单独用一篇来说这场希波战争，在这里我们只需要知道，看似毫无希望的希腊人居然不可思议地两度战胜了可怕的波斯。

赢得双方大战之后的希腊公司一跃成为全世界顶尖的企业，此时已经没有任何强敌可以和他们抗衡了。公元前479年，波斯人被彻底赶出爱奥尼亚，在此之后，他们又接连退出了黑海地区和色雷斯。

而全局战略性思考，几乎以一己之力打赢战争的希腊统帅地米斯托克利，也在战后成了雅典公司当仁不让的绝对领袖。在他的领导下，希腊人继续发展着海军和海上航线。

然而，这场大战也掩盖了一些问题，贵族和底层平民之间的矛盾，保守派和民主派的斗争，都在战时被转移了注意力，大家难得地同仇敌忾，一起对抗强敌波斯。可是，如今一切都结束了，这些问题又一次摆在了大家面前，特别是在地米斯托克利离世后，谁又可以担当起带领雅典公司继续前行的重任呢？

希腊篇

幸运的是，希腊从来不缺优秀的政治家，这一次，又有一位政治家站了出来，他不仅继承了诸多前辈创立的基业，而且把这家公司带到了新的高度。

无论从哪个角度看，伯里克利都是那个含着金汤匙出生的天选之子：他的父亲是萨拉米湾海战的功臣，母亲是克利斯提尼的孙女，他从小就享受着超一流的教育，智者达蒙传授他音乐和文学，芝诺教会他辩论，阿那克萨哥拉则把哲学思想亲自传授给他，可以说整个雅典各领域最有名的大师都围着他转……

在人生的早期阶段，伯里克利一直在基层做工程项目，雅典卫城的城墙、著名的帕特农神庙，都是他参与建造的。

在伯里克利年少时，希腊联盟已经形成了两个派系，分别是由雅典代表的提洛联盟和由斯巴达代表的伯罗奔尼撒联盟，两者互看对方不顺眼，剑拔弩张。伯里克利的成名之作，就是亲自参与了与斯巴达公司的和谈，并成功缓和了两家的关系。

公元前461年，伯里克利众望所归地成了雅典公司最核心的领导，在内有阶级斗争，外有斯巴达威胁的情况下，伯里克利强推了一波民主改革，稳定了雅典的军心，也为后来的伯罗奔尼撒战争做好了准备。

伯里克利的改革比他的前任们更加彻底，他直接废除了战神山议会，将其职能分配给了公民大会、五百人会议和陪审法庭。他还把公司内全部高管的职位面向全体员工开放（当然奴隶除外），任何人无论出身如何，收入多少，都有资格通过抽签成为包括执政官在内的高管。同时，伯里克利发现之前公民参加陪审团都是无偿工作的，他觉得这样不对，便给予了每个陪审团成员薪水补助，这下更加激发了大家参与公共事务的热情。

更重要的是，伯里克利是个相当开明的人，在他的任期内，雅典各种哲学流派的新思想层出不穷，文学、建筑、雕塑大师贡献了无数杰出作品，此时的雅典经济繁荣、政局稳定，步入了辉煌的黄金时代。

可是，此消彼长之下，斯巴达公司那边难以容忍雅典公司的持续做大，于是希腊联盟内部的斗争愈演愈烈，最终爆发了一场内战——伯罗奔尼撒战争。同样地，我们也会在后文单独用一篇来详细介绍这场精彩的大公司内斗，并分析大家本是同源，为何会争斗得如此惨烈。

在伯罗奔尼撒战争的前期，伯里克利就不幸死于一场瘟疫。在他撒手人寰之后，雅典彻底失去了灵魂人物，这一次再也没有杰出的领袖站出来掌控大局了。在决策严重失误之下，雅典人发动了损兵折将的西西里远征，却没有捞到任何好处。

而斯巴达那边竟然拉拢了公司的外敌波斯，共同对抗雅典。这一下雅典彻底丧失了对抗的能力，外部兵败如山倒，丧失了提洛联盟的领导地位，内部也从民主制度再度退化到了寡头统治。就这样，斯巴达公司终于尝到了当上希腊老大的滋味。

如此，雅典的黄金时代谢幕了，而斯巴达的称霸也仅仅维持了数十年，这场旷日持久的内战严重损耗了两家的实力，说是希腊的自残也不为过，而就在它们的北方，一家新的公司则在冉冉升起。

6

在公元前350年之前，任何希腊人都会觉得马其顿只是联盟中一家不起眼的小公司，这里位于山地，员工除了吃苦耐劳外，既没有什么文化，也创造不出什么高端产品。换句话说，除了其员工都说希腊语外，马其顿和曾经的雅典、斯巴达完全不可同日而语。

但是这家公司的总裁腓力二世有着远大的志向，梦想要在希腊联盟中成为老大。或许在外人看来这纯属痴人说梦，但腓力二世并不是个空想家，他仔细研究了雅典的制度改革之后，认为雅典的那种民主制度只适用于小型的城邦，一旦扩大到更大的政体，就完全不适用了。相反，只有像古埃及、古波斯那样搞起君主制，才有希望统领整个希腊，甚至建立真正的帝国。

于是，腓力二世反其道而行之，他推行的一系列改革均以强化王权为目的，不断削弱贵族会议和公民大会的权力，马其顿也在他的领导下进入了君主制。大权独揽之后，腓力二世开始一门心思训练士兵，并研发了一种叫作马其顿方阵的军事黑科技。

事实证明，马其顿方阵是一种非常可怕的战争机器：由重步兵组成的中军手持超长的长矛，足以阻挡任何冲击而来的敌人，而两翼的骑兵纵队则纪律相当严明，进可配合重步兵完成围杀，退足以掩护主力减少损失。

由于雅典和斯巴达的衰弱，马其顿在整个希腊联盟里没有任何对手，甚至连曾经高不可攀的雅典人也分为了两派，其中一派主动向腓力二世示好，称赞他们是希腊联盟的未来，而另一派则非常抵制马其顿人，认为接受这些野蛮人来统治自己无异于奇耻大辱。著名的演说家狄摩西尼就公开发表过一篇斗志昂扬的檄文，把腓力二世批判得无地自容。如此一来，一场战争便不可避免了……

公元前338年，马其顿大军与雅典底比斯联军战于喀罗尼亚，雅典惨败，从此归于马其顿统治之下。

一年之后，腓力二世亲自主持了全希腊联盟大会（只有斯巴达一家坚持不来），自封为盟主。马其顿真的统领了整个希腊，曾经那个看似不可能实现的梦居然真的实现了。与此同时，马其顿的崛起也标志着希腊城邦时代的彻底结束。

就在腓力二世准备实施反推波斯大计之时，却不幸死于一场暗杀，不过他的儿子亚历山大如同天神下凡一般，不但继承了父亲的遗志，东征荡平了整个波斯，而且将自己的帝国版图扩张到了此前从未有人达到过的极限。

不过关于亚历山大的故事，并不是本书的主体内容，所以且将其稍稍略过。本篇的最后，我想讨论一下和现代企业有关的民主制度。

在西班牙有一家20世纪50年代成立的制造企业，叫作蒙德拉贡公司，这家公司有一项非常民主的制度：所有员工不分上下级，每人都拥有同样的投票权，通过一人一票的制度决定公司的重大事务，包括未来的发展方向等。并且，所有人都拥有相同数量的股票，而不是像其他股份公司那样大家持股数量不等。此外，为了保证每名员工在投票时都具备足够的专业性，蒙德拉贡公司非常重视员工的素质，要求员工入职之前参加大量的教育和培训。

可以看出，这家公司的所有成员既是劳动者，又是所有者，他们组成了一个真正意义上的利益共同体。这一切简直和伯里克利时代的雅典如出一辙。

蒙德拉贡公司的确发展得不错，并且一度做大到欧洲第七的私人企业规模，然而近几年来，这家公司的日子却不太好过，旗下的好几家分公司都面临破产的危机。即便我们认为蒙德拉贡算是一家称得上成功的"民主公司"，这种一人一票的模式也难以在现代企业中推广开来。

为什么呢？首先，在现代企业庞大的规模下，要通过一人一票的投票方式收集每个人的意见，就是一个相当低效的举动。员工的素质参差不齐姑且不论，他们要做出自认为最明智的判断，必然需要花费精力去做功课，这就会消耗大量的时间。而市场是瞬息万变的，等你投出了宝贵的一票，可能早就错过了最佳的时间切入点。

或许有人会说，那么企业采用代理人制度，委托一些人来代为投票不就可以了吗？这也不行，这些代理人如果是由员工投票选出来的，就必然会牵扯到个人好恶，甚至卷入无穷无尽的人事斗争和拉帮结派中。就算真的选出了员工代理人，也无非就是现代版的古希腊寡头统治罢了。

其次，普通员工在投票时，永远都会更重视短期利益，甚至是对自己有利的，而极少会看重企业的长远利益。打个比方，大多数员工都必然会反对关于裁员的政策，如果要进行一人一票的投票，这样的政策是不可能通过的。但很多时候企业必须裁员才能走出困境或转变方向。如果让员工选出代理人，他们也只会选择那些短期内让自己受益的，而非让整个企业长远受益的。

而且，如果一项企业改革是对一部分员工有利，对另一部分员工造成损失的，这样的投票最终只会沦为多数人的暴政，对少数的那部分员工而言，毫无公平可言，如此最终只会导致内部的消耗甚至分裂。

所以，现代企业需要的依然是那些高瞻远瞩的领袖，借助

希腊篇

他们的见识和资历做出重要决策,以掌控企业的发展。古希腊式的民主虽然看似美好,但如若没有那些真正眼界卓绝的大人物——梭伦、庇西特拉图、克利斯提尼、地米斯托克利、伯里克利……就根本不会有那个繁荣昌盛、万象更新的光荣希腊。

希波战争
公司转型与领袖的作用

我从未学会调弄竖琴,也不会弹奏鲁特琴,我所知道的,唯有如何将一个渺小而凋敝的城市变得光荣和伟大……四海之内的人们都会来此朝圣。

——地米斯托克利

在现代商战中,我们经常会看到一些名不见经传的小公司不可思议地扳倒庞大的企业,比如,小小的雅虎战胜了巨头美国在线,青出于蓝的谷歌又击败了巅峰时期的雅虎;第一资本金融公司仅仅用了10年时间,就成功逾越无数老牌金融巨头,跻身全球信用卡企业前三;声势低调却野蛮生长的福耀玻璃,把曾经不可一世的玻璃制造界巨头旭硝子硬生生拉下了马……

然而,在这些为人津津乐道的以小博大成功的故事背后,真相是人们总是忽视了无数小公司的残骸,它们倒在巨头的碾压下,悄然死去。时至今日我们依然得承认,小公司战胜巨头企业只是极其罕见的现象,资本世界依然被那些巨头垄断,它们巨大的体量、雄厚的资金、长年积累的品牌效应,包括对整个产业的掌控,都是小公司全然无法比拟的。

那么,是谁给了那些小公司甚至是创业公司勇气,去上演蚂蚁扳倒大象的传奇戏码的呢?

如果穿越到2 500年前,或许希腊人也很难回答这个问题,但他们竟然真的两次成功阻击了强大的波斯帝国。在我们重新步入希波战争的硝烟,回顾这场对东西方文明都起到至关重要作用的战争后,或许能从中总结出一些值得借鉴的经验。

破产的文明

1

我们知道，大流士一世时代的波斯已经拥有一个前所未见的庞大帝国，而希腊只是一个有如乌合之众一般的小城邦集合。要想扩大版图面积，波斯人北可以进入黑海，东可以深入中亚，南面也有阿拉伯沙漠，为何他们一定要对西边隔海相望的希腊人动手呢？那里也不是什么资源丰沛的地区啊。

要解释这一切，我们必须先穿越时空来到位于小亚细亚的一个古老的城市——米利都。

翻开地图，就知道米利都的位置有多么重要，它坐落在安纳托利亚的西南端，紧靠着地中海的东岸，坐拥米安德河的入海口，是希腊、意大利、塞浦路斯、腓尼基到小亚细亚的交汇点，这样的地理位置从来都是贸易的不二之选。因此，虽然不是成为公司总部的第一选择，但各家文明公司想要开辟地中海市场，都会选择米利都作为分部办事处。

正因如此，赫梯人、弗里吉亚人、吕底亚人都曾经先后统治过米利都。到公元前5世纪，居鲁士大帝君临爱奥尼亚，把米利都连带其他11座城市尽数收入囊中。这块帝国西端尽头的土地，每年能给波斯带来400塔兰特的税额，源源不断的财富大大填充了波斯帝国的国库。另外，这里除了贸易中心外，还是整个波斯公司的铸币中心和海军基地。

虽然地位如此重要，但是米利都这座城市和波斯之前占领的其他地方不太一样。因为这里的员工大都是爱琴文明的后裔，他们常年以海外贸易为生，早已习惯了无拘无束和宽松自由的环境。可想而知，在波斯人将其并入自己的巨型公司后，这些新成员极其不愿臣服于那种东方帝国式的强力统治。

享受惯了自由与富足的米利都的思想文化极其繁荣，西方世界公认的第一位哲学家兼科学之父泰勒斯就来自这里。他曾经依靠自己的威信阻止了米利都加入吕底亚，就是担心这里被东方式的管理同化。

面对米利都等爱奥尼亚城市强烈的自我意识，波斯人只好做出让步，他们尽可能地给予这些城市高度的自治权，也就是通过保留僭主制度，让他们自己管好自己，不生事就行了。

但是那些僭主也不傻，知道自己在这个位子上就跟坐在炭盆上烤差不多，下有一堆暴民骂他们是政府走狗，上有总督要讨好，不然他们说不定就暗中支持其他僭主候选人了。当时波斯官僚为了稳定爱奥尼亚地区的政局，在幕后可没少搞小动作。

时任米利都僭主是一个叫阿里斯塔哥拉斯的"两面派"，巧合的是，他当时恰好处在这样的两难局面之中。在天平两端，他一开始更倾向于讨好自己的上司，也就是吕底亚行省的总督，并为其献上了一条"良策"：攻占岛国纳克索斯。同为希腊殖民地，阿里斯塔哥拉斯在纳克索斯岛上有一票熟人，他满心以为可以凭借他们作为内应轻松拿下这里，然而事与愿违，波斯人损兵折将大败而归。

破产的文明

这下可好，总督大发雷霆，宣布将阿里斯塔哥拉斯解除僭主头衔，并勒令他立刻还上之前欠下的巨额债务。马屁没拍成，头上的乌纱帽丢了，还背上了一屁股债，这下轮到阿里斯塔哥拉斯恼羞成怒了，他一不做，二不休，决定煽动自己治下的民众起来造反。

这帮米利都的暴民早就不满了，狡诈的阿里斯塔哥拉斯还火上浇油，打着"民主"的旗号号召大家向雅典学习……于是，造反很快演变成了一场席卷整个爱奥尼亚地区的革命，愤怒的平民推翻了僭主制度，并宣布与波斯为敌。

正是这场公元前499年爆发的爱奥尼亚起义，成了希波战争的导火索。

2

阿里斯塔哥拉斯摇身一变成了革命领袖，但他也知道波斯的实力不可小觑，仅凭爱奥尼亚地区这么点儿军力，肯定无法与之抗衡。于是，他想到了爱琴海对面的希腊联盟，好歹大家同根同源，到了这种时刻也该施以援手才是。

阿里斯塔哥拉斯广发"英雄帖"，号召希腊联盟前来支援，当然，他最看重的还是其中的两家：斯巴达和雅典。

放到现在的商战领域，如果有一群小公司的带头人号召你以同盟的身份去帮忙对抗一个业界无可匹敌的巨头，而你自身并不算很强大，估计任何人都会思考再三，要不要贸然加入这种不平衡的对抗。

斯巴达公司实行的是"二王制度"，有两位总裁共同执掌，这两人一致反对和波斯为敌，果断拒绝了阿里斯塔哥拉斯的请求。斯巴达高管是精明的，纵使他们拥有优秀的军事资源，但何苦为了爱奥尼亚的那帮人送命？还不如先坐视大局发展，再行计议。

请求同样传达给了雅典人，此时的雅典正处于克利斯提尼之后的民主时期，没有任何高管可以"一言堂"。所以，虽然雅典精英阶层并不愿意出兵，但是大量的民众利用投票机制，得到了出兵支援阿里斯塔哥拉斯的群体意见。这些雅典平民群情激愤，迫不及待地想跨海救援，并向波斯宣战。

或许阿里斯塔哥拉斯正是利用了雅典平民对战争的狂热，或许雅典平民根本不知道波斯到底是个怎样的对手，无论如何，雅典最终派出了20艘三桨座战舰，正式加入了反波斯联军。他们初战告捷，顺利拿下了小亚细亚西部重镇以弗所。

公元前498年，气势大盛的联军直指波斯吕底亚行省的中心城市萨迪斯，没想到这一次又取得了胜利。占领萨迪斯的爱奥尼亚人疯狂发泄自己压抑多年的怒火，他们把这座古老的城市烧成了一片废墟，顺带烧毁的还包括吕底亚人的圣女神庙。

破产的文明

此战彻底激怒了波斯,大流士一世做出最高指示:立刻剿灭这群乌合之众!波斯大军不敢怠慢,连夜对爱奥尼亚联军发起了反攻。愤怒的吕底亚人也因为神庙被毁,自愿加入剿匪行动。这可能是联军第一次见识到真正的波斯铁骑,他们根本无所适从,加上缺乏指挥,立刻溃不成军,作鸟兽散……阿里斯塔哥拉斯也趁乱逃到了色雷斯。

重新夺回对爱奥尼亚地区的控制后,波斯方面决定用最凶残的报复来警示那些图谋不轨者,他们不但将叛乱的发源地米利都夷为平地,而且展开了一场血腥的大屠杀。这还不够,大流士一世又将目光投向了爱琴海对面,这意味着雅典人曾经犯下的罪并不会轻易得到饶恕。

为什么波斯人已经征服了小亚细亚,还非要大动干戈去入侵希腊呢?原因之一是,雅典这个源头所辐射出的自由和民主思想,实在令波斯人不容忽视,多年来后者努力将集权统治的思想传递到疆域的每个角落,可是如果雅典不灭,那么爱奥尼亚人就会一直被他们的思想影响。

除此之外,恐怕还有一个原因和大流士一世的私心有关,虽然他已经为波斯公司扩大了成倍的疆域,但是要想在成就上超越前任居鲁士,他还没有十足的把握。为此他还必须在有生之年像一个收集癖一样继续完成对其他地区的征服。而放眼整个世界,希腊可能是最优的选择:只要拿下这里,以此为立足点,波斯帝国的版图就可以深入欧洲。

其实在现代商业领域，我们也会看到很多庞大的巨头企业，比如韩国的三星、美国的亚马逊、日本的索尼，不断尝试扩张。但是，在涉足新的领域之前，这些巨头一定会进行相当完备的技术考察和前期市场调研，当觉得时机相当成熟时，高层才会做出扩张的决策。

比如网络零售巨头亚马逊当初决定买下仓储机器人公司 Kiva Systems，涉足机器人物流领域，大大提升了仓储管理的效率。再如微软当初涉足游戏领域，也是为了寻求办公桌之外的客厅应用拓展。这些拓展的尝试都可称成功。

然而，波斯向爱琴海西岸的扩张，并没有进行前期调研，更多的是大流士一世的个人判断，或者说只是为了满足他的个人成就和虚荣。波斯的确是一个陆地强国，但是要进入希腊，必须面对从未征服过的大海，而在这方面波斯人并没有什么经验。那么，这个决定真的合理吗？

3

无论如何，这场战争已经无法避免，让我们分别来看一下战争双方的准备。

对波斯而言，首先必须强调的一点是，他们并没有投入全部的国家力量来对待这场战事,否则大流士一世就不会仅仅委任达提斯作为主将讨伐希腊,而是亲自率军出征了。虽然这位米底将领对于希腊事务非常熟悉,但归根结底他的能力还是无法和大流士一世本人超一流的统帅能力相比。

不过,这也是巨型企业的一个弊端所在,涉及的领域太多,各个环节都需要处理,就算再厉害的领导者也没有那么多精力面面俱到。对大流士一世而言,他把更多的精力放在亚洲本土,无法亲自参与这场战争。所以,从一开始,波斯就没有动用全力。

尽管没有动用全力,但大流士一世还是很看重这次征讨的,他事无巨细地进行了战略层面的部署。

大流士一世深知希腊联盟远远不像波斯帝国那样意见统一,内部存在着大量的钩心斗角,所以可以采用胡萝卜加大棒的方式,对其内部各家子公司威逼利诱,让它们互相牵制。比如对于最重要的斯巴达,波斯人绝对不希望他们对雅典伸出援手。所以,他们明面上一直试图拉拢斯巴达,暗中又各种策动内斗,最终斯巴达的领导者之一死于内讧,暂时无法组织有效的军事行动。

暂时稳定住了斯巴达,对于波斯人是一个重大的利好消息,他们又想尽办法拉拢了基克拉泽斯群岛所有可以拉拢过来的成员,这其中不乏一些一直与雅典为敌的小城邦,它们顺理成章地成了大波斯帝国的带路党。

在国际关系上拿到了先手,波斯人在军事准备上也做得很到位。他们自家的重步兵其实装备相当精良,并不比希腊联盟最著名的步兵差。至于骑兵,则一直都是波斯人最拿手的拳头产品,这家公司原本就是靠着它安身立命的。据统计,波斯方面最终派出的总兵力是 25 000 人,这个数量虽然远不是波斯可以安排的全部,但对雅典人而言已经是名副其实的大兵压境了。

此外,虽然波斯公司本部并不会生产海军战舰,但被其兼并的腓尼基公司恰好专擅此道,很快就帮助凑齐了数百艘战舰,还配备了专业的水手和海军将士。如此一来,波斯人的最后一块短板也被补上了,至少……看上去是这样的。

我们再来看看希腊,也就是雅典方面的备战情况。

需要特别注意的是,虽然希腊联盟属于海洋文明,但雅典在此前一直都是一个陆地国家,其主力军队向来都是陆军,也就是著名的希腊方阵。作为这家公司最著名的军事产品,希腊方阵很有必要单独拎出来说一说。

希腊方阵的诞生,主要还是因为当地的地形过于破碎,人口也相对稀少,无法组织那种规模巨大的军队,所以大约几百人就能组成一个方阵,是最实用也最方便的军事单位。希腊方阵的成员全都是城邦公民,他们负责承担自己的装备,在作战之余还要回到自己的城市去干活,因此并不是专业的士兵,而更接近于民兵组织。

不过不要小看这些多面手,他们所组成的方阵威力是非常可观的。这主要是因为两点。首先，这些人本来就来自同一个城市，彼此熟悉，有些甚至本身就是一个大家族的成员，凝聚力也非常强。其次，希腊方阵有着特殊的作战方式，士兵在作战时会紧密地站在一起，前排是手持阿斯庇斯圆盾的重甲兵，在他们身后则是配备多律长矛的后排兵。作战时，前排兵会持盾发动冲击，撞散对方的阵形，后排兵接着一阵长矛乱捅，给予杀伤。

值得一提的是，阿斯庇斯圆盾的尺寸只能供一名前排兵防御半侧身体，而他的另外半侧身体就必须交给身边的战友来保护，这需要非常强烈的信任才可以做到，反过来，这种机制也会让团队变得更加团结和勇猛。

在战术层面雅典并不落后，那么在更重要的战略层面呢？最初为希腊军制定大方针战略的，是一位叫作米太亚德的老将。我们可以负责任地说，他可能是全希腊联盟最适合率领这次战事的人，如果没有他，希波战争的结局真的有可能重写。

米太亚德原本是联盟殖民地色雷斯分公司的僭主，在遭到波斯入侵之后，他选择了向大流士一世投诚，并且受到重用成了一名波斯将领，还参加过北上远征斯基泰人的战役。在爱奥尼亚起义之后，米太亚德又一次倒戈加入了阿里斯塔哥拉斯的联军，并在战败后重归希腊。起初希腊人对他墙头草的行径极为不屑，但当大战即将到来时，他们也意识到再也没有比米太亚德更了解波斯军队的人选了。

雅典方面的兵力只有区区一万来人，迎战波斯这种级别的敌人，如果在战略上不予以重视，那么倒在波斯碾压之下的米底、巴比伦、埃及就是前车之鉴。鉴于斯巴达以公司内部正在举办年会为由拒绝了雅典的支援请求，米太亚德建议雅典方主动出击，因为他们几乎无险可守，靠着雅典卫城是不可能阻挡波斯大军的。

那么，该在哪里设下部队阻击波斯人呢？米太亚德选中了一个叫作马拉松的地方，因为波斯骑兵将在这里的海湾登陆，只有扼守住此地，才能避免他们直击雅典。值得庆幸的是，虽然雅典方有很多人并不赞成米太亚德，但最终的公民投票还是赞成他的居多。于是，希波战争的第一场重要战役——马拉松战役终于一触即发……

4

果然，到公元前490年秋，当达提斯率领的波斯军队击败了埃雷特里亚，渡过海峡登陆马拉松时，希腊军队已经在此严阵以待了。见进军雅典的大路已经被封死，波斯人只好就近在一块大沼泽南边扎营。

此时的两军近在咫尺，只相隔着不到10千米，但是双方都没有发动哪怕一次试探性的攻击。对波斯的职业军人而言，这种阵仗他们早已见怪不怪：反正我们人数是你们的两倍多，按捺住战意，等待你们锐气耗尽就足以占尽先机。

希腊人则既紧张又兴奋，他们从未对抗过如此强悍的敌人，但为了守护自己的家园和亲人，值得不惜一切代价。他们驻扎的地方背靠山崖，阵前还有茂密的丛林，在这里可以避免波斯人最锐利的骑兵发起冲击，而希腊重甲步兵的防御优势也体现了出来。

扬长避短的类似案例在现代商战中也有，比如丰田在20世纪五六十年代进军北美时，面对的是本土多家老牌汽车企业，其中不乏福特、通用这样的巨头。最初丰田选择自己的高端品牌皇冠作为主打，结果销量惨败。颗粒无收令丰田以弱者的姿态反思自己的策略，想要拼豪华感，拼马力性能，这些都是美国车的长项，硬碰硬是肯定不行的，只能避其锋芒另择他路。

经过了数年之后，丰田公司终于研发出了初代卡罗拉，这款车无论油耗低外加耐用的特点，还是简约紧凑的外形，都和北美的其他车形成了差异化竞争。偏偏就在此时石油危机来临，丰田立刻实现了不可思议的逆袭，从此奠定了自己在北美不可动摇的地位。

再回到希腊这里，统率米太亚德深知自己的强弱之处，因此以坚守之势按兵不动。与此同时，他还在忌惮另一件波斯公司的利器：间谍。

从赫梯和埃及的卡迭石战役中，我们就可以看出间谍的重要性。对东方文明而言，尔虞我诈的情报战早已司空见惯，古埃及甚至还有专属的情报系统来刺探军情。虽然对希腊人来说间谍还是比较陌生的玩意儿，但米太亚德深知这是不可忽视的细节。他在希腊军营中仔细排查任何可疑人物，对这支彼此熟悉的部队而言，这完全不是什么难事。

而对波斯来说，想要查明军中的内鬼就麻烦多了……因为他们的军队可以算是一支雇佣军，大量来自各个分公司的士兵素不相识，就算混进来个希腊人也很难排查出来。这关键性的一点，恰恰被米太亚德利用了……

就在两军相持大约5天之后，希腊方面收获了一条极其重要的情报：波斯方面发动了军事转移，其全数骑兵数小时前已经重新登上军舰，打算绕过阿提卡的南端进击雅典，而那里此时正是无比空虚的。

得知这一情报后，米太亚德立刻做出了他人生中最重要的一个决定：命令希腊全军果断出击，主动攻入波斯人的营地。当然，在作战部署的细节方面他也有着非常详尽的安排，比如他减少了中军的数量，将人数分到了两个侧翼，以此引诱波斯军队向内冲击，逐渐阵形转变为"V"形，便于希腊人从两翼推进形成包夹，最终演变为合围之势。

并且米太亚德还专门安排了一支冲撞能力极强的冲锋队在阵形边缘游弋，一旦发现波斯的弓箭手，就快速实施打击。近

破产的文明

战贴脸攻击远程，就是这样的……

果然如其所料，当希腊步兵呐喊着冲向波斯军阵时，后者立即被这种激昂而无畏的气势震慑：或许他们四处征战，但从未遇到过这样团结一致的对手。而反观希腊人眼中，波斯军人简直就是东拼西凑的，有拿弯刀的米底人，有扛斧子的斯基泰人，还有手持标枪、藤弓的埃塞俄比亚人和印度人，更多的则是毫无金属甲胄披挂的波斯轻甲士兵。这帮人数量虽多，但军容乱七八糟，既无确定的军备标准，也无统一有效的指挥。

此刻希腊人心里想的恐怕是：这真的就是那个传说中的波斯帝国的实力吗？

于是雅典大军越战越勇，而波斯人彻底乱了阵脚，发现想退却退不出去，四面八方全是潮水一般涌来的敌人，这群雇佣军完全丧失了斗志，溃不成军。好不容易逃出重围的波斯残部试图登舰逃离，又被赶来的希腊步兵一阵猛追，最终波斯的15 000人马损失超过6 000，现场惨不忍睹……而希腊方面只阵亡了不到200人，说是完爆对手也不为过。

赢下了这一战的希腊人并未有片刻歇息，米太亚德命令他们立刻撤离，全军向西南翻越山岭回归雅典，以防搭乘战舰的波斯骑兵攻入空城。太阳下山之前，他们终于回到了亲人的身边，而姗姗来迟的波斯船队发现无机可乘，只能悻悻而去。

就这样，雅典公司近乎不可思议地赢得了这场马拉松战役的胜利。此战还为世界留下了一个副产品——马拉松运动：据说当时有一位名叫费里皮德斯的长跑健将赶着回去报捷，在疾跑了42千米之后猝然倒在了雅典城门口，为了纪念他而设立了这项长跑运动。当然，这只是一个传言，并非事实的真相。

虽然输掉了第一次希波战争，但波斯本国那里并没有受到很大的影响，大流士一世只是发了一通脾气，就继续去忙别的了，根本没当回事儿。他这样的态度也是有底气的，毕竟这家公司没有使尽全力，他们在陆地上最可怕的攻坚利器——波斯长生军并没有参加这次马拉松战役。

不过，直到大流士一世离世，他也没有贸然组织下一次针对希腊的远征，接替他执行这项任务的，是他的儿子薛西斯一世。

5

为什么薛西斯一世一定要继续发动对希腊的战争呢？这显然也和波斯历代领导者的占有欲有关，从居鲁士到冈比西斯二世，再到大流士一世和薛西斯一世，他们每一个都毕生追求征服更多的地盘，似乎如果自己这一代没有打下新的江山，就不配和先辈们并列一般。

薛西斯一世作为一个标准的霸道总裁，从小就生得器宇轩

破产的文明

昂、高大英武，在成长过程中，他无数次被灌输自己会成为下一位"万王之王"的观念。于是薛西斯一世对自己有着超乎寻常的自信，这种刚愎自用的性格也让他不屑于任何对手，包括小小的希腊。这位二世祖在省视帝国的大好河山后，更加迫不及待地想要大展宏图，吞并更多的土地……

众所周知，历史是由客观规律决定的，但细化到个体事件的发生与否，很多时候都和那些顶尖人物的个人喜好有关。这些事件的结果又会成为变量，反向影响更多其他事件的发生。但总体而言，不会超出客观规律的范畴。

薛西斯一世有着充分的理由再一次远征雅典。10年之前的失利波斯人嘴上说不在意，心里终归是惦记着的。拿下希腊也有利于建立更稳固的王权，如果你的宣传口口声声号称"普天之下，莫非王土"，却始终啃不下希腊这块硬骨头，那么波斯人民肯定会对这届政府的实力打个问号。

所以，这一战薛西斯一世必须打，也有这个实力去打。一家巨头企业如果拿不出这点霸气，就不要想在世界市场上称雄。为了打好这一场复仇之战，波斯方面也做了充足的准备，上次吃了海上运输的大亏，这次咱们就先把后勤工作抓好：赫勒斯滂架起了可供军队通过的浮桥，色雷斯和马其顿的山地森林里开辟出了新的道路，军粮早就准备充足，先期送达前线……

那么，再来看希腊联盟方面，虽然敌人比上一次投入更充分，但这边也有重大利好消息：原先斯巴达负责军事的领导者下台了，新上台的是一位超级猛男，名叫列奥尼达一世，2 000年之后的电影《斯巴达300勇士》中，他就是那个以怒吼闻名的男一号。

有勇有谋的列奥尼达一世意识到，如果这次波斯真的荡平了雅典，那么伯罗奔尼撒半岛就将唇亡齿寒，下一个被灭掉的就会轮到斯巴达。因此，该到放下那些内斗的私心，大家同仇敌忾的时候了！这一次斯巴达果断接受了雅典方面的请求，列奥尼达一世宣布自己将会亲自率领一支精锐部队，与雅典联合作战。

雅典收获了如此强援，自然军心大振，可是上一次的统帅米太亚德已经被驱逐，这回又有谁可以领导他们呢？一个叫作地米斯托克利的男人站了出来，天将降大任于斯人也。

就像俄国前有库图佐夫，后有朱可夫挽狂澜于既倒一样，雅典人也幸运地拥有了地米斯托克利这么出色的领导人。他从战略的角度提出了一个全新的设想：为雅典建立一支强大的海军。虽然以陆军为主力的雅典此前从未建立过海军，但是雅典拥有出色的港口和地理优势，完全有成为海上强国的可能。更重要的是，从眼下的局面来看，波斯的陆军数量庞大得多，而双方海军基础差不多，转陆战为海战，或许是雅典唯一的取胜机会。

道理我们都懂，但想要在雅典这么一家民主制度的公司推行海军战略，那可是难上加难。一来主体成员都是陆军的公民们真的会投票同意建立海军，让自己从此变成配角吗？二来打造200艘海军战舰所需的资金来源于阿提卡新勘探出的一处银矿，而按照民主制度，这些贵金属资源是归所有雅典公民平分的，直接拿去建造海军，恐怕会引起无数人的不满。

然而，地米斯托克利却依靠自己超人的智慧和煽情力十足的演说技能，成功说服公民们接受了一个折中的方案：同意建造一支全新的海军，且拿出银矿资源的一半打造100艘战舰，以应对迫在眉睫的战争。当然，必须补充的一点是，能达成这个方案也和雅典员工自身的素质和大局观，以及这个群体所具备的凝聚力有关。如果他们真的各为一己私欲，做出短视的选择，那么他们势必会被波斯铁骑摧毁。

不只是雅典，整个希腊联盟都从未如此团结过：斯巴达、科林斯、底比斯、埃伊纳……各家分公司尽弃前嫌，分别派出了自己的精锐部队，组建了一支浩浩荡荡的希腊联军。可这支军队真的能够阻挡巨头波斯吗？大概谁也没有这个自信。

无论如何，波斯人已经大军压境了……

6

公元前480年，波斯人带着陆军30万、战舰1 200余艘，分水陆两路并进抵达了希腊联盟的家门口。而他们的对手只有陆军10万、战舰370多艘，这其中还有大部分是刚刚组建的新海军，连划桨都是现学的……

这支年轻的海军虽然不够强，但是希腊海岸线的绵长地势大大帮助了他们，波斯舰队想要抵达阿提卡，必须先经过埃维亚岛的欧里普斯海峡，这里易守难攻，只要希腊舰队横列封锁此处，哪怕再多的波斯舰队也很难通过。

固守自己最优势的环节，以此为基础主导市场攻防战，在现代商业领域也屡见不鲜。比如，20世纪初汽车制造业开始腾飞时，北美大陆车企竞争激烈，但只有福特最终成了大赢家，因为福特一直固守自己最具优势的T型车。T型车作为福特的立根之本，拥有结构简洁、使用寿命长、价格低等许多优点，所以福特无须分散精力在其他方面，只要坚守它就足够了。相似的例子还有长盛不衰的可口可乐。

对希腊联军而言，他们还有另一个需要担忧的点，那就是波斯强大的陆军，这一次波斯可是把自家的大杀器——波斯长生军都带来了。所谓长生军，又被称为"不死军"，这支重甲部队总数始终保持一万人，任何重伤或死亡的士兵都会立刻被替换，希腊人一度以为他们似乎永远不会减员，长生军故而得名。

长生军的装备可比马拉松战役中那群拼凑起来的雇佣军精良太多了，如何才能阻挡他们呢？地米斯托克利最终确认了一个地点——温泉关，此关隘一侧是大海，另一侧则是陡峭的山壁，堪称"一夫当关，万夫莫开"。要守住这里对抗长生军，也必须动用希腊联盟最强势的陆军。

这一次，斯巴达重甲步兵当仁不让，接过了这个重任。他们的领袖列奥尼达一世将亲自率领300名勇士，辅以希腊盟军，一起捍卫这座重要关口。

在一切都部署完毕后，战事果然如期发生了，波斯海军被封锁在欧里普斯海峡难以前行，而陆军那里也遭遇到了温泉关的死守，难以想象这是一场多么惨烈的防御战。习惯了攻无不克的长生军也为斯巴达人的勇猛所震撼，大军攻坚了三日居然无法破防。一名希腊叛徒出卖了他们，波斯军队从山区小道绕后，前后合围之下希腊守军只能被迫放弃防御。

败局已定时，列奥尼达一世再一次做出了大无畏般的举动。他宣布斯巴达300人留守负责拖住波斯军队，掩护其他希腊联军撤退。这悲壮的自我牺牲不但挽救了联军，而且挽救了雅典人民：在争取到的宝贵时间里，雅典选择了弃城，留下一座空城给波斯人焚烧，却让他们得不到任何实质性的胜利果实。

在这个至关重要的节点，地米斯托克利又一次给出了关键性的战略意见：他试图将波斯舰队引到一个叫作萨拉米斯海湾的地方，在这里希腊海军将转守为攻，尝试一战翻盘。

我们设想一下当时的大环境：温泉关被破，列奥尼达一世阵亡，雅典惨遭焚城，希腊联军已经处于岌岌可危的绝境。有些士兵有些已经愤怒至极，不顾一切地想要为家人复仇；另一些则被恐惧压倒，只想临阵脱逃……而地米斯托克利又一次发挥出他领袖的魅力，稳定住了军心，并说服其他将领听从他的安排。

再来看看波斯方面，许多经验丰富的老将纷纷指出，试图在萨拉米斯彻底击败希腊人纯属操之过急，并不明智。但薛西斯一世本人已经失去了耐心，浮躁的他觉得希腊败局已定，而寒冷的冬天也即将来临，他不想再拖下去了。

于是，决战时刻如愿以偿在萨拉米斯打响，熟悉地形的希腊人利用每一处涡流进行迂回攻击，在士气方面背水一战的他们也远胜已经懈怠了的波斯人。随着三桨座战舰一次次的冲撞，波斯舰队阵形被撕裂。此时又暴露出他们指挥不当的弱点，腓尼基分部和埃及分部自顾不暇，已经无法在两翼帮助主力掩护，而越战越勇的希腊海军则在海上大杀四方……

最终，希腊军队在只损失了40艘战舰的情况下歼灭波斯200多艘战舰，又一次不可思议地赢得了第二次希波战争的胜利。从此之后，波斯公司节节败退，不仅完全退出了欧洲市场，而且连小亚细亚的爱奥尼亚也没能保住。而希腊则在这场胜利和后来的普拉提亚大捷之后进入了黄金时代，直到内战爆发才走向衰落。

从希罗多德开始，希腊为何能够战胜波斯一直都是史学界争论不休的话题。从根本上来说，这是因为对波斯而言，这只是一场以扩展地盘为目的的局部性质的侵略战争，而对希腊人而言，这是事关他们文明存亡的生死之战。双方的基本投入和对战争的定性完全不同，所以才会出现这种以弱胜强的经典战役。

但如果我们从企业管理的角度分析，还会得出一些有趣的结论：显然获胜的一部分原因在于希腊有着更加出色的最高指挥者——米太亚德和地米斯托克利，毋庸置疑比达提斯之流更加出色，更不用提那个眼高手低的二世祖薛西斯一世了。

当年软硬件企业那么多，单单微软和苹果成了业界巨头，这必然和其最高指挥官比尔·盖茨和乔布斯的个人能力是分不开的，他们拥有超越时代的眼界和对企业强大无比的控制力。或许有些人会否定这种强调个人影响力的观点，但历史一次又一次证明，无论是文明公司还是现代企业，最高领袖的自身能力都可以起到决定性的作用，甚至从根本上塑造企业的基因。这就是有些公司总裁换了人之后业绩立刻一落千丈甚至破产的原因。

除此之外，文明公司的制度本身又是另一个重要因素。至少在这一次，希腊公司的民主战胜了波斯公司的专制，其所表现出的优势在于，每个员工都可以表达自己的意见，他们更有参与感，这也会让企业有更强的凝聚力。如果米太亚德和地米斯托克利作为统帅不够出色，他们可以选出别的适合的人来担当领袖；而波斯人只能对薛西斯一世唯命是从，即便他的战略决策完全错误，也没有太多可以扭转的办法。这就是两者制度上关键性的区别。

前文我们已经讨论过了，在现代企业里不太可能产生一人一票的投票机制，不过依然会有一些优秀的制度来激励每个员工的个人能动性。比如，硅谷很多互联网创业公司虽然很小，但是有着超强的战斗力，就在于他们所采用的股权激励模式，让每个人都自愿撸起袖子大干一场。相比之下，那些传统企业就是反例，朝九晚五、打卡上班的大锅饭模式导致效率低下，很多人都在混日子。

许多时候，企业内部效率低下，不仅仅是因为员工对自己的待遇不满意，更重要的是他们在这家公司内部的参与感严重不足，这并不是开几次年会、搞几次聚餐、团建几次就能轻易解决的。我见过出门以自己在某某公司工作为豪的员工，也见过天天上招聘网站打算骑驴找马去下家的员工。

再说回来，如果我们把波斯帝国类比为老牌的传统企业，它们存在许许多多的典型问题：企业体量实在太大，摊子铺得太散。帝国的疆域如此辽阔，内部又是各家吞并不久的公司，凝聚力不强，效率也不算高。这样的巨型企业往往存在一个致命的弊端：船大难调头。同样是从无到有发展海军，波斯内部难以倾斜资源，只能靠腓尼基的力量，小而精的希腊却可以迅速转型，自力更生。

同样的例子，当年的"蓝色巨人"IBM明知个人计算机时代已经来临，但是自身巨大的惯性让其难以快速转变，从面向

破产的文明

企业用户转到面向个人用户,结果市场惨遭惠普、康柏等原本毫无名气的小公司瓜分,而它们最初都是专注于垂直领域的小型公司。

然而,希腊联盟也有着自己的弱点,那就是它们作为一个个独立的子公司可以管理得很好,但是这些子公司的个性太强,以至很难有人可以从顶部自上而下地管理整个联盟,这就为后来的内乱——伯罗奔尼撒战争埋下了隐患。

当处于一个时代浪潮的风口时,小公司也能扳倒巨头,但是当小公司摇身一变自己成了巨头,也可能被各种问题自噬。一家企业无论想要发展还是生存,都要如履薄冰,需要尽可能地走对每一步。

伯罗奔尼撒战争
没有赢家的企业内耗

战争不只是武器,也不只是金钱。

——修昔底德

但凡伟大的公司，总会产生一些内部矛盾，有雷士照明的合伙人分家散伙，有新浪网创始人王志东和董事会不合，更多的则是不同部门之间互相斗争，形成内耗的局面。公司产生内斗的原因多种多样，但最可能的直接因素就是缺乏统一化的凝聚力。纵使如今很多公司特别是互联网公司都强调员工的个性与自由，但对于一些基本价值观的塑造，向来都是各家企业文化的核心。

在古代世界，我们看到了不同文明公司之间的搏杀，也看到了大型帝国内部的"宫斗"，但是论同一文明内斗到几乎演变为洲际大战的，只有希腊联盟独一家。这场名为伯罗奔尼撒战争的著名内斗，就活生生地向我们展示了当一家文明公司没有强大的向心力，内部四分五裂，山头林立时所无法避免的一幕：从分裂到对抗，从战争再到衰败……

关于这场大战，修昔底德用自己的亲身经历写就了完整的战争过程，《伯罗奔尼撒战争》一书让我们可以身临其境地感受到各个细节。这位历史宗师也抛出了一个令无数后辈讨论至今的问题：希腊为什么会发生内斗？

1

或许我们已经很熟悉希腊联盟，特别是其中的雅典公司，

破产的文明

但对于它这一次的宿敌——斯巴达,可能很多人除了知道斯巴达人的尚武精神,对其他就了解不多了。但其实这家公司有很多值得一说的地方。

在整个希腊联盟里,斯巴达是一家很特别的公司,这主要在于它的地理环境和别家有着显著的区别:它位于拉科尼亚平原南端,是一块三面环山的肥沃平原,埃夫罗塔斯河从这里流过,留下了充沛的水源。

可以说,斯巴达坐拥的是一块宝地,这里有着全希腊罕见的农业型土壤,大部分国民自给自足,衣食无忧,根本不需要出海做贸易赚钱。此外,斯巴达的地势易守难攻,只需要一支足够强大的陆军坚守各处关隘,斯巴达公司就可以高枕无忧了。这一点令雅典人、科林斯人和海对面的爱奥尼亚人都羡慕不已。斯巴达甚至在漫长的时间里从未修建城墙,并且以此为豪,作为对比,雅典人就必须修筑高大的卫城才能获得自保。

至于斯巴达人的尚武精神,更是完全烙印在他们的基因中。斯巴达人的祖先原本是定居在希腊北方的色雷斯、马其顿一带的多利安人。他们喜欢蓄着长发,无论男女都崇尚武力,性格低调严肃甚至接近于残忍。

大约公元前 1200 年,不知出于什么原因,多利安人从北部的山地倾巢而出,开始入侵希腊南部的伯罗奔尼撒半岛。他们首先攻入的是拉科尼亚地区,因为谙熟山地作战,没遇到什么挑战就侵吞了这里。多利安人选择了位置优越的斯巴达城作为公司总部，鸠占鹊巢之后自称斯巴达人。

需要指出的是，斯巴达人虽然占据了一块优良的农业用地，但山地民出身的他们不会种地，当然也无须他们亲自动手。尽管斯巴达人属于少数人口，但他们掌控着整个城邦，只负责毕生服兵役。至于种地这种苦力活儿，就交给那些底层奴隶吧。

被斯巴达人统治的人，分为两个阶层。一个阶层叫庇里阿西人，他们是当时多利安人入侵时的投降派，也就是没有参与抵抗就顺从的当地居民。既然是主动弃暗投明，那自然待遇要好一些，这些人大多是自由民，不过只能从事一些工商业活动，没有任何参政的权利。庇里阿西人基本上都住在斯巴达城市周围及附近的山区和海岸，当发生战争时，负责为斯巴达军队做后勤支援。

而另一个阶层被称为希洛人，也被译为黑劳士，这些人大都是拉科尼亚和美塞尼亚原住民亚该亚人的后裔，因为当时选择抵抗入侵到底，触怒了多利安人，所以被祖祖辈辈贬为奴隶。希洛人的生活是极为悲惨和黑暗的。平时作为农奴被绑定在土地上，终生负责耕种粮食供给斯巴达人，到了打仗的时候，还要负责打头阵充当炮灰。

希洛人不但没有任何基本人权和公民权，而且连生存权都没有，斯巴达人可以随时杀死他们，因为他们根本就没有被视为人，而是斯巴达人的共有财物。每到节日时，斯巴达人把希洛人灌醉后，就会把他们拖到公共场所任意凌辱毒打。每个希洛人不论有没有犯罪，每年都要被鞭笞一次，目的就是让他们牢记自己奴隶的身份。

不仅如此，斯巴达人在训练自己的青少年时，会特意安排他们结成团队，随意杀戮希洛人，以此来培养斯巴达童子军的战斗精神，也起到威吓希洛人起义的作用。就连雅典公司的某任总裁克里提亚斯都看不下去了，曾经评价他们是"世间最苦难的奴隶"。

完全可以想象得到，斯巴达各阶层的员工地位是世袭的，没有任何上升通道。这和印度的种姓制度简直如出一辙，而印度也是占少数的战斗民族雅利安人统治了占多数的受压迫民族达罗毗荼人。

其实除了对待奴隶，斯巴达的企业制度对待弱小者和女性也很粗暴：为了培养优秀的战士，他们将所有先天不足的婴儿溺死，或者遗弃到荒郊野岭。并且，孩子的母亲不允许对此表现出任何悲伤和怜悯，否则便会被视为对国家不忠。电影《斯巴达300勇士》的开头，列奥尼达一世就被遗弃在野外。

另外，斯巴达公司的青少年员工从小就在一起成长、训练、学习战斗技巧，他们既要能忍受各种痛苦，又要严格服从公司纪律，从20岁起就要过上严格而简朴的集体生活。这些是斯巴达人为后人所赞扬的部分。斯巴达人的少女也必须练习赛跑、摔跤、铁饼、标枪等运动，为了发育得更强壮。

令人无法接受的是，这些花样少女还被强迫赤身裸体地和青年男子们一起运动，而实际上这样做的目的只是让年轻人之间能有更多的机会产生性冲动，以便培养出更多的后代。成年之后的斯巴达女员工的地位也高不到哪儿去，如果结婚后没有成功生育，就会被强制安排与其他男人同房，以尝试生出后代，并且不允许她们有任何反抗情绪。

究竟是怎样的高层才能让公司底层员工处于这样恶劣的环境下，居然还有条不紊，这就不得不提一下斯巴达的统治制度了。

2

前面我们也提到过一点，斯巴达人长期维持的是一种不同于其他希腊联盟成员的"二王制度"。这是因为一来斯巴达内部存在势力相当的两大家族，需要从中各选拔出一位作为君王，二来"二王"可以相互制衡，保持社会秩序的稳定。此外，公司还严格规定两大家族禁止通婚，以防王权合二为一。

不过需要强调的是，斯巴达的"二王"开始时并不是僭主，因为他们手上的实权虽然大，但还需要受到人民的制约。如何制约呢？每年斯巴达公司都会通过抽签选出5个普通公民担任执政官，执政官不但需要负责管理公司内部很多琐碎的事务，而且需要监督"二王"。

在斯巴达的制度中，执政官的任期只有一年，这就是为了削弱他们的权力，但是因为这些人大都是毫无背景的平民出身，所以有时也无法抵御物质的诱惑，常常会沦为被大家族在幕后操纵的傀儡。

此外，"二王"和另外28位长者又组成一个长老会议，对一些公司重大事务做出决策，到后来渐渐发展为三十僭主。斯巴达因为整体尚武，所以这些决策大都体现出浓烈的军国主义特点，对美塞尼亚的征服和后来对雅典的宣战，都是典型的例子。

到战争年代，"二王"的权力就会立刻提升，此时一位君王需要留在公司总部负责驻守，而另一位则会率军出征担任统帅，比如温泉关战役中的列奥尼达一世。

这些制度的开创者是一位名叫莱克格斯的斯巴达政治家。在他的任期内，斯巴达发生了一些希洛人的叛乱，后来闹得差点儿影响到整个集团的稳定。为了杜绝这种现象，莱克格斯确立了斯巴达必须以军国主义为企业核心文化，勇猛、团结、富于纪律性被写入了每个斯巴达员工的大脑，同时还要求他们保持纯粹性，过着简单质朴的生活，不得奢靡享受，持久的军事化训练贯穿于所有人的每一天。

莱克格斯认为，只要斯巴达人保持这种高度纪律性，持续以绝对武力压制下层奴隶，就可以获得长久的稳定，事实上倒也真的如此。

同时，莱克格斯还严格限制了斯巴达的扩张，他认为守成才是最重要的，所以不允许发展海洋事业，禁止公司员工出国旅行，这后来导致斯巴达长期没有一支像样的海军。甚至外国人想要来斯巴达参观也很困难，除非是一些特使，否则其他国家的普通人是绝对无法踏入这家公司的大门的。这么做就是因为莱克格斯害怕外国的文化和风俗会侵蚀斯巴达人，败坏他们的德行。

在现代企业中，也有一些会效仿斯巴达人的军事化管理，其目的在于增强企业的执行力，说白了就是将权力高度集中，实现企业高效运转。下层员工通过不折不扣的执行贯彻上层领导的意图。

这种军事化管理模式非常适合一些已经相当成熟，只需要按部就班操作的制造产业，比如一些乡镇工厂，只要流水线买来了，每个员工都按照流程操作，产品自然就可以批量生产出来。所以，在这些企业中，我们会见到以下场景：每天清晨员工要大声宣读企业格言，隔三岔五就要进行军事操练，严格准点上下班，连上厕所都要掐着点去……

但是，对于那些需要创造力和发散思维的产业，比如工业设计、互联网、游戏，包括文化艺术领域等，这种模式只会抹杀员工的个人创意，让企业丧失一切活力。所以，很多主打创意的公司的内部管理就相当自由，上下级之间的关系也没有那么森严。对比雅典公司，斯巴达公司从未诞生过任何哲学思想、科学理论以及超乎时代的艺术，也没有形成任何先进的文化。

从政治的角度来解读，斯巴达贵族之所以会维持这种迥异于希腊联盟其他分公司的制度，也是为了维护自身的利益。他们目睹了雅典、科林斯、爱奥尼亚地区的工商从业者如何利用海洋贸易做大，变成了国内一股不可忽视的力量，并深知如果放任斯巴达本地也走同样的路，那么贵族的利益必然会遭到削弱。所以，斯巴达禁止工商业发展，甚至连货币也必须使用铁铸的，以防金、银等贵金属流入本国。

从军事的角度来看，斯巴达的制度的确拥有着先进性，斯巴达士兵向来是无畏的代名词，作战时视死如归，纪律性极强，战场上无论顺境还是逆境都处之泰然。正是这样优秀的战士，让斯巴达公司在整个希腊联盟中享有相当高的地位，哪怕他们的经济、文化都是垫底的。

正是出于上述种种原因，斯巴达人选择了专制和武力，而不是民主和自由。

总结来说，斯巴达人的制度给他们带来的好处，就是超乎寻常的稳定。在希腊各城邦长期叛乱不断的情况下，只有斯巴达几百年来屹然不倒。而且他们培养的战士也的确战斗力惊人，温泉关战役就是最好的证明。深受其影响的柏拉图在此基础上"脑补"了一个人人平等、阶级稳固、极端稳定、制度严明、一成不变的理想国。

3

既然斯巴达公司属于那种守成型的企业,那么它为什么会和雅典公司过不去,甚至引发了战争呢?这与后者的迅速发展和扩张有着密切的关系。

两次希波战争结束之后,雅典公司的地位如同坐上火箭一般急速上升,其海军不但已经成为主要力量,而且称霸了整个地中海,完全取代了过去腓尼基航运联盟的地位。不过雅典毕竟不是海港,怎样才能更好地发展海洋事业呢?

雅典公司的领导者地米斯托克利在雅典西南角的萨罗尼科斯湾走了一遭,并大手一挥,在一个叫作比雷埃夫斯的小渔村画了一个圈。从此之后,这里迅速发展成为雅典公司专属的重要港口,成为一切进出口的航运基地。在市场繁荣时,比雷埃夫斯港口停泊着大量来自埃及、叙拉古甚至远至黑海的商船,这些商船在把大量商品运来的同时,也把雅典的精美手工制品送至地中海周边各地。

值得一提的是,比雷埃夫斯港至今依然是全球五十大集装箱港口之一,同时还是地中海东部地区最大的集装箱港口之一。不过,这座历史悠久的著名海港如今已经被中国包下来了……2016年,中远集团通过控股67%,实质性地成了比雷埃夫斯港的大股东。自己亲手打造的世界级港口,居然在2 000多年后被一个远在东方的同样古老的国家接管,这可能是地米斯

破产的文明

托克利做梦也想不到的情况。

不过在公元前450年，雅典公司可是非常厉害的，由于海洋生意的蓬勃发展，许多农民不愿意老实种地了，都想着加入海军，或是从事海上贸易。当时一艘大型的三桨座战船需要300名船员，一支舰队就可以解决许多人的就业问题。至于海洋贸易，虽然当时海盗还算挺猖獗的，但倒卖物资的收益实在很高，来回一次的平均获利率大约可以达到200%，巨大的利润让许多人冒着风险也要出海。

随着希腊航运的发展，金融业也发展起来了。这是因为很多人买不起船，只能集资凑钱，这就需要专业人士来管理这笔财产。同时，更多的人选择借贷来做生意，变相地刺激了银行业，一些雅典金融白领在当年过得那叫一个滋润，巧合的是，他们还真的喜欢穿纯白色的长袍……

金融业发展的另一重原因是阿提卡银矿的大开发，在当时雅典银币就是流通于整个地中海世界的硬通货，各种海外贸易都通过它进行结算。虽然波斯公司不情不愿，但是其自家的金条也在不断流入雅典公司，这都可以归结于后者的强大影响力。

可以说，整个雅典的辉煌在伯里克利的黄金时代达到了巅峰。雅典公司在各个领域的人才井喷式地涌现：哲学、科学、历史、政治、文学、雕塑、演说……除了那些人们耳熟能详的大人物外，因为拥有大量现金流，伯里克利通过支付工资的方式孵化了一大批以陪审员为主的公职人员，而这些陪审员原本都是毫无地位可言的普通人。

由于商业和手工业的发达，原先的农田闲置了下来，伯里克利为了避免发生土地兼并，主动选择将这些土地分给那些原本无地可耕的底层。

这样一来，雅典除了旧贵族外的几乎每个员工都得到了实实在在的福利：选择留守农村种地的村民获得了土地，有闯劲儿的年轻人获得了上船出海的就业机会，有一定学识和经验的年长者获得了公务员职位和不错的薪俸。更重要的是，老兵、伤残人士、孤儿都得到了公共政策上的帮助。

眼看雅典公司在自己的治理下一路高歌，希腊联盟内部也有许多公司主动求合作，伯里克利又产生了新的想法：干脆一不做，二不休，让雅典成为整个联盟的领头羊，统领全希腊算了……然而，这想法刚一付诸实践，伯里克利就发现不靠谱，以斯巴达为首的希腊南部众公司根本不买雅典的账！

既然代表不了全希腊，那就退而求其次，维持一个以雅典为核心的小联盟吧……这样的小联盟事实上早就存在了，在马拉松战役之后的公元前478年，就有一个名为"提洛同盟"的组织被建立起来，当时的目的是对抗波斯人，且领导者就是雅典。当时各家一致同意，要么出兵，要么出钱，结成一个共进退的伙伴关系。

然而，在波斯人渐渐无法构成威胁之后，提洛同盟却逐渐成了雅典公司的敛财工具。之前大家缴纳的税额都放在提洛岛上的金库里,但后来伯里克利以提洛岛不够安全为由,强行将金库搬到了雅典,还修建了一座美轮美奂的帕特农神庙来放置这座金库。这就好比大家说好一起出资做生意,结果你把大家的钱全锁在自家保险柜里,这算几个意思?

可以说,从转移金库开始,雅典已经扩张到了下一个阶段:雅典帝国。

4

如果有人指责雅典搞帝国主义,恐怕伯里克利第一个要跳出来与他对质:我大雅典明明标榜的是自由和民主,怎么就搞帝国主义了?

然而,那些加入提洛同盟的加盟公司却不会这么想,因为在这个同盟内雅典的所作所为是无可辩驳的霸权行径。首先,许多后来加入的同盟成员并不是出于自愿,大都是屈服于雅典的武力,在其威逼利诱下被迫加入的。显然,加盟后的保护费是绝对少不了的。

其次,在同盟内部,雅典人也拥有着至高无上的话语权,他们对于其他成员非常严苛,但自己经常不履行职责。说好有钱出钱,有力出力,但雅典要求别家必须缴纳银币,不能以人力或船只来结算。而且，雅典控制的海域内，任何船只的航行都必须受到他们的监管，如果他们不允许，哪怕运输别家救急物资的船队也不能随意出入港口。

最后，更重要的是，这个同盟还没有退出机制，如果在雅典不同意的情况下擅自宣布退出，就将遭到武力镇压。比如纳克索斯岛尝试退出提洛同盟，雅典方面立刻暴怒加以干涉，不仅拆除了纳克索斯的城墙作为惩罚，而且剥夺了他们的投票权。后来，萨索斯岛也做了同样的事情，这次闹得更大，萨索斯人甚至尝试向斯巴达求救，但最终还是没有逃脱城墙被拆、舰队被毁、起义失败的命运。对此修昔底德评价道，一次又一次的起义和镇压，标志着雅典公司主导的提洛同盟已经完全是一个暴政式的组织。

而且，就算是雅典式民主，也只有那些稀少的雅典公民可以受用，外来户员工可是一点儿都尝不到甜头的。伯里克利规定，只有父母都是雅典公民的子女才可以成为公民。可当时的雅典聚集了三万多移民，这些人是标准的二等公民，他们明明也为公司的成长做出了许多贡献，却没有福利可以享受。可想而知，一旦爆发战争，他们根本不会愿意为这个集体付出什么。

与此同时，雅典不断扩张，到处收编小弟的行为，令联盟内另一大老牌公司斯巴达感到坐立不安。如果放任雅典继续这样下去，自己在联盟内的至高地位将会不保。须知，就算在最著名的萨拉米斯海战,当年海军舰队的最高指挥权雅典人都得乖乖让给斯巴达人,纵使后者根本就没有任何指挥海军的经验,但"老大哥"的江湖地位在那里。

可今非昔比,斯巴达人掌控的伯罗奔尼撒同盟已经不能继续坐视提洛同盟不管,因为后者不断在试图分化自家同盟的成员退出本盟,加入对方的阵营。这种挖墙脚的行为激怒了天性好斗的斯巴达人。

反观雅典,伯里克利也知道这一战在所难免。首先,雅典公司取得今天这个成就,已经不可能再甘心居于人下了,雅典必须主导或者说统领整个希腊联盟。其次,雅典公司的发展已经进入了一种惯性,其必须继续维持扩张的速度,才能继续产生足够的资本来维持企业的运转,包括给在职公民发放工资,投资更大的项目,建造更多神庙和公共设施等,海军的军费更是其中的重头戏。

这就像很多上市公司一样,必须保证公司一直维持发展的速度,才能用盈利来满足投资人和股东。但是,很多公司初期的快速成长,享受的是风口的红利或者蓝海阶段的优势,一旦成长到一定阶段,这些红利吃光了,就必须啃下一些硬骨头,才能继续发展。很多公司就是在这样的节点没有打赢关键仗,所以业绩一落千丈,曾经风光无限的思科就是如此。

对雅典而言,如果能够战胜斯巴达,取得伯罗奔尼撒同盟进而统一整个希腊,就意味着有更多的投资机会。而雅典公司又是由公民投票决定政策的，大量的工商业阶级和海员迫切希望看到战事的发生，从中享受战争带来的红利，所以支持战争的高昂情绪在整个雅典内部不断升温。从某种意义上而言，这也是民粹政治的一种特质吧。

我们也不能忘记促使这场战争爆发的另一重因素：有一家文明公司迫不及待地想要看到斯巴达和雅典内斗……正所谓"二虎相争，必有一伤"，波斯人不可能不知道这一点，他们也通过各种手段暗中怂恿两边开战。

为了准备战争，伯里克利积极备战，他深知雅典海军是优势，足以控制爱琴海的制海权，唯一的担忧只可能来自陆地。于是他未雨绸缪地修建起防御工事，在雅典和港口重地比雷埃夫斯之间修筑了一道"长墙"，以防斯巴达人的精锐重甲步兵直接威胁到自家核心区域。他还在另一处至关重要的防御地点——科林斯地峡修建了城墙，此地是伯罗奔尼撒半岛直通阿提卡的咽喉，战争一旦爆发，这里将成为绝对的大前线。

而斯巴达方面也厉兵秣马，除了强化军事训练外，还不断对外释放信号：我们和雅典的战争是正义的，斯巴达人将义不容辞地拯救希腊联盟，帮助那些受难者脱离雅典的邪恶控制。

可以说，两边都做足了准备，就在等着触动大战爆发的导火索了。

5

伯罗奔尼撒战争的触发点，是另一场"内战"：科林斯及其殖民城市克基拉之间开战了，这两家公司各自来头都不小，科林斯算是伯罗奔尼撒同盟中的第二大企业，而克基拉则拥有全希腊仅次于雅典的海军。两家公司都希望得到雅典帝国的支持，最终伯里克利选择了站队克基拉，他看中了克基拉海军的实力，两家联手起来将空前强大。

同时，向科林斯宣战也意味着彻底得罪了伯罗奔尼撒同盟，再加上其他一些因素，公元前431年，斯巴达和雅典正式宣战，曾经并肩作战的伙伴，如今竟成了死敌。

战争开始后，伯里克利立刻贯彻了他早就制定好的战略方针：他知道伯罗奔尼撒强在陆军，故而在陆地坚守城市避其锋芒，绝不外出主动迎敌，同时把各种物资尽量藏到厚重的城墙后面；而在海上，通过强大的海军封锁伯罗奔尼撒的周边海域，阻断一切海上物资运输，以此来消耗对手。

此外，伯里克利还强调了很重要的一点：战时提洛同盟一定要保持内部的稳定，绝对不要再行扩张，同时各同盟成员之间保持相互支援。

不得不说伯里克利这个人是相当厉害的，这一招开了海洋文明利用海权反向压制内陆国家的先河，2 000多年后的英国、法国、德国、美国等现代国家的战争中，相似的一幕一再重演。

在现代商战中，也有类似的例子，企业在和对手对抗时，选择全力发挥自己的优势来封锁对方的市场，而在自己的劣势方面则尽一切可能避开，把损失减少到最小。

游戏领域的常青树任天堂就是这样做的，自从其第四代家用游戏机 NGC 失败后，他们知道比拼硬件和技术实力，自己必然不是索尼和微软的对手，那么就不再在这一块进行巨额投入，不被拉开太多身位就行。同时，把自己最拿手的游戏性和创意发挥到极致，从而在人口基数最大的轻度休闲玩家身上实现了对索尼和微软的封锁。

对于雅典的这种策略，斯巴达方面可能早已料到了，并很快拿出了对策：既然你龟缩在城里不敢接战，那我就派出军队不断骚扰你，把你城外的民居和农田全部破坏干净。但是，雅典很快就以其人之道，还治其人之身：他们也派出舰队突然登陆，骚扰伯罗奔尼撒半岛上的乡村，同样造成了大量破坏。

这样的拉锯战对于雅典一方是更有利的，因为他们毕竟可以借助海外贸易获得所需的粮食和战略物资。而斯巴达方面严重依赖自给自足，除此之外只能千方百计偷空海运一些货物。况且雅典帝国当年的 GDP（国内生产总值）大约是斯巴达的 3.5 倍，这样的经济差距让他们乐意耗下去。

然而，人算不如天算，伯里克利没有意识到极其关键的一点：当时的城市设计容量有限，也严重缺乏卫生设施，大量人口拥挤在城中不外出的话，非常容易暴发流行性疾病。果然，

破产的文明

一年之后雅典就暴发了一场大瘟疫，修昔底德的记录里没有提及具体的病源，据推测可能是疟疾或者伤寒。

这场突然暴发的瘟疫给雅典公司带来了巨大的打击，特别是那些家园毁尽的农民阶级，他们不断抨击公司的保守防御政策。就连伯里克利本人也在公元前429年病死，可谓"机关算尽太聪明，反算了卿卿性命"……

伯里克利死后，接任他位子的是一位鹰派人物，名叫克里昂。克里昂并不赞成前任的消极防御姿态，他反其道而行之，亲自组织了对伯罗奔尼撒半岛的登陆战，并且不可思议地打赢了一场陆战，还俘虏了120名斯巴达贵族。

这一下斯巴达人难办了，在雅典的人质令他们不敢再像过去那么嚣张地劫掠，但这时领导他们的也是一位牛人，此人名叫布拉西达斯。他提出一个非常大胆的想法：既然雅典能封锁斯巴达的海运物资，那斯巴达为什么不能反向封锁雅典的陆地物资呢？须知，雅典公司的粮食、木材和贵金属进口必须从色雷斯地区经过，只要封锁住这里，雅典不就被掐住咽喉了吗？

布拉西达斯说干就干，公元前424年，他亲自率领斯巴达精锐大军，绕过阿提卡，北上直击色雷斯。值得一提的是，修昔底德正是因为在这次战役中救援不及时，被老板克里昂炒了鱿鱼。

这场远征战打得惊心动魄，最终斯巴达陆军的勇悍依然占了上风，不过双方的主将克里昂和布拉西达斯都在此役中壮烈牺牲……两边的领导者都死了，剩下来的人也觉得该坐下来冷静冷静了，于是雅典和斯巴达决定暂时休战，并以另一位主张和平的高层尼西阿斯之名，签订了一份《尼西阿斯和约》。

至此，波澜壮阔的伯罗奔尼撒战争结束了上半场，当然，下半场也并没有让大家等待很久……

6

接任克里昂的雅典总裁阿尔西比亚德斯，是个比前任更鹰派的人物，他的父亲是雅典著名的富豪，母亲是伯里克利的亲戚，苏格拉底曾经给予他师长般的谆谆教诲。同样是精英阶层，阿尔西比亚德斯从不像伯里克利和尼西阿斯那样隐忍，而是一个标准的帝国主义者，崇尚用暴力解决问题。

阿尔西比亚德斯认为，和斯巴达的拉锯战必然会长期耗下去，这对人力、财力都是严峻的考验，所以过去的同盟不扩张政策已经不再适用，必须通过武力开辟新的地盘，以满足战争的需要。

此时，南边的西西里岛上也在闹斗争，岛上的爱奥尼亚人在和多利安人的斗争中落得下风，求援迦太基人遭到拒绝后，

破产的文明

决意向同族雅典寻求帮助。阿尔西比亚德斯觉得这正是个好机会,便试图发起一次对西西里岛的远征。可以预见的是,这个想法立刻遭到了尼西阿斯的反对,后者认为应该珍惜难得的和平,并号召雅典员工保持克制和冷静。

但阿尔西比亚德斯的煽动显然更对雅典暴民们的胃口,最终西西里远征被公民大会投票通过,他们并不知道的是,这次远征将成为雅典走向没落的转折点。

就在32 000名远征军出发的前夜,雅典城内发生了一件蹊跷的怪事:赫尔墨斯神像被人为破坏了,人们一致认为这是阿尔西比亚德斯所为。于是,这位痴迷武力的统帅在整个远征过程中都一直背负着渎神之罪,这也最终促使他选择了叛逃,加入斯巴达人的阵营。

连公司最高层都成了变节者,这对雅典的打击是可想而知的,于是他们灰头土脸地输掉了西西里远征,另一位参加出征的领导者尼西阿斯也挡不住民愤,被暴民处决而死。

这一下雅典公司彻底乱套了。远征失利的他们不吸取教训,反而又一次主动挑事攻击斯巴达,而投敌的阿尔西比亚德斯熟知雅典的全部战术,正是在他的指挥下,斯巴达军队才得以精确打击雅典的各个战略物资要地。雅典方面应接不暇,只能逐渐退缩回过去的防御姿态。

已经惨成这样,群龙无首的雅典公司还要继续作死:公元前414年,他们煽动了一次在小亚细亚的叛乱,此举又惹恼了波斯。谁也想不到几十年之后,波斯竟然和斯巴达化敌为友,结成了同盟,共同抵制雅典帝国。伯罗奔尼撒战争从内战变成了洲际大战,事态的发展已经远远超出了当初的预料。

战争耗费了巨额的资金,而提洛同盟却已提供不了什么支援,更惨的是,很多盟友见雅典大势已去,纷纷宣布退出。而斯巴达那边则利好不断,甚至拿到了波斯支援的一笔费用,组建了一支海军以对抗雅典海上势力。

各种不利因素终于转化成了内乱:地位大跌的贵族们趁机夺权,雅典内部的民主制度几乎崩坏,寡头制死灰复燃了。这的确也是雅典式民主的一个重大弊端,这种制度严重依赖一个真正高瞻远瞩的指挥者,由他来起到引导民众的作用。如果没有这样的人物,那么这家公司就会自下而上式地发生混乱。

在伯罗奔尼撒战争的最后时刻,雅典公司已经混乱到了令人难以想象的程度:民主制和寡头制轮番上台,还有彼此妥协而搞出的混合杂交制度;针对同盟成员的收税制度一改再改,反正到最后也筹不到需要的资金,同盟成员个个都憋着一肚子怒火;曾经的叛徒阿尔西比亚德斯居然被民主派请回雅典执政,只为了能够在政治上和寡头派抗衡……

就这样,公元前406年,雅典海军选择在阿吉纽西和斯巴达海军进行对决。可笑的是,在这场至关重要的战役中,雅典人居然还顽固不化,坚持要让一群指挥官每人掌管舰队一天,以实现所谓的"公平"。所幸"瘦死的骆驼比马大",雅典海军经验到底更胜一筹，他们赢下了这场海战。

最讽刺的一幕随后发生了，虽然打了胜仗，但由于当时舰队依然在深海中，斯巴达的残余舰队随时可能反攻，8位指挥官没有按照传统去搜救落难的水手。在他们回到雅典后，公民大会受到死难者家属的煽动，最终判处这8人死刑。

这种自毁长城的愚蠢行为，直接损耗了雅典公司最后一群能指挥打仗的精英，从此这个帝国资金链断裂，人才资源彻底枯竭，同盟者众叛亲离……仅仅两年之后，雅典在海军决战中全军覆没，陆上雅典也被围城，只能选择投降。于是，斯巴达人终于赢下了这场耗时27年之久的内战。

纵观整个伯罗奔尼撒战争，雅典和斯巴达并没有一方可称真正的胜利者，用两败俱伤来形容并不为过，只是便宜了后来的底比斯和马其顿。雅典之所以会失利，除了运气差了一些（不是遭遇天灾就是碰上人祸），内部混乱也是重要原因。贵族和平民始终纠缠在争夺话语权的内耗中，这让雅典找不到真正取胜的方向。

当然，我们也可以看出一位起决定作用的领袖对于一个混乱的集体有多么重要：雅典没有了伯里克利，就再也没人能继承他出色的战略思想。而整个希腊联盟多年来也没有一位能够超越种族、传统和意识形态，把多利安裔和爱奥尼亚裔整合在一起的雄主。想要实现这一切，还要等到亚历山大大帝的横空出世。

在企业管理领域，避免内部消耗也是重要的课题。如果缺乏一位能够统领大局的指挥官，就只能在多方利益冲突中尽可能地达到博弈式的平衡。雅典帝国的疯狂扩张打破了这个平衡，随之而来的内斗也毁灭了它自身。

迦太基篇
核心业务请勿外包

那个国家是在腓尼基人的殖民和罗马法的基础上建立的,如今却迅速堕落为野蛮之地。他们每一步的内部紊乱,都被标记为野蛮人战胜文明社会式的可悲的胜利。

——爱德华·吉本

我曾经在某个职场论坛上看到一个有趣的讨论：为什么一些公司在开拓新业务时，总是喜欢收购一些小公司，而另一些公司却很少收购小公司，总是偏向于将新业务外包给其他公司来做呢？

私以为，这两种选择并没有孰高孰低之分，只能归结为适合与不适合。将企业自身不熟悉的业务外包给那些专精于此的公司或者工作室来做，可以起到使企业轻量化的作用，操作更灵活，也能够让企业自身更加专注于那些擅长的业务。但毕竟双方本质上只是雇佣关系，这层关系意味着不同的企业对外包团队而言只是一个个客户。所以外包团队永远不会像企业自家员工那样易于管理，也不可能像分公司那样忠诚于企业。

同样地，在2 000多年前有家叫作迦太基的文明公司，它在最擅长的商业领域极其专注，而将其他业务外包给了雇用的团队完成，比如军事业务。这种模式使它获得迅速成长的商业实力，帮助它成长为独角兽企业，但也从根本上阻断了它成为地中海真正霸主的可能。

下面让我们一起来见证一下迦太基的发家史，看看这种它玩得极溜的外包方式究竟有哪些优势，又存在哪些弊端。

1

最初，迦太基只是腓尼基联盟中的泰尔公司在北非开设的

破产的文明

一个海外分部。事实上，当初泰尔公司在整个北非包括撒丁岛、西西里岛都尝试建立了分部。占据了地中海上这两座重要的岛屿之后，泰尔公司下一个扩张的目标，就是与其隔海相望的北非。这里刚好有一个非常适合建立据点的地方，可以和两座大岛形成三足鼎立之势，于是此地便被命名为"新的城市"，而这在腓尼基语中便是迦太基。

必须承认，刚刚来到迦太基开辟市场的新员工们简直和拓荒者没什么两样。这里水资源虽然不少，但是含盐量非常高，土地也很贫瘠，不适合耕种，所以一开始迦太基公司的产品只有食盐、紫色染料和鱼露。不久之后，员工们发现当地有一种耐力很强的北非马匹，很适合用于陆上运输，于是公司规模也开始渐渐扩大。此时的迦太基还没有和母公司分离，员工的生活习俗、宗教、建筑风格等都还保持着腓尼基传统。

随着一代又一代新移民的不断开拓，迦太基人渐渐开发出新的产品，特别是探索进入北非腹地之后，他们发现了在这里进行农业生产的可能。员工们在这里开挖水渠，并通过嫁接和人工施肥的方式，成功种植包括葡萄、橄榄、西瓜、石榴在内的各种水果。很快，迦太基产的葡萄酒和橄榄油就在市场上成了希腊产品的竞争者。

除了农产品外，这家公司还开发出一种后来广为流传的农业工具——迦太基脱粒板，只需要在板上放置石块，并转圈拖动它，就可以方便地把谷粒从谷穗上脱离。这种产品后来流行

迦太基篇

于整个西班牙地区,那里直到20世纪还有人使用它。

作为一家优秀的分公司,迦太基直到公元前6世纪才得以从母公司独立出来,而脱离母公司的原因也很简单:腓尼基公司已经被亚述牢牢控制,后者不允许腓尼基再像过去那样随意开设分部,一切都需要按照亚述的要求来。于是,腓尼基公司只能无奈放弃了大部分的海外分部。

就这样,"单飞"之后的迦太基反而少了一些约束,这种轻量化给予了它充分的自由和灵活性,加上远离东方的大帝国,"放飞自我"之后,迦太基发展得异常迅速。根据一些历史文献,包括希罗多德的记载,迦太基人很快就开始顺着非洲海岸线向南探索,并将自己的贸易网络延伸到了西非。针对非洲沿海和内陆那些相对原始的部落,迦太基商人用自家的农产品与手工业品,以物物交换的形式,换来贵金属、木材、象牙、乌木、动物皮毛与皮革。

精明的迦太基人很快意识到,非洲内陆原住民对那些精美的工艺品情有独钟。由于他们每次带去的货源有限,便通过拍卖的方式攫取更多的利润。后来,迦太基人还通过地中海在非洲两岸建立了贸易网,把东西海岸的商品高价卖到对面去。论做生意的天赋,可能连他们的前辈腓尼基人也只能自叹不如。

与此同时,迦太基人还越过了直布罗陀海峡,也就是当时的赫拉克勒斯之柱,进入伊比利亚半岛。正是在这里,他们发现了一座锡矿,而锡资源正是冶炼青铜器的必需品。通过严密封锁这座锡矿的位置信息,迦太基公司雇用了专员进行矿产挖掘，并进一步垄断了地中海以东的锡交易，赚得大量资金。伊比利亚的银矿则是他们的另一棵摇钱树，在领悟了货币结算的重要性之后，迦太基的银币在很长一段时间里都是整个地中海世界的主力流通货币。

资金的充足带来地盘的迅速扩大，同时也意味着原材料的丰富，于是迦太基公司的产品无论种类还是质量都飞跃了一个台阶。迦太基生产的造型别致的双耳型陶罐，成为整个地中海地区的热销货。除此之外，迦太基产品几乎囊括衣食住行的全部：精细的绣花丝、印花棉、亚麻、腌制的熏鱼、牛羊肉、家具、床、武器、首饰、香水……应有尽有，完全不是腓尼基公司寥寥几样产品可比。

快速发展的迦太基很快就成为北非最炙手可热的新公司，其还利用亚述对腓尼基的管制，把后者和埃及之间的全部贸易网据为己有，正可谓青出于蓝而胜于蓝。不过，当迦太基人试图越过地中海向欧洲发展时，很快就遇到了他们真正的竞争对手——希腊。

2

大家都是志在成为海上霸主的公司，希腊联盟一直试图和

迦太基篇

迦太基争夺地中海，但是论在商业领域的成功，它还是无法和迦太基相比。这主要有以下两点原因：首先，希腊开设的公司总是离不开爱琴海两岸，除了小亚细亚西边的爱奥尼亚，希腊就再也没有什么像样的殖民地了；其次，希腊人似乎都有故土情结，仿佛离开家太远，就割舍不下了。

相比起来，迦太基人的闯劲儿就大多了，他们的殖民地在欧亚非遍地开花。拥有这么广泛的贸易网络，交易的商品数量巨大，自然能获得更高的利润。迦太基人本身就是移民出身，他们对于任何城邦都没有太多眷恋之情，四海为家惯了，到哪里都可以迅速适应。

当然，殖民扩张更远也和迦太基人的航海技术比希腊更发达有关，毕竟是老牌航运公司腓尼基的衍生公司，继承了母公司的先进技术和丰富经验。迦太基是全世界最早研发出多桨座战舰的文明公司，当希腊人还在为自家的三桨座战舰而自豪时，迦太基人早就已经通行四桨座战舰，连五桨座战舰都开发出来了……

更多的桨座，意味着更宽大的船体和更平稳的航行，而且只有尺寸够大，战舰上才能搭载投石器。投石器相当于现代军舰的火炮系统，是当时最先进的海军装备。普通的小战船只能靠撞角冲击，而配备投石器的大型战舰不但可以依靠石头远程攻击，而且能抛出毒蛇、蝎子等生物武器，引发敌船的骚乱。

当然，除了迦太基人的航海"黑科技"先进外，还有很重要的一点：希腊人在尝试殖民时，总是喜欢以暴力的方式驱逐该地的原住民，或是粗暴地推行自己的文化和习俗。这很容易激起这些殖民地原住民的对抗情绪，所以在西西里岛被希腊裔的僭主格隆殖民，并建立了一座商业重镇叙拉古后，当地人经常会发起反抗运动。请记住叙拉古这个名字，不仅仅在于它的英文名和美国的锡拉丘兹市（也就是雪城）相同，更在于这个名字将长期和迦太基前半生的命运纠缠在一起。

迦太基人开辟殖民地不但极少使用武力征服，而且很注重和当地人融合，模仿当地人的生活习惯和传统来改变自身。如今我们在考古中发现的迦太基遗物，特别是那些陪葬的艺术品，有着多元化的特征，就是这种融合的明证。迦太基人在进入撒丁岛之后，也向当地原住民学习，用大量的油灯来装饰圣殿，诸如此类的行为都是为了让迦太基公司可以更快地被当地人接纳。

迦太基的这种"本土化"战略，在如今的商业领域，特别是对那些跨国大企业而言，也是一种很重要的策略。要想在远离本土的国家推广自己的产品，就必须考虑当地的文化、经济、教育环境和习惯。这其实也是一种"外来者劣势"，因为人们总是倾向于接受自己熟悉的事物。对于遥远国度的陌生产品，在过了尝鲜期之后想要继续深入人心，就必须大力推行本土化，也就是融合。

在这一点上，肯德基在中国的本土化就可谓是顶级的案例。

迦太基篇

肯德基不断针对中国人的口味，开发出融合了中餐特点的食品，比如著名的"老北京鸡肉卷""嫩牛五方"等。在营销手法上，更是本土化到了极致，大部分的推广方案根本感受不到什么洋味儿。在这些本土化策略下，你几乎不会产生任何和其原本的"来自美国肯塔基州的炸鸡"相关的联想，只会觉得这是一家中国遍地都是的快餐店。

而本土化失败的案例也有很多，比较经典的就是沃尔玛在德国遭遇的滑铁卢：德国人既不喜欢沃尔玛店员的微笑式服务，也不喜欢花费大量时间在综合型大超市里闲逛，所以沃尔玛直接把美式的经营模式搬到德国，而没有研究本土化的改进方案，立刻就水土不服了。

迦太基人不仅本土化做得好，而且和友商建立的外交关系也比希腊人多，所以当大家竞争起来，其他公司也会帮助他们。比如，公元前5世纪，希腊和迦太基在科西嘉岛南部发生了冲突，后者就得到了同为海洋文明的伊特鲁里亚的支援，击退了希腊人，也打消了他们在这里殖民的尝试。可能正是在这些战争中尝到了甜头，迦太基公司将这种融合引入了军事领域，他们利用自己良好的国际关系和商业网络，开发了多国雇佣军团的模式，当然这都是后话了。

不过，多利安人热爱暴力的天性，让他们并没有停止扩张的脚步，和迦太基人的摩擦不断。到公元前480年，薛西斯一世率领的波斯大军入侵希腊，迦太基当时的老板哈米尔卡觉得希腊主力肯定被牵制住了，便主动出击叙拉古，试图将这个最大的竞争对手赶出西西里岛。

可惜在这场和萨拉米斯海战同一天爆发的希梅拉战役中，迦太基先是遭遇了一场风暴导致的船难，接着哈米尔卡发出的重要军事情报又被希腊方面的格隆截获。天灾人祸杂糅在一起，导致迦太基公司遭遇了一场惨败。老板哈米尔卡觉得无颜见江东父老，选择在大火中自焚而亡。

3

令很多人意想不到的是，此役之后，叙拉古老板格隆只是简单地索要了一些金银上的赔偿，此事就算翻篇了，迦太基和叙拉古的关系反而比过去好很多。这其实也不难理解，当时的希腊联盟内部纷争不断，各家公司都想拉拢迦太基来对抗别人，叙拉古也不例外，希望通过和迦太基的和解，获得联手对抗雅典的机会。雅典同样希望成为迦太基的伙伴，而不是敌人。

其实归根结底，这还是希腊内部多利安人和爱奥尼亚人的斗争，这种内斗也反映在西西里岛上，最终两方各占岛上的一部分，而迦太基人作为博弈的中介者，也顺理成章地获得了岛北部一块属于自己的地盘。在此之后的70年里，迦太基公司都

迦太基篇

和整个希腊联盟相安无事，迦太基人一边坐视希腊联盟搞内斗，一边还捞到一大堆和希腊人做生意的机会。

然而，希梅拉战役对于迦太基公司内部的体制还是产生了巨大的影响。在此役之前，迦太基实行的是君主制，大老板一声令下，全体员工必须服从。在输掉希梅拉战役之后，迦太基员工的心思动摇了，他们纷纷追求希腊式的民主，也有样学样地搞起了公民大会和"104人法庭"。从此之后，迦太基从王国变成了共和国。

新的制度也带来了新的气象。在此之后的数十年里，迦太基人休养生息，不参与战争，一心经营生意的他们把自家迦太基城建设得有模有样：大路四通八达，建筑美轮美奂，城市区域划分也井井有条，堪称一颗北非明珠。除了迦太基城，一批新城市也拔地而起：莱普提斯、奥亚，以及位于撒哈拉沙漠以南的昔兰尼加。

虽然一再试图避开希腊内部的纷争，但树欲静而风不止，希腊联盟的风暴始终牵引着迦太基。西西里岛这个隔海相望，距离迦太基本部最近的大岛屿，更是开辟海外市场的绝对重心，无法不重视。可是西西里岛上的政治环境实在太复杂了，特别是在格隆死后，叙拉古势力式微，权力的真空更是导致希腊联盟各家小公司割据，它们都想主导全岛，于是呈现出一个微缩版群雄逐鹿的状态。

公元前415年，西西里岛上有两家小公司闹得不可开交，

破产的文明

它们分别是多利安人主导的塞利农特和爱奥尼亚人主导的塞杰斯塔。这一次又和当年一样，两家小公司都想获得迦太基的支持，打败对方。很快，迦太基人收到了来自塞杰斯塔的支援请求，但他们考虑再三之后还是选择保持中立。于是，爱奥尼亚人转而向雅典求助，并引发了著名的西西里远征。

远征的结局在前文中也说过了，雅典人惨败，随后塞利农特血虐了塞杰斯塔，在危机的边缘塞杰斯塔抱着最后一丝希望再次向迦太基求援。这一次，迦太基方意识到如果自己继续采取绥靖政策，那么西西里岛的鼎足均势将被打破，占据2/3资源的多利安人很可能将独占这座岛屿。

于是，在象征性地尝试了一下调停，不出意料干预未果的情况下，迦太基公司终于在时隔70年后再度出兵，卷入了伯罗奔尼撒战争之中。塞利农特见大事不妙，向同族的叙拉古求援，于是两个老对手又一次展开了交锋。

不过，这一次率领迦太基军队的不再是哈米尔卡，而是他的孙子汉尼拔·马格尼德。注意，这位不是后来那个和罗马人打得天昏地暗的汉尼拔，这个名字是迦太基很常见的勇武男子名，我们姑且称之为老汉尼拔。

老汉尼拔准备得比他爷爷充分多了，他带去了大批利比亚和伊比利亚雇佣军，还配备了当时最先进的攻城车，在公元前409年的第二次希梅拉战役中吊打了叙拉古和塞利农特联军，成功完成了复仇。这场战役最重要的一点在于，作为软弱的腓尼基人的传承者，迦太基人终于完成了自己在历史上的第一次光荣胜利，他们的军事能力终于获得了认可，虽然作战的主力从来都不是迦太基人，而是那些东拼西凑的雇佣军。

这一战对于迦太基公司还有另一项开创性的突破：此前他们一直拒绝采用货币，认为这是希腊人搞出来的骗钱玩意儿，但是在使用了大量雇佣军之后，他们意识到这将成为未来作战的主要方式，而支付雇佣军报酬最方便的方式就是使用货币。再加上迦太基本来就不缺贵金属资源，于是他们建立了自家的铸币厂，开始发行货币迦太基谢克尔。

初尝胜果的迦太基人见好就收，然而，一年之后，叙拉古叛将却不识好歹地又攻击了西西里岛上的迦太基殖民地，这又触怒了老汉尼拔。公元前407年，他率军卷土重来，并和叙拉古公司进入了漫长的拉锯战。

此时，另一场漫长的伯罗奔尼撒战争已经进入了尾声，雅典和斯巴达双方都元气大伤，整个希腊联盟都没有哪家公司能够单独对抗迦太基，叙拉古也不例外，它连续遭遇了多场失利。而迦太基则乘胜攻城拔寨，没想到，阻挡住他们的攻势的，居然是天灾：在一场突然暴发的瘟疫中，老汉尼拔不幸殒命，迦太基人被迫接受了叙拉古的求和。

或许，对迦太基人而言，西西里没有美丽传说，只有冷酷的现实，因为接下来他们在西西里岛上的命运实在有点悲惨……

4

面对迦太基公司的强势崛起，叙拉古方面觉得有点儿不是滋味，其领导、僭主老狄奥尼修斯借着停战协议不断发展自家的势力。说起这位哥们儿，恐怕所有哲学"粉丝"都要恨得牙痒痒。当年柏拉图想要辅佐他，游说他弃暗投明放弃僭主制度拥抱民主，没想到却惹得老狄奥尼修斯恼羞成怒，把柏拉图贬为奴隶卖掉，幸而柏拉图被他的朋友赎了回去。

由此可知，这位唯我独尊的老板是绝对不会容忍西西里岛被迦太基平分的，毕竟卧榻之侧，岂容他人鼾睡？公元前398年，老狄奥尼修斯单方面撕毁了停火协议，挥师进犯迦太基城市摩塔亚。

这一赤裸裸的挑衅行为令迦太基人大为震怒，他们在新任领导希米尔科的带领下重返西西里岛。这位希米尔科同为哈米尔卡的孙子，也是老汉尼拔的堂弟，他的叔叔是迦太基著名的航海家，曾经在那个年代驾船航行到达不列颠岛，并和当地的凯尔特人建立了商贸路线。他们全都是迦太基公司最具权势的家族——马格尼德家族的成员。

为了让叙拉古人长点儿记性，希米尔科不但带上了尽可能多的雇佣军，而且组织了一支数量庞大的海军：总计400艘战舰和600艘运兵船。在那个年代，这不啻为迦太基版本的无敌舰队。

迦太基篇

然而,希米尔科救急之心迫切,却忘记了摩塔亚是一座孤悬于西西里岛西边的小岛,它的周边是一片狭窄的海湾,这里的海水很浅,无法容纳大型舰队快速通过。而老狄奥尼修斯也把他的大杀器带到了这里,他在岸上架设起了一排排巨型投石器,这些投石器每一台都有6层楼那么高,如同古代的导弹发射器,令迦太基舰队损失惨重。

眼见救援摩塔亚的计划失败了,希米尔科决定干脆绕道西西里岛东边,直击叙拉古城大本营。这一次的计划非常成功,叙拉古海军急忙回撤救援,却在卡塔纳之战中惨遭痛击,损失巨大。希米尔科围住了叙拉古城,就在他志在必得的时候,天灾又一次降临了,再度暴发的瘟疫起到了劝退的效果,历史重演。谁也不会想到,这一次居然是迦太基最接近统一西西里岛的一次机会。

在瘟疫引发的慌乱中,叙拉古舰队乘虚而入反攻了迦太基,希米尔科为了逃难,只带着迦太基公民上船离开,而丢下了大量雇佣军不管他们的死活,这些倒霉蛋最终都成了被叙拉古人随意蹂躏的奴隶。这一下彻底激怒了迦太基的利比亚籍员工们:你这纯属不拿临时工当人啊!在他们愤怒的声讨下,希米尔科只好去各个神庙忏悔赎罪,可能还是觉得羞愧难当,最终绝食而死。

在接下来的数十年里,叙拉古和迦太基互有攻防,但基本上还是维持着在岛上一东一西的均势。随着老狄奥尼修斯在

破产的文明

一次年会中饮酒过量而酒精中毒意外暴毙，叙拉古从僭主制度变成了贵族掌权的寡头制度，这家公司不再像过去那样咄咄逼人了。而迦太基也在内部的家族权力斗争中消耗了太多国力。

就在这两家偃旗息鼓的时候，马其顿人亚历山大大帝把世界闹了个天翻地覆。在这位顶级领袖英年早逝后，他建立的帝国也被手下将领瓜分，其中的一位就趁乱占据了叙拉古，他的名字叫作阿加托克利斯。

阿加托克利斯的出身异常低微，年轻时他只是叙拉古公司一名制陶工人，他的前半生是标准的"草根逆袭"大戏：在亚历山大大帝横空出世后，阿加托克利斯选择了参军，并因军事才能出色而获得了骑兵团长的头衔。亚历山大大帝去世后，阿加托克利斯看到了叙拉古政局的动荡，三番五次号召底层员工们推翻贵族统治，最终于公元前317年获得了成功。可是，员工们心心念念的民主制度并没有来到，反而迎回了熟悉的僭主制度——这一次，阿加托克利斯成了他们的新老板。

阿加托克利斯走马上任之后，立刻重新确认了坚决驱逐迦太基公司的战略，他深刻意识到一山不容二虎，西西里岛上只能一家独大。而且迦太基人实在过于阴险，他们搞拉锯战其实也是为了变相地发战争财，每打赢一仗就把俘虏来的叙拉古军人当奴隶卖……何况他们的贸易网络太发达，和他们拼经济肯定是要吃亏的。所以，必须找到一个核心的突破口，把全部兵力都运用上去，争取打开这个点，才可能逆转形势。

　　这其实也是一位优秀的企业家所必须具备的战略头脑：如果你的对手在整个产业链中处于更优势的地位，那么长此以往，只要大环境没有重大变化，你必然会失败。我们要再次拿出连锁快餐来举例：当年麦当劳在整个美国几乎形成了垄断，其精准的选址能力、工业化的生产过程、标准化的产品思路，都是当时其他任何快餐店所无法比拟的。竞争对手如果也采用类似的方式和麦当劳展开拉锯战，最终只会被这个快餐巨人拖垮。

　　但是，后来出道的汉堡王没有在其他方面花功夫浪费资源，而是专注于汉堡最核心的部分——肉饼。汉堡王以汉堡肉饼的烹制方式作为突破口，主打火烤而非油炸，这大胆的尝试收到了奇效，因为火烤的味道的确更诱人。而好吃也的确是食品行业的根本王道。所以，在如此多的新秀挑战者中，只有汉堡王一家不但站稳了脚跟，而且实现了飞速成长。

　　讽刺的是，汉堡王在20世纪80年代做大后，也开始全方位模仿麦当劳的经营思路，这下其业绩成长立刻放缓了。当你亦步亦趋选择追随行业领先者的脚步时，必然就丢掉了自己的独特性和优势。其实这一幕在古代版的企业对抗中早已上演过，我们接下来就会看到。

5

　　叙拉古的阿加托克利斯在公元前315年主动出击，攻打迦太基在西西里岛上的殖民城市墨西拿，此举又引来了迦太基老板哈米尔卡二世和他的无敌舰队。这支军队的实力十分强悍，不仅立刻取得了胜利，而且把阿加托克利斯打回了叙拉古城大本营。盛怒之下的哈米尔卡二世决意彻底剿灭三番五次挑事的叙拉古人，把这家希腊公司从西西里岛的地图上彻底抹掉，并且他还特别注意了卫生防疫工作，这一次终于没有再被瘟疫从中作梗坏了事……

　　阿加托克利斯可能低估了迦太基人的怒火，他没想到对手居然倾巢而出，把自己的公司本部团团围住，这下拉锯战变成了围城战，连经济来源都被掐死，自己更加吃不消了。然而，阿加托克利斯可不是个普通人，就在这绝望的当口，他居然想到了一个此前从未有人尝试过的突破口：越过地中海，直接攻击迦太基人的北非总部！

　　阿加托克利斯之所以敢这么做，并不是没有理由的，他深知当惯了离岸平衡手的迦太基从未想过有人会跨海远征非洲，这家公司的海外作战完全依靠雇佣军来卖命，而本土的员工几辈子都没见过真正的战争，说是"战五渣"①也毫不为过。

---

① "战五渣"是"战斗力只有五的渣滓"的缩略语，出自漫画《七龙珠》。——编者注

迦太基篇

为了实现这场奇袭，阿加托克利斯召集了最精锐的 13 000 来人，组成了 60 艘战舰的部队，借着夜色和浓雾奇迹般地绕开了迦太基舰队的封锁，经过 6 天时间来到了北非大陆。刚刚登陆，阿加托克利斯就立刻下令烧毁了全部的战舰，这份破釜沉舟的气势激励了全军，如果打不赢，就只剩下死路一条了。

彻底迸发的战意，加上多利安人血统中的尚武精神，让这批叙拉古战士展现出了惊人的战斗力，他们势如破竹地直抵迦太基城下。我们可以想象这家公司突然面临这样的局势，该慌张成什么样……事实证明，这种本国人完全不熟悉战争，只能依靠花钱聘请雇佣兵作战的模式，是迦太基这家企业最大的软肋。

然而，叙拉古公司也遇到了难题：迦太基本部的城墙极其高大，而阿加托克利斯的奇袭军团又不可能携带他们最拿手的攻城器，所以就出现了久攻不下的局面。此时迦太基的海外军团也火速回归驰援本部，双方又一次陷入僵持的局面。这一次，轮到阿加托克利斯昏头了，他做出了围城的错误决定，试图用迦太基人的方式来扑灭他们自己。

问题在于，迦太基公司家大业大，有足够的资金支持这种围城封锁式的作战，叙拉古也有同样的条件吗？果然，围城日久之后，叙拉古的军人越发焦躁不安，这些来自西西里岛的希腊战士思乡心切。此外，为了填补围城所需的兵力，阿加托克利斯也选择雇用了一些利比亚人，很快他就会发现，这些雇佣

破产的文明

军都是些唯利是图的主儿……

再没有人比迦太基高层更了解雇佣军团的本性了，他们很快放出风声，说会提供加倍的薪水给这些雇佣军，诱惑他们倒戈，毕竟论挥舞钞票的能力，迦太基人是无敌的。此举很快就起到了作用，叙拉古军中开始出现哗变的迹象。尽管阿加托克利斯尽力避免了大叛变的发生，但干耗在非洲土地上也不是办法，再加上两家企业经济上的差距，他很快就要付不起钱给那些利比亚军士，只能坐地"吃土"了。

就这样，原本叙拉古找到了最佳突破口，试图以奇袭的方式解决战斗，没想到战线却越拖越长，叙拉古反倒效仿起了迦太基人偏爱的拉锯战和围城战模式，这些显然就不是他们的长项了。

外战陷入僵局，内部又生了事：叙拉古在西西里岛上的几个殖民城市趁机宣布独立，这成了压死骆驼的最后一根稻草。阿加托克利斯被迫承认自己的远征失败，率军北上离开了北非，并和迦太基公司签下了和约，两家继续维持对西西里岛东西分治的现状，在此之后的20多年里又获得了难得的和平。

需要强调的一点是，自阿加托克利斯之后，叙拉古公司自身再也没有出现下一位伟大的领袖，然而，叙拉古和迦太基注定是相爱相杀的一对，自家产不出新领导，联名上书要求空降过来一个也是可行的操作……这位空降而来的领袖，也是在古代西方历史上留下名号的一位，他的名字叫作皮洛士。

迦太基篇

6

说起皮洛士，绝对比同时代任何大佬都要命运多舛：他原本是希腊伊庇鲁斯公司的少东家，还是亚历山大大帝的表亲。然而，在亚历山大大帝死后的混乱中，他的家族遭到了暗算，皮洛士本人也被放逐。在苦难中长大成人之后，皮洛士终于回到了伊庇鲁斯，并登上王位。没想到屁股还没坐热，又遇到一场可耻的政变，只能连夜逃亡到马其顿。

在马其顿，皮洛士依靠自身实力成了一名将领，然而又在著名的继业者战争中遭遇惨败，作为人质流亡到了埃及。换作别人，可能遇到这么多劫难就崩溃了，但皮洛士没有。他非但没有自甘堕落，而且"勾搭"上了时任埃及总裁托勒密一世的养女，然后顺理成章地成了埃及驸马……靠着岳父托勒密一世的权势和资本，皮洛士时隔多年又成了伊庇鲁斯的老板。

人生的大起大落，实在太刺激了。任何企业家如果经历了皮洛士这般一波三折的激荡人生，依然可以屹立不倒，还能获得命运女神的垂青，恐怕想不成功都难。

不过，可别忘了，这位皮洛士不是我们这篇的主角迦太基的朋友，而是它的敌人。公元前278年，叙拉古员工联名写信，强烈要求皮洛士接管公司，成为他们的老板。因为他们坚信，有了皮洛士的领导，就一定可以彻底战胜迦太基。

但是，皮洛士可能因为人生经历实在太刺激，不把人命当回事，所以他性格里有种为达到目的不惜牺牲任何代价的残忍。为了取胜，皮洛士从来都是伤敌一千，自损八百，因此他和罗马人交战时血肉横飞，两边死伤无数，最终获得的胜利也被称为"皮洛士式的胜利"。

"皮洛士式的胜利"在现代商战中也有大量案例，最著名的当属20世纪90年代的家电巨头之争，当时后起之秀苏宁一直视国美为最大竞争对手，对其展开了可称惨烈的对拼，从门店选址的如影随形到营销思路的针锋相对，再到后来低到让世人震惊的价格战，无论国美打几折，苏宁都会抛出更低的折扣……

而国美为了迎战，也不顾一切地吃下了永乐电器、大中电器、三联家电，只为壮大自己的实力。最终，随着黄光裕的入狱，苏宁笑到了最后，然而这种皮洛士式的胜利严重消耗了双方，导致它们在后来和更强大的对手——电商的竞争中也落了下风。

在皮洛士入主叙拉古之后，他对迦太基的作战政策也非常激进，不顾一切地想要将迦太基人赶出西西里岛。迫于皮洛士的名头，迦太基提出过一套退让的解决方案，要求仅仅保留最后一个海港，其他的殖民地则完全放弃。万万没想到，这么委曲求全的提议还是遭到了皮洛士的反对，这下迦太基人不干了：既然你给脸不要脸，那么大家就干脆撕破脸！

于是，迦太基公司又一次和叙拉古公司开战，不出意料，

迦太基篇

战局又演变成了围城战和拉锯战，而皮洛士根本不擅长这些，他满脑子都是如何用最快的办法获得胜利，为此不惜一切代价。在经历了长时间的围攻无效之后，皮洛士决定打造一支规模空前的舰队，通过海上封锁的方式，摧毁迦太基立足的根本：海洋贸易。

但是说起来容易，做起来难，打造一支庞大的舰队，对本来就缺钱的叙拉古公司而言，无异于白日做梦，那时代也没天使投资人啊，所以，最终这笔巨款还是得分摊到每个叙拉古员工头上。如此一来，叙拉古人开始怨声载道了，他们终于明白皮洛士并不是那个适合他们的领导。而皮洛士不但没有妥善处理这些企业矛盾，反而变本加厉地推行武力独裁，于是反抗产生了。随着反对他的人越来越多，皮洛士终于心灰意冷，他选择了离开。

至此，这场跨越120多年的漫长斗争终于画上了一个句号。从此之后，叙拉古再也没有给迦太基制造过什么大的威胁，然而这绝不代表后者可以高枕无忧，因为一个可怕得多的对手已经冉冉升起，它的名字叫作罗马。

关于迦太基公司的后半生，我们将用单独的篇幅详细讲述它和罗马公司的爱恨情仇。当然，结局可以提前"剧透"——在罗马高管老加图释放出"迦太基必须毁灭"的信号后，这家公司的命运就被决定了：在整个地中海古代历史上最强大、最霸道、最铁血冷酷的巨头公司罗马面前，迦太基最终被碾为齑粉。

即便是不世出的天才汉尼拔领导的杂牌雇佣军也无法和罗马人的公民军队抗衡。至于两家的战争动员能力和全局统筹能力,更是天差地远。

所以,成也外包,败也外包,这就是迦太基公司的宿命。

罗马篇
论成熟董事会的重要性

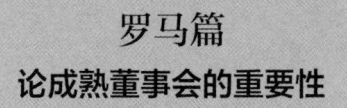

政府的行政机构就像一家信托所,须为委托人的利益而不是受委托人的利益去工作。
——西塞罗

我至今无法忘怀年少时第一次在罗马城所见到的景象,那些古老斑驳的石板路面、残缺不全的墙壁和墩柱,以及巨大的拱形穹顶,都令我感受到这个帝国曾经的辉煌,久久难以忘怀。除了自己的祖国外,似乎从未有哪个文明给我以同样的宏大史诗感,以至许多年之后我都会将意大利视为最值得去游历的国家。

在整个地中海世界的古代历史中,从没有任何一个文明建立了如古罗马那样巨大而持久的帝国,以至在后世的商战中,只有那种长盛不衰、垄断多年且打压得对手毫无还手余力、痛不欲生的巨头企业,才有资格被命名为该领域的罗马帝国:比尔·盖茨的微软,洛克菲勒的标准石油,沃尔顿的沃尔玛……而如今的互联网时代,更多的"新罗马"也已经建立,比如谷歌、亚马逊、脸书,以及中国的BAT(百度、阿里巴巴、腾讯)……

前文我们已经介绍过许多文明公司了,但它们和罗马相比,还是纷纷落得下风。这家巨头公司从最初的毫不起眼到成长为洲际霸主,再到持续数百年之久,堪称一部振奋人心的企业奋斗史。

论自由与开放,罗马人不及希腊人;论经商和投机,他们不如迦太基人;论武力征服,他们同样不是亚述人和波斯人的对手。那么,为什么偏偏只有罗马那么成功?

破产的文明

1

或许所有问题的根源都要回归到最基本的要素：地理。之前的所有文明公司全部选择开张在地中海的东边，以及亚洲一带，而地中海的西边纬度更高，气候是非常寒冷的，这里充斥着茂密的森林，文明公司难以在这恶劣的环境中生存，大家创业也几乎不会考虑这个地方。

和希腊半岛相似，这里也有一个半岛形的地形，只是比前者更加狭长，而且除了亚平宁山脉外，其他地方的地势并没有那么多山，相反，适合耕种的沃土倒是挺多的。这意味着这里可以方便地发展农业，而不像埃及、希腊那么穷苦。另外，意大利半岛的海岸线也比较平缓，这里适合海上贸易的天然良港没有希腊和迦太基那么多，所以商业发展比较落后。少归少，但总比亚述、波斯帝国那种几乎摸不着海的好。

因此，如果用地理来决定一家企业的基因，那么罗马公司属于难得一见的均衡型，既有进行农业、畜牧业的优势，也有发展商业和手工业的先天条件。包容并蓄的特点，从一开始就流淌在了罗马的血液中。

大约在公元前2000多年的新石器时代晚期，有一批印欧人从中亚草原不断向西迁徙，他们先是穿越了喀尔巴阡山脉，接着又跨过阿尔卑斯山，最终到达了这片半岛。其中一个部落占据了半岛中西部的一块平原，他们把这里的原住民驱赶了出去，

罗马篇

鸠占鹊巢般地在这里生活、繁衍了下去。这个部落的名字叫作拉丁。

作为罗马公司最早期的员工，拉丁人的各方面素质都和希腊人差不多，可他们唯独欠缺后者的那种好运气：希腊人占据的爱琴公司，本身就已经是相当发达的大公司，学着别人的那一套随便整合一下，底子就有了。可拉丁人就不行了，他们基本上只能自己开拓事业，再加上离两河流域、埃及这些古老的文明发源地又远，所以发展特别缓慢。正是由于这个原因，就在别家公司已经厮杀得不可开交时，罗马公司所在的亚平宁半岛还是一片寂静。

不过这寂静并没有持续多久，拉丁人很快就遇到了一些远道而来的敌人——伊特鲁里亚人。

关于伊特鲁里亚人到底是从哪个旮旯冒出来的，目前仍然缺乏依据。只能推测他们和爱奥尼亚人、多利安人差不多，也是从小亚细亚迁徙而来的游牧民族，只不过跑得更远一些，在意大利西北部的森林里定居了下来。如今这一地区叫作托斯卡纳，以醇厚的香缇红酒而闻名。

伊特鲁里亚人和希腊人很相似的一点在于，他们喜欢小规模扎堆，几个家族就占据一个城邦，但是各自为政，互不干涉，遇到敌人的时候也不太相互照应。这种家族小作坊式的企业如果位于大陆中央，估计几十年就要垮台，好在伊特鲁里亚地处边缘，所以倒也相安无事，还慢慢向腓尼基人、迦太基人和希腊人学起了航海技术,搞起了海洋贸易。

与此同时,拉丁人则老实多了,他们只能一边在自家搞搞农业生产,一边防备着周围的敌人。除了紧挨着的伊特鲁里亚人虎视眈眈外,北边还有野蛮凶暴的高卢人,据说更北面的森林里还住着其他一些更加原始而神秘的民族……

关于罗马公司的创始人——狼养育的弃婴罗慕路斯兄弟的故事尽人皆知,可惜的是,这只是个自我贴金式的谣传。当年的拉丁人非常悲惨,他们看伊特鲁里亚人的脸色行事,后者才是罗马城真正的缔造者。不过,罗马算是伊特鲁里亚城邦中比较开放的,所以拉丁人、萨宾人才能和罗马人生活在一起,并组建形成了一个繁荣的罗马小联盟,这就是罗马公司的雏形。

在这个联盟中,伊特鲁里亚人毫无疑问是真正的一等公民,他们控制着这家初创企业,实行着君主式的统治。而拉丁人则是彻彻底底的农奴,他们必须出卖自己的劳动力,用农作物来交换伊特鲁里亚人手中的银子和其他商品。虽然地位低微,但是罗马人依然坚持说自己的语言,保留着独特的生活习俗。反观伊特鲁里亚人,却在自希腊辐射而来的文化中迷失了自我,从建筑到服饰,再到武器、生活用品,都纷纷模仿希腊的风格。

伊特鲁里亚领导们掌控了罗马公司大约250年之久,直到公元前509年,拉丁人终于忍受不了那种受压迫的屈辱生活,他们发动了一次政变,驱逐了伊特鲁里亚末代总裁,宣布这家

罗马篇

公司正式改朝换代……从此之后，罗马王国变成了罗马共和国，第一次的腾飞也随之开始了。

2

值得一提的是，权力交接之后罗马公司进行的这次重大改革，并没某个像克利斯提尼那样的领导者，几乎所有的政策都是由全体人员开会决定的。大会宣布，彻底废除君主一人高高在上的模式，选出两位执政官共同执政，他俩地位完全平等。这种双头制度和斯巴达公司的"二王制度"看起来很像，其实本质上也很相似，都是一种权力制衡的手段。

双头制度在如今的现代企业里并不常见，但是在一些情况下也会采用，特别是在大型企业的海外公司。比如当年谷歌入华时，就在大中华区搞了双头制度，由李开复和周韶宁二人任联合总裁，这可能也是效仿当年英特尔在中国设立了联合经理的双头模式，一人负责销售渠道的建立，一人负责品牌的推广。此外，投行领域的高盛也长年采用双头制度，拥有两位首席执行官，并且运转得相当出色。

实行双头制度的目的，就是让企业高层形成内部的制衡，在给予竞争动力的同时，也可避免一人独揽大权可能出现的错

破产的文明

误决策。不过双头制度也很容易造成内部的分裂，甚至两位高层各自拉帮结派，明争暗斗的例子也是数不胜数，毕竟企业最终做决策时，拍板的人只能有一个。诚然，双头在各自的领域内可以独当一面，但是涉及一些关乎整个企业的问题时，就不可能不和对方产生话语权的争夺。

所以，想要采用双头制度的企业，必须满足两个必要前提：第一个是企业内部文化趋向于平等化，比如合伙人和股权激励制度，员工可以提出自己的诉求，沟通的渠道也要保持通畅；第二个是两位领导者之间除了互补外，更重要的是能够达成共识，能够彼此妥协、顾全大局，这样才能避免不必要的内耗。如果这些前提无法得到保证，那么双头制度就很可能带来一场灾难，后来罗马人就经历了惨痛的教训，后文中我们就会提到。

不过，对当时的罗马公司而言，确立双头制度的确算是一种进步的体现，也是贵族和平民阶层博弈之后的结果。执政官必须从贵族中挑选，但是所有平民都有权利进行选举。这其实也是可以理解的：贵族从小到大接受的是优质的教育，以及道德感的培养，是企业内当之无愧的精英，由他们管理公司并做出决策是合理的。而平民能够参与投票，选出他们偏向的领导，也算是一定程度上获得了参与政治的权利。

除了双头执政官外，罗马公司还有一个非常重要的组成部分：元老院。元老院最初的成员，是从当地贵族中选出的100

罗马篇

人，这些人基本上都是为罗马公司的创立立下过汗马功劳的，也是实实在在的初创元老。直到近100年后，元老院的成员才增至300人。元老院会有一位主席作为领导人，一般情况下，执政官之一会担任这个职务。每一位元老院成员都必须维护公司利益，并且洁身自好，但凡做出什么违背道德的事情，就有可能被剥夺元老资格。

元老院的重要性之高，以至这家公司的全称都以此来命名：元老院和罗马人民。元老院的权限很大，除了对公司的重大事务做决策外，还可以管理公共土地、分配公司资金、组织军事战斗，甚至可以在紧急情况下直接任命执政官。

在现代企业里也可以很容易地找到一个类似罗马元老院的机构，那就是董事会。巧合的是，一般董事会也都是由一家公司的初创元老组成的，就好比阿里巴巴的"十八罗汉"，再慢慢融入其他对公司起到重要作用的人。而公司的最高领导人在很多情况下也正是董事会主席。如果这样类比的话，那么元老院之下的罗马平民大会就相当于股东大会。这很像是一个巧合，但也有可能是现代企业借鉴了古代罗马的管理模式。

如果你觉得执政官和元老院不过就是希腊联盟的山寨版，那么罗马公司内部还有一个独特的职位——护民官，这可是罗马公司的原创。

从公元前450年开始，罗马平民大会选出了10名护民官。这些官员的职责很简单，他们要保护所有普通员工的利益不受损害。他们的权限非常之大，不但可以否决元老院的决定，而且能够直接否决执政官。到了后期，护民官甚至可以直接颁布法律，这些法律毋庸置疑大都是保护员工利益的。从某种意义上来说，护民官倒是很像现在的工会主席。

公元前454年，罗马方面还特意派出了代表前往雅典公司，学习梭伦的管理方法，耗时三年这支考察团终于学成归来，并制定了著名的《十二铜表法》，这也是欧陆法系中"罗马法"的根源。这部律法可以视为罗马公司一套完整的规章制度，涵盖了从赔偿、财产所有权、婚姻、控诉到刑罚等事项的详细内容，因刻在12块铜板上而得名，这些制度很大程度上维护了普通员工的利益。

所以，相比希腊，罗马公司的员工至少在共和国阶段有着更好的个人福利，这和他们自身的地位是分不开的。在罗马能被称为平民的，至少也是收入不错的手工业者和商人。由于这家公司的特殊性，无论扩张还是防御，都需要全民皆兵，所以每位平民只有获得充分的政治权利，才会产生强大的集体荣誉感，愿意在战场上为国捐躯。

我们了解了罗马共和国的架构和管理模式，就会发现这个文明比别家更接近现代企业，或许，这正是其成功之处。

罗马篇

3

就在罗马公司慢慢壮大之时,罗马人的老对手伊特鲁里亚人的日子却不怎么好过,他们退出罗马城之后,接二连三地遭遇了重大打击。先是公元前474年,希腊联盟的叙拉古海军在海上全歼了伊特鲁里亚舰队,让他们苦心经营了许久的海上贸易网彻底崩溃,从此伊特鲁里亚退出海洋强国的行列。

接下来,北方的高卢人又跑来骚扰,他们穿越了阿尔卑斯山上的隘口,一举击溃了伊特鲁里亚的边境城市,从此之后这家文明公司一蹶不振,最终湮灭在了历史的尘埃之中。而高卢人则成了罗马人最大的对手。

高卢人其实是凯尔特人的一个分支,他们在公元前400年左右开始不断扩张,占据了西欧的法国、德国南部和瑞士等地。历史上高卢人从未建立起任何真正意义上的文明公司,他们只是以部落的形式群居,却仍然可以组织起大规模的战争。将作战视为本能的高卢人凶猛而残忍,不但格外喜欢砍下敌人的头颅,而且还要将其挂在家里当成装饰品。高卢战士个个高大而强壮,脸上和裸露的躯干上,包括盔甲和盾牌上都会涂着神秘的纹路,一般士兵远远看见他们就会被吓得魂飞魄散。

罗马人一开始也被高卢人的攻势打得晕头转向,他们根本不知道如何对抗这些残暴的战士,再加上当时的罗马城连城墙都没有,罗马人被杀得节节败退,最终只能全部退守到卡比托利欧山上的一座城堡之中。高卢人虽然勇悍,但是文明程度并不高,缺乏强力的攻城器,所以连一座山上的堡垒都攻克不了。久攻不下之后,高卢接受了罗马的和谈,和对方签订了一份和约,席卷了一堆赔款和战利品离去。

经历此役之后,罗马公司终于彻底意识到了军事的重要性。要抵御高卢这么狂野的对手,驻守新扩张的领土,都需要大量的士兵,可这些人从哪儿来呢?最终,罗马元老院做出了一个至关重要的决定,开放罗马员工的准入制度,让那些普通农民也可以变成罗马平民。于是,罗马农民平时负责耕种,战争打响之后立刻武装起来变成半职业的军人,这大大增强了罗马的军事实力。

仅是这一点,罗马就和雅典大不一样,后者只允许工商业者成为公民,所以雅典军队虽然精锐,但是军人数量有限,守卫城邦足矣,但想要开疆辟壤建立一个庞大的跨国企业,是绝对不可能的。这就是人力资源对于企业的重要性所在,公司想要做大,没有足够的员工数量肯定不行,养一帮蛀虫更不行。罗马公司的员工准入机制以及对员工忠诚度的培养,在当时的地中海世界是首屈一指的。

为了抵御高卢人的再度入侵,罗马公司终于给城市修建了厚重的围墙,在此之后高卢军队果然来了,而且连续来了三次,只是三次都失败了……高卢人终于意识到罗马公司不再像过去那样弱小,无奈之下只能退却,暂时断了占领这里的念想。

罗马篇

高卢的野蛮人走了,这并不意味着罗马就失去了外敌,相反,罗马周边许多城邦型小公司,甚至一些零星的部落个体户联合到了一起,组成了一个"拉丁同盟",集体对抗罗马的扩张。如果翻开当时的地图,会发现罗马城恰好就处于这个拉丁联盟的正中心,简直是一副岌岌可危、四面楚歌的景象……

好在拉丁同盟并不团结,更像是一群无脑抵制罗马的散兵游勇。公元前 340 年,罗马人率先宣战,挑起了拉丁战争。仅仅两年之后,罗马就摆平了这群乌合之众,从此之后,意大利的大部分地区都被纳入了罗马公司的疆域。值得一提的是,罗马公司选择善待那些被征服地区的员工,将他们纳入自己的企业,新老员工一视同仁。这是一项非常了不起的决定,获得了公民权的新员工立刻对罗马产生了归属感,这家新兴的企业充满凝聚力,很快成了西地中海地区一股不可小觑的力量。

此时在地中海区域,罗马的对手只有两个——希腊和迦太基,一场三国争霸的大戏即将上演……

这两个对手中,迦太基还稍微远一些,但希腊联盟中的很多小公司是扎根于意大利的,它们势必成为罗马公司扩张最直接的阻碍。可以想象,如果是几百年前,小小的罗马绝对不敢挑战希腊联盟,但如今罗马已经成长起来,开始要求位于意大利的几个希腊小城邦加入自家。虽然这是赤裸裸的兼并,但是那些小公司迫于罗马的势力只能委曲求全。唯独一家叫作塔兰托的小公司并不甘心就这样被人吃掉,决定请一位大佬来帮忙,协助对付罗马。

这位大佬其实大家已经很熟悉了，他就是希腊领袖皮洛士，在这位穷人版的亚历山大用"皮洛士式的胜利"不计代价地挫败了罗马人两次之后，重大伤亡数量让双方都震惊了……无论希腊还是罗马，都无法接受如此惨烈的牺牲，罗马人选择了避战，希腊人也紧急召回皮洛士。正好此时西西里岛那边迦太基和叙拉古战事一触即发，皮洛士又被叙拉古方面请过去指导，嗯，这段故事我们已经说过了。

5年之后，当皮洛士重新回到对阵罗马的前线时，他大吃了一惊：罗马的兵力补充速度快得出奇，数量竟然比之前多得多，而希腊方面就可称惨淡了。没错，这正是两家公司员工准入制度的政策差异导致的结果。在决定性的贝内文托战役之后，位于意大利的希腊联军不出意外地败北，有的被兼并，有的退出，从此整个意大利都被整合进了罗马公司。

4

坐稳意大利本土之后，希腊公司剩下的塞琉古和托勒密埃及分公司都离得比较远，罗马的下一个对手自然就是海对岸的迦太基了。

罗马篇

关于这三场惊心动魄的布匿战争，咱们还是放在单独的一篇中讲述，这场闪米特人和印欧人最激烈的战争呈现了双方最高军事领袖之间斗智斗勇的精彩，传奇一般的汉尼拔几乎让整个罗马城风声鹤唳，然而最后的赢家却是罗马。侵吞了迦太基的地盘之后，罗马公司终于将整个西地中海地区的海权牢牢控制在手中。

如今的罗马只剩下最后几个对手，也是希腊联盟残留的余部，这其中就包括腓力家族的马其顿、托勒密家族的埃及，以及安条克家族的塞琉古。罗马和马其顿的战事，其实早在布匿战争中的公元前215年就已经开启了，只是双方的第一次交锋并没有分出胜负，加上罗马还在应对自己最大的敌人汉尼拔，所以就草草签署和约结束了战争。

不得不说，马其顿当时的总裁腓力五世是个很有野心和远见的男人，他也想复刻祖辈亚历山大大帝当年的辉煌。彼时最强大的雅典公司和斯巴达公司争斗不休，便宜了偷偷发展壮大的马其顿，让后者最终渔翁得利，一时取得了天下。此时，处于巅峰的罗马公司和迦太基公司也打得难分轩轾，不正是咱马其顿趁乱扩张的好机会吗？

腓力五世看准了托勒密家族幼主刚刚继承家业，公司处于无人掌管的时机，便拉拢了塞琉古公司的总裁安条克三世一起，协议瓜分托勒密家的埃及：如果战事顺利，马其顿会吃下爱琴海东岸和昔兰尼，而塞琉古则将笑纳埃及和塞浦路斯。

破产的文明

这看似只是一场希腊联盟内部的窝里斗，却让罗马人不太开心。马其顿人对于色雷斯和小亚细亚的染指，是司马昭之心，路人皆知，如果任由他们发展，指不定会在罗马附近搞出什么幺蛾子。况且，罗马刚刚打赢了第二次布匿战争，彻底粉碎了迦太基的威胁，有充分的精力应对其他国际事务。所以，此前对地中海东边向来不闻不问的罗马公司，这次决意要进行干涉，要求马其顿立即停止入侵任何希腊城邦，包括托勒密公司的领地。

腓力五世当然不答应：你西边的公司凭什么管我们东边的闲事？何况咱们又不是没打过，谁怕谁？一言不合就开打，双方立刻爆发了第二次战争。

腓力五世并未想到，这次率领罗马公司的人可不一般，这位新任联合总裁叫作弗拉米宁，走马上任时年方30岁，却有着不寻常的成熟思维。弗拉米宁意识到虽然马其顿公司理论上也属于希腊联盟，但这层关系早已随着马其顿挑起的内斗而破裂了，而自家罗马虽然是外人，但如果能够获得希腊小公司的支持，就可以打破双方的均势。

于是，弗拉米宁对腓力五世发出了最终通牒，不仅要求马其顿停战，而且进一步要求其从希腊城邦撤军，这就相当于帮助那些希腊小公司获得独立，一下获得了这些小老板的热烈欢迎，那些希腊小公司纷纷从中立态度转而支持罗马。

借着这股新生力量，罗马公司终于在第二次马其顿战争中

罗马篇

大获全胜，腓力五世只能叹服弗拉米宁在大战略上棋高一着，被迫与罗马谈合。而他的儿子珀尔修斯在后来的第三次马其顿战争中再次失败，从此马其顿和迦太基一样被罗马彻底征服。

可笑的是，眼睁睁看着罗马一天天走向霸主地位，希腊联盟的其他家还闹得一团乱，塞琉古依然想的是如何吃下托勒密家的埃及。真想知道他们老板的想法，就算你兼并了埃及又如何呢？最后还不是落得被罗马公司全数吃掉的下场。

事实也的确如此，尽管有着看似强大的海军，有着流亡于此的迦太基大佬汉尼拔的指导帮助，但塞琉古公司体制上的劣势就决定了其根本不是罗马公司的对手，双方无论陆上交手还是海军对峙，塞琉古基本上都是惨败的一方。

反观罗马，其锋芒已经无法阻挡，在占领了叙利亚、黎凡特和塞琉古控制的安纳托利亚地区之后，又驱赶走了高卢人，并巩固了西班牙地区的统治。此时的罗马共和国，疆域覆盖西欧、北非的绝大部分以及亚洲的西端，整个地中海成了罗马的内海。纵使亚历山大打下的江山或许体量更大，但那只是一个短命的巨头企业，很快就内部拆解得四分五裂了，可罗马并不是这样，其继续维持了很久很久，超越此前任何跨国公司。

你一定会好奇，为什么整个西方世界仅有罗马做到了这一点？罗马难道不会遇到此前大公司碰到的种种弊端和矛盾吗？答案是：当然会。接下来，我们就会看到公司内部所呈现的各种混乱。

破产的文明

5

简单地说，在罗马公司走向辉煌的同时，罗马人也忘记了初心，罗马变了。

曾经的罗马能够一路如此顺风顺水地做大，除了先进的制度和管理手段外，与其独特的企业文化也是分不开的。公司内部推行的是一种叫作斯多葛主义的价值观，而且是自上而下式的：从顶层率先接受，再推行给普通员工。斯多葛主义讲求的是一种心灵上的和谐自然，追寻自由和安宁，同时强调自我克制甚至是禁欲。过去的罗马人，无论高层还是普通员工，都不重视物质享受，大家心往一处想，劲儿往一处使。

但是，在公司做大后，罗马人开始膨胀了，有太多的财富流入了这家企业：迦太基、马其顿和塞琉古偿付的巨额赔款，占据西班牙所获得的真金白银，控制海洋贸易所获得的商业红利，甚至战争胜利带来的大量战俘奴隶……这些巨大的财富和资源让罗马员工一下子暴富，不要说那些贵族了，就是原本普普通通的中层员工都一跃变成了土豪，有点儿创业公司终于在纳斯达克上市，期权变现，各个初创员工都成了千万富翁的感觉……

公元前200年左右的罗马人满脑子想的都是如何赚钱，银行业和高利贷急速发展就不必说了，因为垄断了海陆商路，根本不需要自己生产，只需要倒卖各地货物就能挣钱，所以涌现出了大量奸商，而这些人可能原本都是老实的手工业者。制造

罗马篇

业落后了,甚至连基建的速度也变慢了,因为那些基建承包商不需要急着开工,只靠着发放股票套利,坐在家里就可以赚得盆满钵翻。

此时的罗马城与其说是一个强大帝国的核心,不如说是整个西方金融业和商业的中心,罗马广场上林立的"证券交易所"就是一个写照。

财富的迅速积累带来的必然是对物质享受的追求:罗马式家庭的质朴不复存在,取而代之的是房屋面积越来越大,家装越来越豪华,吃穿用度都要用产自海外的贵重品,波斯的挂毯、希腊的手工银器、迦太基的鱼子酱成为很多家庭的必需品,至于宽大的家庭浴池,那几乎是罗马式享受的标配。

迷恋物质的心态,对人的摧毁是赤裸裸的,对一家企业也是如此。罗马元老院的一些智囊也看出这个苗头不对,颁布了禁止奢靡的命令,然而效果甚微,因为这股风气已然形成,腐败在贵族中早已扎了根。贵族们追求的不再是荣誉,而是财富,他们当执政官不是为了帮助公司变得更好,而是想以此作为跳板,在卸任后安排自己去那些新行省当总督。

没错,地方总督是当时罗马公司最炙手可热的职务,这些"海外地区总经理"个个富得流油,退休告老还乡的他们纷纷把攫取来的钞票换成本地的土地,摇身一变又成了大地主。土地兼并导致意大利的小农拥有的耕地越来越少,他们只能四处借贷甚至破产成为奴隶,整体的贫富差距也越来越大。

文明的破产

到这里大家都能想到,如果任由这样的状况继续恶性循环,那么罗马肯定会像之前的那些文明公司一样迅速自盛而衰,巅峰到破产的速度之快,如同一颗史书中的流星。但是,罗马公司并没有这样,因为一些眼界超群的人物挽救了它。

公元前133年,贵族出身的提比略·格拉古被选为罗马员工的护民官,他真真切切地捍卫了"护民官"这三个字的意义。他提出了一项重大土地改革方案,要求所有员工每家的居住面积必须限制在一个范围内,禁止无限制地买地买房。这还不够,他还要求那些不动产总面积已经超过这个数量的员工,超出部分由公司出钱回收,再重新分配给贫苦的底层。

虽然护民官的地位远低于执政官和元老院,但是提比略依然有权力直接越过它们,向平民大会提议立法,并毫无疑问地获得了通过,这就是制度上的优势所在。

可以想象,提比略·格拉古的改革动了既得利益者的蛋糕,贵族和地主成了头号反对者,不过他们不能直接对抗法律,只能使用下三烂的阴招将其杀害,阻碍改革的推行。但是,提比略还有一个同样伟大的弟弟盖约·格拉古,10年之后,继承了兄长遗志的他也就职了护民官。他先提出了司法改革,又恢复了此前的土地法案。为了确保这一切能够推行,他竭尽所能让公司的中层干部也获得好处,把他们拉拢过来制衡那些高层贵族。

虽然后来盖约也惨遭暗算,但格拉古兄弟前赴后继式的改革打击了豪门贵族,也大大缓解了土地兼并,只是许多问题依

罗马篇

然存在。这其中最严重的,就是军事兵源的短缺。

6

多年的土地兼并导致很多底层农民失去了自己的土地,也没有固定财产,他们就无法像过去一样在战时被征召入伍。这样一来,罗马军团的军人数量锐减,罗马只能像迦太基那样从海外招募雇佣军,这些军人毫无凝聚力,作战时也没有什么斗志可言。

军事力量作为罗马人安身立命的根本,它的削弱下降立刻带来了后果:公元前113年,北边比高卢人更勇悍的日耳曼人受到财富的诱惑,开始浩浩荡荡地入侵罗马,其中两个分别叫作辛布里和条顿的部落格外凶猛,杀得罗马驻守边境的部队闻风丧胆,差点儿全军覆没。

在此之后长达8年的时间里,罗马军队一再遭遇日耳曼人,而且从未打赢过一场仗。更惨的是,当北边乱成一锅粥时,南边也开始不省心了:罗马北非行省旁边的小公司努米底亚开始闹事,杀死了当地全部的意大利商人,并向罗马宣战。元老院也绝不会想到,堂堂巨头罗马居然连这个蕞尔小邦都打不过,曾经引以为自豪的军事力量,竟然成了软弱的代名词……

破产的文明

在这样的状况下，罗马元老院做出了突破性的决策，他们不再遵照传统，从贵族门阀中挑选执政官人选，而是提拔了一个没什么背景的平民出身的年轻人。这位新任执政官名唤盖乌斯·马略，他将用行动证明，罗马董事会挑选他作为首席执行官，是再正确不过的决定。

在指挥北非作战的同时，马略也开始着手军队的全新改革。他首先摒弃了过去想要入职必须自备钱粮装备的规定，改为只要自愿参军，哪怕你身无分文也可以获批，公司统一给你发制服和装备。这样就解决了长期以来参军准入门槛过高导致兵源匮乏的问题。

此外，之前的罗马军队大部分都是民兵，服役时间不固定，也没有统一标准，马略规定今后只要参军必须服役满16年，其间由政府供养并负责训练，而且退役后还可以直接获得征服地的土地。这不仅令这些士兵职业化，而且给予了他们很好的福利。这样一来，军队的忠诚度大大增强，作战能力更是得到了巨大的提升。

只花了短短几个月，经马略改造的罗马军队就无往而不利，对过去那些骑在头上耍威风的敌人进行复仇：在南边轻轻松松平定北非，副将苏拉还活捉了敌军头目；在北边把辛布里和条顿打得落花流水，望风而逃……马略改革前后的对比令人称奇，这位大佬也因此被罗马民众奉为"罗慕路斯重生"，他生平七度当选执政官，可见大家对他的厚爱。

罗马篇

马略的军事改革给罗马带来了更加深远的影响：大批职业军队的出现，意味着军事力量取代了过去的制度和律法，成了权力核心来源，谁的拳头大谁就有话语权的时代终于来临了。罗马共和国逐渐出现了各支军阀，并且开始内乱，而最后由那位副将苏拉终结了这场混乱，他成了公司历史上第一位终身独裁官，并拉开了军事独裁的大幕。

在此之后，罗马公司进入了著名的军阀混战时期。公元前60年，前三巨头恺撒、克拉苏和庞培先是结盟共同统治罗马，随后又展开了互斗，把公司内部搞得乌烟瘴气，最终马略的乖侄子——后来的超级大佬恺撒成功上位，成为声震四海的霸道总裁。

公元前27年，后三巨头屋大维、雷必达和安东尼又复刻了他们的故事，屋大维成了比肩恺撒的另一位超级大佬，他的名字也变成了流传千古的"奥古斯都"。

自奥古斯都之后，罗马公司进入了下一个阶段：帝国时期。因为距离的时间和我们书里其他内容过远，再加上那些故事早已为人所熟知，我们就姑且让辉煌停止在这里。最后再来总结一下：为何偏偏是罗马能够成为整个古代西方世界最成功的文明公司？

首先，必须承认一点，罗马公司的成功是建立在无数先行者经验的基础上的：从远至苏美尔人和阿卡德人的企业管理雏形开始，到亚述人的军队职业化、赫梯人的外交手段、古埃及人的集权统治方法，再到波斯人的多文化融合、腓尼基人和迦太基人的海洋经营，以及最重要的——希腊人带来的民主、法律和多元政体内部的权力制衡方式……以上种种，都像是精心研制出的营养物质，哺育了罗马人。

其次，罗马公司在顶尖的企业管理者、富有经验的高层精英群体、具备凝聚力的广大普通员工三者之间找到了微妙的平衡。这样的机制是此前任何一家文明公司都无法做到的。罗马大众追随的是一种始终维持的企业核心价值，而不是某个领导人。而罗马的高层虽然也和平民长期存在斗争，但总体而言，他们的包容力要好于其他文明公司。

再次，罗马人善于学习和改进，能够通过果断的自我调整改变企业不利的状态。就好比一家企业遇到了重大挫折，迫切需要转型，但其内部腐化带来的重重阻力会反向阻止这一切的发生，而罗马公司做到了壮士断腕，也获得了一次次的新生。正所谓罗马不是一天建成的，而是不断革新升级换代形成的。

最后，可能也是最重要的一点是，在后来的帝国时代之前，罗马公司始终能够基本保持企业的发展路线和广大员工的利益相一致，这才是这家企业长盛不衰的真正原因。良好的土壤带来的是强大的军队、优秀的人才储备、成熟的企业文化，以及层出不穷的杰出管理者。

其实这一切都在罗马和迦太基的那场旷世大战中有所体现，细节之处更显真功夫。在本书最后一篇里，就让我们一起来回味这场激动人心的布匿战争吧。

布匿战争
资本市场不需要个人主义

此外,我认为迦太基必须被毁灭。

——老加图

人类的商业史上，每当时代的更替导致一家领域内的帝国轰然倒塌时，都会留下巨大的市场空白，此时就会引爆那些新企业之间如同群雄逐鹿般的竞争，而这种竞争最终可能会演变成两家新兴巨头之间的对决。这其中最著名的案例就是手机的更新换代令曾经的诺基亚帝国倒下后，智能机阵营的三星和苹果成了手机行业的生死之敌。

在古代地中海也发生了同样的战事，那个曾经的巨人是亚历山大的帝国，在它土崩瓦解之后，给无数新的文明留下了希望，比如我们这篇的两位主角——罗马和迦太基，它们原本都是标准的后起之秀，一个是拉丁员工在意大利平原开创的初创企业，一个是腓尼基员工在北非打造的贸易分公司。随着两家的不断成长，一系列激动人心的战争爆发了，这些战争统称为布匿战争。

之所以会叫这个名字，是因为罗马人称呼迦太基为布匿克斯。两家公司这场仗打得有声有色，许多细节直到今天还令人称奇，更留下了一代天骄汉尼拔的传说。下面我们就来详细介绍一下这场大战。

1

在公元前 500 年左右，迦太基和罗马都算是地中海一带潜力巨大的独角兽企业，两家公司也都知道彼此的分量，同时因为各自的地盘相隔较远，所以相互之间并未构成什么威胁。为了避免可能出现的摩擦，两家还特意签署了一份协议，协议要求大家各守本分，罗马商船禁止进入迦太基北部海域和非洲，迦太基则不能在拉丁姆地区建立任何一座殖民要塞。

然而，200年后，希腊帝国的余晖彻底散尽，在那些残存的以希腊之名建立的小公司纷纷破产之后，罗马已经占据了整个意大利半岛。当罗马和隔海相望的迦太基只相隔了一座西西里岛时，这种对峙的局面就悄然形成了，两家公司注定回不到过去相亲相爱的局面了。

然而，直到今天仍有很多学者在争论，为何这两家看似井水不犯河水的文明，会爆发出一场你死我活的战争呢？让我们分别从两家公司当时的情况来分析，看看能否找到双方开战的理由。

此时的罗马刚刚击败希腊人皮洛士，将整个意大利南部全部并入了自家公司，但是还有一块地盘没有拿到手，又很想将其收入囊中，这就是西西里岛。西西里岛本身就和意大利南端那些城市联系密切，而且如果罗马帝国试图向地中海深处延伸，这里也是重要的中继站。因此，西西里岛对于意大利的意义不言自明，现在它就是意大利国土的一部分。

而且很重要的一点在于，以罗马人的个性，他们绝对不会容忍和其他人共享某一块国土，一旦决意吃下西西里岛，就不可能再让这里存在别家公司的落脚点。

可是，对迦太基人来说，西西里岛也是他们控制地中海的重要门户，在前文中我们也介绍了，为了能够在这里占据一席之地，迦太基和叙拉古展开了跨越120多年的漫长战争。迦太基公司强于经济，资本雄厚，任何长时间的拉锯战都能耗得起，哪怕只是为了一点点战略意义上的利益。

迦太基还有一个天然的优势，它的本部在地中海对面。想要跨海攻击北非迦太基城，必须登陆作战，而地中海在北非沿岸相当辽阔，并没有什么可以近距离强攻的海峡。这一点让迦太基有一点儿地缘政治上离岸平衡手的意味，类似于今天的英国和美国。由于西西里岛是能够接近迦太基本部最近的一块区域，所以迦太基人自认为掌控西西里岛的局势，将敌人扼守于本土之外是公司的重要战略之一。

从这样的分析来看，罗马要想夺取西西里岛，将呈现攻击的姿态，属于一种战略扩张，而迦太基会尽可能在岛上留下自己的根据地，以求一个稳妥的守势。

巧合的是，在现代商战的领域，进攻战和防御战都是很常见的类型。一般而言，那种快速扩张的公司特别容易对行业领军的老牌公司发起进攻战，目的很简单粗暴，就是抢夺你的市场份额。后者则更擅长打防御战，把各种可能对它们形成的威胁消除。

在进攻战范畴内，曾经的联邦快递给我们上了生动的一课。当时，作为一家全新的物流公司，联邦快递面对着市场上很多老牌的对手，比如当时的航运巨头埃默里快递。如何才能抢占这些公司的市场份额呢？联邦快递想到了一种全新的进攻方式：不再像过去那样把货物直接从发货地送到目的地，而是设立一个全新的分拣中心模式，将货物统一运送到分拣中心之后，再派送到目的地。

这样的进攻手段让埃默里快递完全措手不及，也不可能在短期内调整自己的部署，于是联邦快递很快就攻下了市场，而埃默里快递则不断走着下坡路，终于在2001年宣布破产。

在防御战范畴内，最擅长此道的企业大家都很熟悉，那就是腾讯公司。腾讯的产品领域之广在世界范围内也算是罕见的，其实很多产品存在的目的只是防御，阻挡那些新生公司快速做大，同时避免自己的核心产品受到冲击。其实微信的出现也可以视为腾讯的一种防御思路，在即时通信软件更新换代的时间点用自家的产品和自己竞争，堵死别人乘虚而入的道路，堪称防御战中相当精妙的一着。

必须强调的是，无论进攻战还是防御战，两者之间的相互转换都是很正常的，正所谓进攻是最好的防御。

回过头再来看罗马和迦太基，罗马的进攻和扩张其实也是一种防守。因为公司刚刚拿下了大量的意大利南端领土，这让整个共和国的海岸线陡然增加，想要守卫新的领土，就不得不防范来自南边西西里岛（同理还有撒丁岛和科西嘉岛）的入侵。

同样地，迦太基人虽然一向给人的感觉是能耗能缠，攻击性不强，但他们的入侵其实都是软性的，通过慢慢的殖民和同化，把其他地区纳入囊中，比如伊比利亚半岛。我们之所以要如此强调双方的关系，是因为在布匿战争开始之前虽然一切看似风平浪静，但大战的阴影实际上早已覆盖在地中海上空了……

2

不过，要说起布匿战争的触发点，却是一件双方都完全料想不到的事情，甚至和两方面都没啥太大关系……

公元前288年，西西里岛上有一帮来自意大利的雇佣军背叛了雇主——叙拉古大佬阿加托克利斯，他们趁乱霸占了墨西拿城。此举当然引发了叙拉古人的强烈不满，他们带兵封锁了墨西拿。在此情况下，叛军头目做出了一个出人意料的举动，他同时向罗马和迦太基发出了求援。

对迦太基而言，墨西拿城长期属于老冤家叙拉古的势力范围，如果能借此机会吃下来，对于全面控制西西里岛帮助极大，所以迦太基人心动了，当即派出了一支部队协助防守。对罗马人而言，墨西拿和他们关联并不大，只不过这些叛军和他们同宗，都是意大利人。问题的关键在于，罗马人意识到这座城市如果被迦太基拿下，将成为巨大的潜在威胁，因为它距离罗马

破产的文明

公司本土实在太近，只相隔了一条不到 3.5 千米宽的海峡。

因此，罗马人必须回应，公元前 264 年他们也派出了军队出征，并和那帮意大利叛军迅速勾结在了一起，后者又一次出卖了帮助他们的迦太基人。就这样，罗马人通过里应外合，把不明就里的迦太基部队轻松俘虏，并一举占据了墨西拿城。叙拉古迫于罗马的势力，只能作罢，但迦太基愤怒了：你们这算怎么回事？

于是，迦太基正式向罗马宣战，虽然起初的战役地点并不在任何一方的国土上，但第一次布匿战争已经不可逆转地爆发了。

对罗马而言，其精英群体——元老院会选择在西西里岛挑战海上霸主迦太基，的确是需要很大的勇气的，因为罗马虽然有无敌的陆军，但是从来都没有一支像样的海军。抛开海陆军，单从其他方面来看，这两个国家无论是幅员体量还是整体实力看起来都相当接近。所以，不尝试一下怎么知道行不行呢？

在战争的最初阶段，罗马人倚仗的依然是他们的强势陆军，这些军队利用墨西拿海峡的便利成功渡海，并在重整之后直接围攻了迦太基公司在西西里岛上的总办事处：阿格里真托城。很快，这座城市便因迦太基指挥失当的对攻战而失守了。第一次海外作战居然就大获成功，传来的捷报极大地鼓舞了罗马元老院，元老们接下来又做出了一项充满野心的决定：趁热打铁渡过地中海，直击迦太基北非的本部！

罗马平民大会在战利品和新地盘的多重诱惑下,毫无争议地通过了这一决定,于是大军浩浩荡荡地穿越海洋,抵达了迦太基公司的本土。可在这片完全陌生的土地上,他们再也没有遇到一场阿格里真托围城战那样顺利的征服。原因很简单,迦太基人不再贸然出击,而是贯彻了他们最拿手的那一套——漫长的拉锯战。

说句实话,罗马公司的基因天生不适配拉锯战,这倒不是因为缺钱,毕竟家大业大的罗马不像叙拉古这种小公司,论经济补给它并不逊色于迦太基。原因在于,罗马的管理体系决定了主持作战的执政官任期只有一年,不像迦太基主将可以长期在任,所以罗马人只能打闪电战寻求战果,况且罗马公民得不到短期回报,也不会给予支持。可以类比董事会主席如果轮值期很短,那么他们就会倾向于做一些可以带来短期盈利的事情,让自己的业绩好看,对于长线投资则热情不大。

正是基于这样的缘由,罗马在北非战场上吃了大亏。题外话,仿佛是历史的循环一般,2 000多年后的第二次世界大战中,意大利人对这里的不适应再一次集中体现……

为了守护本部,迦太基公司也是花了大力气的,不但从希腊招募了一批擅长陆战的雇佣军,而且特意请来了一位叫作克桑提普斯的斯巴达裔将领。作为公司高级顾问的他对军事问题给出了至关重要的意见,并让一向骄傲的罗马陆军不可思议地在迦太基面前耻辱落败。

破产的文明

再后来，又有一位名叫哈米尔卡·巴卡的迦太基本土将军被任命为西西里岛战场的指挥官，在他的带领下，迦太基军队一扫颓势，居然把罗马陆军打得屁滚尿流，重新占据了西西里岛。不过，相对于哈米尔卡这位当世猛将，他的儿子更是战神下凡——他的名字，叫作汉尼拔·巴卡。别急，我们很快就会说到这位彪炳千古的大佬。

极具讽刺意味的是，在陆军失利的同时，罗马公司的海军却一而再，再而三地找回场子，于是两家公司在原本各自擅长的领域竟然被对方打成了筛子。

其实无论装备质量还是舰队数量，抑或是海战指挥的经验，罗马那支草创的海军都完全无法和迦太基相比。毕竟后者浸淫海洋事业数百年，装备有各种四桨座、五桨座战舰，在海上靠着强化过的撞角横冲直撞。而罗马的战舰本质上都是对迦太基产品的逆向复刻，山寨货就是质量低劣，经常遇到风浪就翻船，损失惨重。

即便如此，罗马公司却在自身硬件条件不足的情况下强行研发出了一款"黑科技"，从而在海战中占据了主动。这种科技发明叫作乌鸦吊桥，它看上去十分笨重，却能在两艘战船相当接近的时候，通过巧妙的滑轮装置把吊桥架在对面的船体上，这样己方的战士就能直接冲上敌船，实现近距离白刃战。对罗马军队而言，这就相当于把陆战搬到了海上。

正是借助乌鸦吊桥及其带来的新式战术，罗马海军拿下了重要的米列海战，并在此之后又赢下了数次小规模海战，反而逐渐掌握了制海权。科技的力量，似乎在古代战争中也能闪耀出夺目的光彩。

失去了海洋，对于迦太基的打击是极其严重的，公司的业绩因此出现了大幅下滑，并且影响到了迦太基人对金银资源的控制——当时迦太基的货币出现了成色不足的问题，这进一步导致雇佣军因领不到足够的军饷而发动哗变。当多米诺骨牌不断倒下时，迦太基人只能选择求和，他们被迫于公元前241年签订了不平等条约，失去了整个西西里岛，吞下了第一次布匿战争失利的苦果。

3

可以说，第一次布匿战争之后并没有真正的赢家。虽然迦太基退出了西西里岛，但是罗马也完全不懂得如何经营这里，过去繁忙的海上贸易航线冷清了许多。绵延23年的战事也让两家公司消耗了很多元气，进入了阶段性的恢复期。

值得一提的是，双方议和之后仅仅三年，罗马就利用一些迦太基雇佣军的骚乱，抢占了撒丁岛和科西嘉岛，让对手彻底失去了所有的海外大型岛屿，罗马公司的强势可见一斑。这份耻辱一直铭记在迦太基人心中，哈米尔卡对此耿耿于怀，他暗暗发誓绝不能让这一幕重现。

可是，此时的迦太基已经不再是过去那个地中海霸主了，哈米尔卡丧失了对西西里岛的控制，他只能把战略目标放到更远的地方：伊比利亚半岛。西班牙富饶的资源既可以用于战争赔款，也可以支撑迦太基公司东山再起。公元前237年，哈米尔卡发动了一次远征，征服了当地的凯尔特人部落，把大半个西班牙都拿下了。他还以自己的姓氏巴卡建立了一座新城，也就是日后的巴塞罗那。

在此之后，哈米尔卡在伊比利亚半岛持续经营着自己的家族，并通过自身的财富增强政治影响力，到后来，他的家族已经几乎可以无视迦太基公民大会的约束，甚至凌驾于元老院之上。虽然哈米尔卡在名义上依然只是迦太基西班牙大区总裁，但巴卡家族的势力实际上早已超越了旧迦太基本部。不幸的是，哈米尔卡本人在一次作战中意外落水而亡，对抗罗马的大任只能交给后人。

年仅26岁的汉尼拔·巴卡正是这样的大背景下成了家族的少主，接管了西班牙分公司的业务。虽然汉尼拔很年轻，但是任何见过他的人都会看出此人与众不同……汉尼拔浑身散发着军人气质，且完全没有纨绔子弟的习性，这和他自幼就接受严酷和艰苦的军事锻炼是分不开的。据说还在少年时代，汉尼拔就曾要求父亲带自己一起参加对西班牙的远征，为了达成这项心愿，他还在神庙中向父亲立下誓言，要一生与罗马为敌。

接替父亲之后短短数年，汉尼拔就诠释了什么叫作年轻有为。他率领军队不断扩大公司在西班牙的疆域，所到之处无不披靡。甚至在罗马历史学家的笔下，汉尼拔也是一位令人无比敬佩的领袖：他从来不在吃穿上讲究，过着简单甚至粗陋的生活，经常在前线哨所里披着一张羊皮就合眼入睡了，不认识他的人甚至区分不出他和普通迦太基士兵的区别。

当时的罗马高层的确一直在观察这个迦太基年轻人，通过一段时间的研究，他们警觉地意识到：如果此时不介入伊比利亚半岛，任由汉尼拔·巴卡发展壮大下去的话，此人将有可能成为罗马公司最可怕的对手。公元前226年，罗马方面主动找到迦太基高层，约定双方以西班牙的埃布罗河为界，划分出彼此的势力范围。显然，此举也是为了扼制住汉尼拔的锋芒。

纵使迦太基元老院同意达成这项约定，年轻气盛的汉尼拔却不愿意买这个账，他选择攻占一座在合约中处于中立的城市：萨贡托。萨贡托曾经是罗马同盟的一员，但如今这层关系早已淡化，可兵临城下的它只能抓住罗马这根救命稻草，求援信一封接一封传向罗马元老院，然而对方迟迟没有做出决定。

就这样被围城8个月之后，弹尽粮绝的萨贡托终于被攻破，汉尼拔军队获得了大量战利品：一部分被运回迦太基作为政治筹码，另一部分则留作战争基金。

面对这种局面，罗马高层特别是那些鹰派人士终于坐不住了，他们派出了一支谈判团队前往迦太基公司，要求对方交出"战犯"汉尼拔。想都不用想，这种事情不可能发生，迦太基怎么会让自家的超级领袖出去送死？于是两边彻底谈不拢，随着罗马领导者费边傲慢地宣战，第二次布匿战争就此拉开了帷幕。

说实话，汉尼拔之所以敢于那么强硬，是因为他确实有着十足的底气。巴卡家族在西班牙已经具有极大的影响力，当地的凯尔特部落已经效忠，老的腓尼基移民更是附和过来，可以说如今的汉尼拔已经手握比迦太基本部更强的实力。这感觉就有点儿像微信横空出世之后，反而比原本腾讯的老牌即时通信软件 QQ 更具影响力。

而且，从地缘上来看，罗马距离西班牙比迦太基城更加遥远，就算罗马派出军队远征，汉尼拔也有足够的时间准备。反过来，罗马方面完全摸不透汉尼拔的情况，甚至连他有多少兵力都不清楚，只是罗马元老院并未把这些放在心上，以为迦太基会像在第一次布匿战争中那样孱弱不堪。

在正式宣战之后，罗马公司做了两手准备。一方面，执政官普布利乌斯·科尔内利乌斯·西庇阿，也就是大西庇阿的父亲，亲自率领陆军出征西班牙。老西庇阿当时可能并不知道，自己的儿子后来会成为汉尼拔的一生之敌。另一方面，罗马还派出了一支由名将隆古斯领导的，包括 2.7 万人和 160 艘五桨座战舰的海军，直接渡海攻击北非。

浩浩荡荡的罗马大军呈两路夹攻之式逼来，而汉尼拔又在做什么呢？谁也不知道，这个不到 30 岁的年轻人心中，已经有了一个极具想象力又极其疯狂的计划……

4

可能是因为罗马人动不动就直击迦太基总部，汉尼拔想到了反其道而行之：为什么我们不能也对罗马城来一次直接而粗暴的奇袭呢？

不过，估计当时任何一个正常人都会立刻否决这一可怕的想法，毕竟这个计划的每个环节都充满了不可预知的危险：不但要翻越西欧最险峻、海拔最高的两座山峰——比利牛斯山和阿尔卑斯山，要穿越凶暴成性的高卢部落的地盘，而且汉尼拔手下并不是罗马那种子弟兵，而是支大杂烩一般的雇佣军。更重要的是，迦太基素来熟悉的是海上，可这一次却要在险象环生的山地行军……

人类可以走到今天，就在于我们的同类中总有些人拥有超乎想象的冒险精神。我们可以假想，在某个漆黑的夜里，哈米尔卡的身影在汉尼拔的梦中浮现，他不断提醒儿子：当初的誓言你忘了吗？

于是，矢志不渝的汉尼拔·巴卡带着他的 5 万步兵和 9 000

骑兵出发了，这群人里既有跟随他多年的亲卫军，也有以坚忍耐劳著称的北非利比亚人，还有装备短剑和大盾的利比里亚重步兵，以及最野蛮也最不服管教的凯尔特战士。这也就罢了，汉尼拔还要自己给自己增加难度，他还随军带去了数十只战象，这些庞然大物固然是战场上横扫一切的大杀器，但也势必会给本就如此艰难的行军过程增添数不清的麻烦。可是，任何困难都无法动摇汉尼拔的决心。

公元前218年春，军队从腓尼基人的传统城市加迪斯出发，汉尼拔的远征正式开始了。大军刚刚来到比利牛斯山脚下，就遭遇了当地部落充满敌意的抵抗。为了确保后续军队能够顺利通过这里，汉尼拔安排了一万多名伊比利亚军人留守，自己则引领剩下的军队继续前行。

当年夏末，在艰难翻越比利牛斯山之后，迦太基军队进入了高卢人的领地。为了尽量避免不必要的作战，汉尼拔恩威并施，一边展示军威，一边派送礼物，终于哄住了沿路许多高卢部落的酋长。在穿越高卢腹地时，那条宽阔的罗纳河又成了新的拦路虎，迦太基员工不得不临时制造一些巨大的木筏，以供战象踩着渡河，同时还得防范高卢部落随时可能发动的袭击。

当大军抵达阿尔卑斯山脚下时，已经是深秋，这座平均海拔3 000米左右的大山在当年可不是什么滑雪度假胜地，而是一道荒无人烟、凶险至极的地理屏障。头顶是呼啸而过的风暴，脚下是冰雪覆盖的泥泞，身侧是深不见底的悬崖。雪线之上的刺骨寒冷，更是令包括汉尼拔在内的所有人浑身战栗，当场冻死饿死的士兵不计其数……所幸天不绝汉尼拔，沿途的一些当地部落雪中送炭，送来了一些取暖的毛皮和补给物资，帮助他们渡过了难关。

克服万难之后的迦太基大军虽然损失惨重，但是当辽阔的意大利北部平原出现在汉尼拔的眼前时，他几乎无法按捺住内心的激动。这一史诗般的远征终于成功了，也证明了人类挑战自然和野蛮的意志。

迦太基人突然出现在自家腹地，罗马公司上下产生了强烈的恐慌，罗马人紧急召回了还在北非作战的隆古斯，以配合已经从西班牙赶回来的老西庇阿共同抵御汉尼拔。在此之前老西庇阿就捕捉到了一些风声，虽然将信将疑，但警觉的他还是抢先一步来到了意大利北部的波河一带。

就在这里，他遭遇了迦太基的先锋部队，并吃到了一场惨败：汉尼拔费尽千辛万苦带来的战象终于起到了作用，它们配合迦太基骑兵成功压制了罗马骑兵。随后到来的隆古斯也无法阻挡汉尼拔的锋锐，被打得落荒而逃。据史料记载，汉尼拔非常残忍地杀死了大批罗马战俘，对那些罗马盟友的俘虏却非常宽容，其目的也是不言自明的，那就是分化罗马同盟。

值得罗马公司庆幸的是，公元前218年的那个严冬阻挡了迦太基人继续前行的脚步，因为冻死的人马过多，汉尼拔不得不停下来修整。第二年春天，他们又展现出了强势进攻的姿态，并在特拉西梅诺湖战役中又一次击败了罗马守军,此时距离迦太基军队不到200千米的地方,就是罗马城所在。

可以想见此时的罗马公司有多么人心惶惶,罗马方面甚至做出了紧急的决定,让已经满任期的执政官费边继续连任6个月,成了所谓的独裁官。

面对前所未有的劲敌,罗马领导者费边放下宣战时的自负,他认为汉尼拔的军队特别是骑兵部队久经沙场,实战经验十分丰富,相比起来罗马骑兵反倒成了"战五渣",因此不能直撄其锋,只能尾随对手实施骚扰,也就是MOBA(多人在线战术竞技)游戏里常说的"正面不接团,尽量拖住对手打拉扯"。

这就是著名的"费边战术",其好处在于不战而屈人之兵,既避免直接对敌,又可以消耗对手的有生力量,还阻止了汉尼拔侵扰打劫其他意大利城市。费边战术在现代商业竞争中也经常可以看到,当对手公司推出全新产品试图发动攻势时,你并不一定也要立刻开辟新生产线,研发新品去应战,只需要在销售渠道、营销宣传等软性领域尽量控制住对方,就可以慢慢消耗掉这一波攻势。

作为战略高手,汉尼拔自然知道对手的意图,但屡次引诱之下,费边这只老狐狸坚决不露头,急火攻心的汉尼拔也束手无策。可是罗马元老院和大量激进的普通员工这一次却成了"猪队友",他们疯狂反对费边的拖延战术,认为罗马应该正面对决迦太基,以绝后患。于是在费边的独裁官半年任期满了之后，罗马人急不可耐地赶走了他，换上了两个毫无经验的新领导。

这样的愚蠢举动，让汉尼拔差点儿笑出了声，也令他看到了巨大的希望……

5

公元前 216 年春，汉尼拔攻下了东边一座叫作坎尼的城市，这座城市是罗马城重要的补给来源，相当于汉尼拔把罗马公司的仓库给抢了。两位新执政官保卢斯和瓦罗当然怒不可遏，他们立刻纠集大军，准备和汉尼拔决一死战。

此时的罗马军队空前庞大，远超费边时期，总共有 8 个军团，每个军团都有超过 5 000 人，再加上罗马同盟的军队也来了 8 个军团，总兵力甚至接近 9 万人。而迦太基那边，汉尼拔的手上只有 45 000 人，刚好是对手的一半。正是这样悬殊的军力差距，给了罗马两位新领导莫名的信心，毕竟他们接替费边，就是为了迅速搞定汉尼拔，喂罗马人民吃颗定心丸。

另外，这两位统帅还需要遵循一条特别奇葩的公司规定：必须每人轮换执掌大军一天。可保卢斯和瓦罗两人性格截然相反，对于指挥的理念也南辕北辙，这种步调不一致的企业高层管理也大大削弱了罗马的战斗力。事实上,两人最终妥协出来的结果,就是一个非常平庸且毫无章法的布阵,更不用提任何针对性了。

反观汉尼拔,他仔细观察了罗马的陈容,发现其中存在一个关键性弊端:罗马的中军过于密集,虽然厚重,不易被骑兵冲破,但是机动性极差。于是,他立刻意识到罗马统帅的想法,他俩默认自家兵力多得多,只要靠堆积中军数量,就能轻松平推掉汉尼拔。

于是,汉尼拔决定对症下药,他把纪律性最差、装备最单薄的高卢战士放在中军位置。考虑到这些人马都是刚收编来的,汉尼拔又搭配了 8 000 西班牙重步兵辅助他们,不过这些都不是真正的主力。两边散开的位置上安排的是利比亚精锐步兵,他们个个骁勇善战,是真正的 C 位[①]。另外,还有重骑兵在最外侧的两翼,可以利用最强的机动性来完成包抄。

可以看出,汉尼拔的部署相当科学,按照员工不同的特性和职业素养来组合,排兵布阵那叫一个考究:喜欢冒进、胆子大的新员工,就用老前辈搭配着干活;最厉害的精英骨干,放在最重要的位置上;最灵活的部门,就分配去做需要随机应变的任务……

这就是著名的"坎尼会战"的前奏。

---

① C 位,网络流行语,意为核心位置。——编者注

开战之后，事态的发展完全不出汉尼拔的意料，罗马大部分部队拥挤在中心，被凶悍的高卢人和老辣的西班牙人纠缠住，被两边的北非战士不断包围，而两翼的骑兵更是早早就完成了合围。于是，罗马人腹背受敌，落入了包围圈，这种状态再加上当时风沙遍地的天气，让他们更加无心恋战。数以万计的罗马士兵死于当场，最终活着离开的不到总数的1/10。

坎尼会战让罗马公司遭遇到创立以来的最大失败，这也是西方战争史上单日死伤最多的一场战争。战神附体的汉尼拔此时已经征服了罗马城周边，可是他做出了一项令人大惑不解的决定：并没有直接攻占罗马城，而是向罗马元老院发出和解的信号，希望对方和自己签署和约。

对于汉尼拔的决定，我们姑且只能从几个角度来剖析：一是他的军队在经历艰辛跋涉和数场大战之后，已经疲惫不堪，必须进行调整；二是罗马城本身是一座坚固的大城，城墙高大厚重，而汉尼拔的部队缺乏攻城器械，即便守军人数不足也难以迅速攻克；三是汉尼拔从未把攻克罗马当成自己这次远征的最终目的，这一点是最重要的。他的目标是将罗马和其他意大利城邦分化孤立出来，回归最初始的状态，而自己则努力拉拢那些城邦，让它们加入迦太基这边的阵营。

不得不说，这个想法是很厉害的。这就相当于商战中想要彻底消除竞争对手的威胁，不是依靠某几次局部战役的胜利，也不是抢占对手的总部大楼，而是把对手的各家分公司或者说

破产的文明

各项业务给吃下来，最终将一家巨头公司拆解开，不复往日之盛，这的确是很高明的战略思想。

可是汉尼拔千算万算，没有算到一点：罗马人骨子里的骄傲。他们并没有像第一次布匿战争中的迦太基人一样，遭遇失利就立刻怂了，乖乖签下不平等条约，而是极其强硬地拒绝了汉尼拔提出的并不算苛刻的和谈条件。在最困难的时候，罗马公司居然罕见地上下齐心，表达出要和汉尼拔死斗到底的意愿……

毋庸置疑，这样的姿态也震慑到了汉尼拔，于是他转而绕开了罗马城，继续深入意大利南部，想从那些地区寻找可能的盟友，并进一步执行分化罗马公司的方案。但这么做已经给了罗马以喘息的时机，也让汉尼拔一生最大的对手浮出了水面。

6

这个人，就是前文提到过的老西庇阿的儿子大西庇阿。

当然，大西庇阿能够有后来的成就，也和罗马公司在坎尼惨败后的自我反省有着不可分割的关系：他们意识到，在战争中依然安排双领导轮流执掌公司的方案绝对是胡闹，必须将大权集中在一位统帅手中。正是在这样的基调下，大西庇阿被任命为大将军，并统率了全罗马的海外军队。

大西庇阿管理军队之后，很快就总结出问题，也正是曾经被汉尼拔发现的：部队编制僵化，阵形臃肿不灵活，机动性极差。于是，他对完全模仿希腊方阵的罗马方阵做出了改革，将其细分为很多小型化的分队，每个分队可以独立移动，机动性一下就高多了。值得一提的是，正是在大西庇阿的改革基础之上，后来的马略才又进行了进化版的革新，设置了百夫长等职位。

可以说，大西庇阿上位之后，罗马军队迅速转入职业化，同时他的大权独揽也吹响了罗马共和体制瓦解的前奏。此时汉尼拔·巴卡所面对的，是一个拥有更强组织能力、管理更加高效、核心意志更统一的罗马公司。不得不说，他已经失去了征服这家公司的最佳机会，又或者说，他从未获得过那样的机会。

罗马公司在稳住了阵脚之后，立刻做出了针对性的回击：一队人马坚守罗马城，以防汉尼拔攻入；另一队人马由大西庇阿亲自率领，长驱攻击西班牙以起到牵制作用。这样"围魏救赵"式的行动让汉尼拔很难办：如果不回去的话，以当地武装力量不足以对抗大西庇阿，但是他自己又深陷意大利南部，根本抽不开身。

大西庇阿没有给迦太基人任何机会，他发起的攻势很快就摧毁了西班牙分公司，使巴卡家族多年的苦心经营化为泡影。在拿下伊比利亚半岛的银矿之后，罗马公司资金总量暴涨，罗马用这笔钱建造了更多的战舰,并且在公元前204年又一次跨海进攻迦太基的北非本部,这一次指挥作战的依然是大西庇阿。

面对来势汹汹的罗马人,迦太基高层也慌了,他们只能紧急召回汉尼拔来对抗大西庇阿。重返迦太基的他,距离当初气势如虹远征罗马已有15年之久,曾经的勇猛少年也变成了沉稳的中年大叔……

在北非战场上,汉尼拔·巴卡第一次见到了大西庇阿,惺惺相惜的两人展开了一场谈判,但两人的个性都极其强烈,背后的罗马和迦太基也互不相让,最终谈判破裂,两位不世出的大佬决定以一场决战来定胜负。

在这场至关重要的扎马战役中,汉尼拔故技重施,又拿出了他最擅长的套路:将战斗力和纪律性不等的军队部署在不同的位置,并安排以不同的任务,试图从两翼包抄罗马人。可这一次他的对手不再是保卢斯和瓦罗那两个草包,而是同样治军有方的大西庇阿,后者识破了汉尼拔的伎俩,并且将计就计也针对性地用不同兵种进行对抗。

按理说,两家公司兵力差距不大,领导者的个人能力也是一时瑜亮,对决起来本应旗鼓相当。可问题在于,汉尼拔的部队中一部分是被15年远征拖得疲惫不堪的老兵,另一部分是刚招募来的意大利雇佣军,而大西庇阿手下都是一路所向披靡的罗马精锐,士气完全不可相提并论。再加上厮杀胶着之时,汉尼拔苦等援军不到,而罗马人则迎来了盟友……于是,一场不可想象的惨败终于降临到了一代战神汉尼拔的头上。

此役过后,迦太基的命运就被定格了,迦太基和罗马又一次签订了不平等条约,迦太基被强加了巨额的赔款,自废军队并交出了全部的海权。可惜的是,在势力均衡被打破之后,就算想屈辱地活着也是一件难以做到的事情。罗马高管老加图就坚持认为迦太基虽然军力几乎为零,但是经济依然繁荣,留下会成为心腹大患,声称"迦太基必须被毁灭"。

在他的长期煽动之下,罗马元老院终于在公元前149年找了一个借口,发动了第三次布匿战争,负责指挥的统帅正是大西庇阿的孙子——小西庇阿。这一次,迦太基被彻底铲平——人民被屠杀殆尽,城墙宫殿也被烧为灰烬,从此退出了历史舞台。

我们分析布匿战争,总结出迦太基失败的原因并不难。

首先,迦太基公司是一家以商业为主导的公司,扩张主要依靠和平性质的建立商业据点以及殖民,军事只是辅助其镇压殖民地叛乱用的。而罗马公司就均衡得多,无论军事、商业还是政治,都很成熟,特别是其管理机制具有极强的凝聚力,员工获得在当时看来很高的地位,元老院的精英统治也行之有效,虽然有时显得僵化,但自我改革的速度很快。

其次,基于上一个原因,迦太基民众并不喜欢打仗,更不愿意参军,所以他们没有罗马那样的公民兵,只能依赖雇佣军。众所周知,雇佣军的战斗力和纪律性肯定不如自己培养出来的子弟兵。

破产的文明

虽然迦太基横空出世了一个汉尼拔，带着杂牌雇佣军也能打得风生水起，但他本质上只是迦太基精英们的打手，而不是真正的领导人。迦太基高管不肯亲自出征罗马，就安排汉尼拔去做脏活累活，这也就罢了，后来不仅不提供足够的支援，还被大西庇阿打得满地找牙，逼得汉尼拔各种帮忙收拾烂摊子。所以，在这样的大环境下，哪怕有汉尼拔这么出色的大佬，也无法逆天改命。

更何况你迦太基有汉尼拔，我罗马也有西庇阿。迦太基出了汉尼拔算是偶然，但罗马出了西庇阿并不是，这是因为罗马公司的制度让其天然具备出产顶级大佬的土壤。罗马平民长期参政议政，亲临战场作战，他们的综合素养远非当时任何一家公司员工可比，罗马很多顶级政治家都是平民出身，这一点就是明证。所以，罗马后来还会再出现格拉古兄弟、马略、恺撒、屋大维……

正所谓成王败寇，汉尼拔在很多罗马方面的记录中都被刻画为一位暴君。而只有站在历史的深远角度，我们才能看清楚当时的他：在穿越阿尔卑斯山的远征中，在深陷意大利泥沼仍不忘救国的时刻，他壮志未酬，那份英雄气概令人动容。

后　记

　　2018年我在华为总部和几个朋友聊天，聊天内容为从华为一路崛起的过程、业务的拓展到曾经的竞争对手思科的衰落，再到中兴被美国制裁……随后话题又迅速发散到了产业转型的浪潮，互联网企业如何取代传统企业，以及真正的人工智能时代又会在何时降临等。那天回去的路上，我一直在长时间思考一个问题：一家企业如何能够长盛不衰？

　　这很难不与我熟悉的历史和文明结合起来思考。数千年来，地球上有如许文明曾经崛起，而它们中绝大部分如今都不复存在，只是成了史书中的一段记录。它们消亡了，或者说，破产了。

　　把这些文明的兴衰史和现代企业的发展及没落联系起来看，就很有意思了。

　　首先，外界大环境的剧烈变化，是最容易摧毁一家企业的。公元前1200年左右发生的青铜时代文明大崩溃，就让迈锡尼、

文明的破产

喀西特巴比伦、赫梯、乌加里特等一大票文明死去，诸如古埃及、亚述等曾经强大的文明也走向了衰亡。关于这次大崩溃的源起众说纷纭，但其本质并不难理解：新生的铁器时代到来了，取代了过时的青铜时代。

对于这种大环境下不可逆转的大趋势，在现代企业层面很容易理解。比如，数码相机时代的到来，让胶卷厂商走投无路；随着互联网时代的到来，新生的电商取代了传统的线下零售，让一大批实体店彻底消失；智能手机时代的到来，让诺基亚这样的巨人也只能轰然倒下。

在这种时代前进的滚滚洪流中，企业想要不被其毁灭，就只能未雨绸缪地顺应其趋势来变革。我们很容易就能看到下一次这样的潮流会出现在这样一些领域：新能源汽车、人工智能、量子计算、基因编辑等。同样地，我们也能看到很多企业在或悄然无声或大张旗鼓地进行着变革。

谁也不想倒在时代的车轮下，对吧？

其次，企业本身的制度也关乎一家企业的命脉。显然我们无法定义哪种制度是好的，不同的企业本身就不同。就像文明公司有迈锡尼那样的城邦型，有波斯帝国那样的广幅型，也有腓尼基那样的联盟型。文明公司管理机制有埃及那样的中央集权型，有希腊那样的古典民主型，也有寡头制、僭主制，各种制度只有在相应的时间点适配这家企业，才能称得上好的制度。现代企业从创业开始，数轮融资之后寻求上市，似乎已经成了

后记

惯例，但也有像"老干妈"这样独树一帜的永不上市的公司，同样非常成功。所以说，适合的才是最好的。

同时，我们也看到了众多地中海世界文明中，只有罗马可以在保持体量的同时维持相当长的时间，这也和罗马人善于自我改革有关。当制度明显制约了企业的发展时，能够拿出壮士断腕的气魄很重要，能够发现制度的缺陷并进行改良也很关键。

再往下排，就该轮到企业领导人的个人能力了。古代世界从来不缺振聋发聩的名字：萨尔贡、汉谟拉比、居鲁士、伯里克利、汉尼拔……无论哪一种制度，无论这种制度之下权力有多么分散、多么去中心化，我们都绝对不能忽视顶级领袖给一个群体带来的作用。这就像比尔·盖茨之于微软、史蒂夫·乔布斯之于苹果、洛克菲勒之于美孚、马云之于阿里巴巴一样，如果没有这些企业领导人超越时代的战略视野和极强的个人能力，那么这些巨头公司很可能不会如此成功。

在职业经理人已经屡见不鲜的今天，怎样的企业环境才能称得上出产顶级管理者的优良土壤？这也是一个值得深思的问题。相对公平和透明化是肯定需要的，能够果断推行的淘汰制度也是一大利器，当然还有很重要的一个点：让合适的人去做合适的事。如果能够把这些都做好，那么企业自身就会成为一所学校，即便是空降高管也能在这样的环境中如鱼得水。

我们再来看看企业和其他企业之间的关系，这也是维持企业生命力很重要的一点。有很多人总是认为，企业之间的关系只有竞争,这相当于说国与国之间只有战争。事实上我们纵观多场古代战争,会发现战争只是不得已为之的最后手段,只要能够达到目的,其他任何一种方式都比战争更好。

所以,很多时候,获得一个合作伙伴会比清灭一个竞争对手更有意义,企业的发展需要的是同行的共同繁荣,而不是通过不断发起商战把对手全部兼并,自己一家独大搞垄断。

波斯帝国的例子告诉我们,贸然扩张,不断挑起战争,最终只会反噬自己。而成功的公司则会提供一个平台,让其他企业成为合作伙伴,大家一起在这个平台上赚钱,最终构建出一种生态。后期的罗马公司就有点儿这个意思,通过建立同盟让各家城邦尝到甜头,自愿成为同盟的一员,从而长久地掌控着地中海世界的平衡。

经营一家百年老店是极为艰巨的,可以说天时、地利、人和缺一不可,上面这些只是以史为鉴,并引申到现代企业管理的一些原则。而真正的商业管理经营有太多因素需要通盘考虑,有太多决策需要胆魄与视野,必定是一条如履薄冰的险途。

名词注释

阿拉米人：闪米特人的一支，建立过大马士革王国等政权，发明的阿拉米语至今仍在使用，这种语言是世界上少数存活了上千年的古老语言之一。

阿蒙纳：赫梯王国的一位国王，通过弑父齐丹塔一世篡位成功。

阿蒙尼姆赫特一世：埃及第十二王朝的开创者，他的统治加强了中央集权，限制了贵族和地方官员的权力，改善了埃及当时的混乱局面。

阿摩利人：闪米特人的一支，于公元前1894年在美索不达米亚南部建立古巴比伦。

阿穆鲁：成为卡迭石战役导火索之一的一座城邦国家，位于今叙利亚西北部，是当时埃及和赫梯争夺的对象。

阿舒尔：亚述帝国的首都，位于伊拉克北部底格里斯河西岸，得名于亚述宗教的主神。

阿吞：古埃及的太阳神，在阿肯那吞时代被宣传为唯一的主神，只为打压之前的阿蒙神崇拜。

阿瓦里斯：埃及在喜克索斯人统治下的首都，位于尼罗河三角洲东北部，商业贸易发达。

爱奥尼亚人：古希腊四大民族之一，生活在今土耳其安纳托利亚西部海岸地区，以爱奥尼柱式（希腊古典建筑的三种柱式之一）而闻名。

埃兰人：居住在今伊朗高原西南部的一个民族，因当地森林资源和矿藏非常丰富而成为两河流域各国掠夺的对象。

埃利都：古代苏美尔城邦，建于大约公元前5400年，是世界上最早的一座城市。

埃什努那：位于美索不达米亚平原的一个城邦国家，公元前2000年左右建立，后来被巴比伦王国吞并。

埃特曼安吉神庙：即巴别塔，又名通天塔，建造于公元前610年，是一座当时新巴比伦王国供奉主神马杜克神的塔庙。

安美依迪丝：新巴比伦国王尼布甲尼撒二世的王妃，本身是一位来自米底王国的公主，相传因为她思乡成病，尼布甲尼撒二世特意修建了模仿米底风格的空中花园供她居住。

安善：波斯帝国的发源地，位于扎格罗斯山脉中，阿契美尼德家族的始祖阿契美尼斯以此为中心建立了波斯王国。

奥龙特斯河：中东地区的一条跨国河流，发源于黎巴嫩的贝卡谷地，向北流经叙利亚、土耳其进入地中海，全长396千米。

巴尔迪亚：居鲁士大帝的儿子，冈比西斯二世的弟弟，继承波斯王位后被大流士一世推翻。

拜达里文化：诞生于公元前 4000 年左右的上埃及早期文化，其遗址曾出土大量造型复杂的石器和陶器。

贝内文托：意大利南部城市，在此地爆发的战役中罗马人击败了皮洛士，占据了整个意大利南部。

庇里阿西人：在斯巴达人统治下从事工商活动的自由民，多为没有抵抗就投降斯巴达的原住民。

达卡蒙祖：相传为古埃及图坦卡蒙的遗孀，她曾经写信给赫梯国王苏皮鲁流马一世，并间接导致了后者的死亡。

登德拉盔甲：迈锡尼文明遗迹出土的一种全身盔甲，由青铜制成，工艺相当成熟。

迪奥塞斯：米底王国的缔造者，他选择了易守难攻的埃克巴坦那作为米底首都。

恩奇都：《吉尔伽美什史诗》中的人物，吉尔伽美什的好友，一个半人半兽的强大英雄。

弗拉米宁：古罗马政治家、军事家，曾担任执政官，率军抵抗马其顿王国的腓力五世，并在公元前 197 年的第二次马其顿战争中将其击败。

格拉古兄弟：即兄长提比略·格拉古和弟弟盖约·格拉古。两兄弟都是公元前 2 世纪罗马共和国著名的政治家、平民派领袖，并各自在任期内领导了一场改革，但都遭到当时既得利益者的迫害而死。

哈图沙：赫梯古王国的首都，位于今土耳其首都安卡拉东偏北，被森林环绕。

哈图西里一世：赫梯古王国的奠基者，在他统治末期三个儿子发动叛乱夺权，导致他决定将王位传给孙子穆尔西里一世。

海勒姆一世：腓尼基城邦泰尔的国王，也就是《圣经》中曾提及的推罗王希兰，他曾经和以色列开展大量贸易。

汉提里一世：赫梯国王，穆尔西里一世的妹夫，曾经伙同女婿齐丹塔刺杀了穆尔西里一世，并篡夺了王位。

赫拉克利奥波利斯：古埃及城市，第六王朝瓦解后，来自该城的家族逐渐控制了尼罗河三角洲与中埃及，并建立了第九王朝和第十王朝。

胡里安人：美索不达米亚平原北部的一个游牧民族，所持语言既不属于闪米特语系也不属于印欧语系，曾建立米坦尼王国。

胡齐亚：赫梯国王，前任国王阿蒙纳的女婿，曾将岳父的所有儿子全部暗杀，并以此获得继承权。

基克拉泽斯群岛：位于希腊东南，爱琴海南部的群岛，包括约220个岛屿，其中仅30多个岛有人居住。

基亚克萨雷斯：米底王国的第三任国王，安美侬迪丝的父亲，新巴比伦王尼布甲尼撒二世的岳父。通过包办婚姻，两国联手推翻了亚述帝国。

喀罗尼亚：希腊中部的一个城市，在此地爆发的喀罗尼亚战役是马其顿国王腓力二世称霸希腊的决定性战役。

名词注释

喀西特人：原生活于扎格罗斯山脉中的游牧民族，曾于公元前16世纪初入侵古巴比伦并建立了喀西特王朝。

卡迭石战役：人类史上第一次洲际战争，发生于公元前1274年，交战双方分别是古埃及和赫梯，此战未分出明确胜负，最终签署了史上首个停战和约《银板和约》。

卡拉姆：亚述早期在小亚细亚建立的殖民地的统称，卡尼什也是其中一个卡拉姆。

卡尼什：亚述早期建立于小亚细亚的殖民城市，此地出土的泥板上记录着详细的贸易清单。

科尔马政权：由努比亚人建立的政权，在古埃及新王国时期遭到覆灭。

克里昂：古希腊鹰派政治家，在伯里克利死后上位，是伯罗奔尼撒战争的主导者之一，曾发起对斯巴达人的登陆战并取胜。

克桑提普斯：一位斯巴达高级将领，第一次布匿战争期间被迦太基雇用作为高级顾问，帮助训练士兵，并于公元前255年的突尼斯之战中率领迦太基军队击溃罗马，俘获其统帅。

库萨拉：赫梯人最早建立的城邦王国，关于它的位置至今尚未有定论。

拉尔萨：美索不达米亚平原上的古老城邦王国，后被古巴比伦吞并。

莱克格斯：古希腊政治家，生活于公元前7世纪左右，是斯巴达政治改革军事化管理的创始人。

玛里：位于今叙利亚幼发拉底河西岸的一座古老城市，在公元前2900年至公元前1759年之间曾经以商业贸易和军事霸权著称。巴比伦曾经与之结盟，后来又攻占了这里。

玛尼什图苏：阿卡德国王，萨尔贡一世的孙子，他在统治时期曾经为寻求银矿和其他资源而穿越波斯湾进行远征。

美尼斯：那尔迈，第一位将上下埃及统一起来的统治者，在公元前3100年前创立了古埃及第一王朝。

美塞尼亚：位于伯罗奔尼撒半岛的一块区域，公元前426年斯巴达彻底征服该地区，确立了对伯罗奔尼撒半岛的霸权。

孟图霍特普二世：古埃及第十一王朝法老，在第一中间期的末期，以上埃及的底比斯为基础再度统一埃及。

摩塔亚：迦太基位于西西里岛西岸一座小岛上的殖民地，公元前398年叙拉古和迦太基曾在这里爆发围城战。

涅迦达文化：出现于古埃及前王朝时期，并分为两个时期。涅迦达文化I期时埃及出现了私有制的萌芽；涅迦达文化II期时埃及确立了私有制，阶级随之形成，国家也正式出现。

齐丹塔一世：赫梯国王汉提里一世的女婿，杀掉汉提里一世的儿子后篡位，又被自己的儿子阿蒙纳弑父上位。

瑞姆辛：拉尔萨王国的国王，曾和汉谟拉比结盟抵御埃兰人，公元前1768年被汉谟拉比领导的巴比伦-玛里联军击败。

塞利农特：一座西西里岛上多利安人建立的城市，和爱奥尼亚人建立的城市塞杰斯塔是宿敌。

名词注释

塞提一世：古埃及第十九王朝法老，拉美西斯一世的儿子，拉美西斯二世的父亲，生前曾攻陷泰尔城。

叁苏－伊鲁那：汉谟拉比的儿子，其统治时期古巴比伦国力迅速衰落，被喀西特和赫梯两面威胁。

沙姆希－阿达德一世：成为亚述国王的一个阿摩利人，在他治下的古亚述达到顶峰，曾一度控制美索不达米亚北部、叙利亚和小亚细亚的大部分地区。

沙尼达尔洞穴：伊拉克地区的一个洞穴，考古学家在此发现了多具尼安德特人遗骨。

苏姆阿布姆：阿摩利部落的首领，公元前2000年左右创建了古巴比伦王国，为了抵御外敌，他主导修建了很多城墙。

苏皮鲁流马一世：赫梯国王，极其擅长外交手段，曾先后和喀西特巴比伦及埃及结盟，在他治下的赫梯进入了鼎盛时期。

塔尔特苏斯：伊比利亚半岛南部的一块地区，以出产大量贵金属而闻名。

塔胡恩塔萨：赫梯王国某一阶段的首都。公元前13世纪，穆瓦塔里二世为对抗埃及，曾经把首都从哈图沙迁到这里。

泰尔：也称提尔、推罗，古代腓尼基重要的海港城市，现为黎巴嫩的第四大城市，也是该国主要的港口之一。

提格拉特－帕拉沙尔三世：新亚述王国五帝王之一，极端推行军事化，并建立了人类史上第一支职业军队，攻破大马士革城后曾大肆屠杀阿拉米人。

图特哈里亚三世：赫梯国王，被弟弟苏皮鲁流马一世暗杀后篡位。

乌尔纳姆：乌尔第三王朝的国王，曾经颁布人类史上最早的一部法典《乌尔纳姆法典》，在两河流域确立了依法治国的思想，这里也成为少见的律法比宗教更具效力的地区。

乌鲁布伦沉船：在土耳其格里多亚角附近的乌鲁布伦海岸所发现的一艘古代沉船，船上有包括乌木制品、河马牙、象牙、珠宝饰品、金银器、铜锭、锡锭等在内的大量货物。

瓦纳克斯：迈锡尼城邦的最高首领，自称神的化身，在其下有一套完整的官僚体系。

维西尔：古埃及侍职于法老的最高级官员，通常由法老直接委任，他们大部分出身皇室家族，拥有很高的学识。

喜克索斯人：古埃及时期生活在西亚地区的一个民族，趁埃及虚弱时入侵并建立了第十三王朝。他们将复合弓、战马和战车等军事新科技引入了埃及。

谢尔登人：海上民族中的一支，曾骚扰埃及并被拉美西斯二世击败，后成为埃及的雇佣军。

辛努塞尔特一世：古埃及第十二王朝的统治者，曾领兵入侵利比亚、努比亚等地区抢占矿产资源，一生推行中央集权。

亚该亚：和爱奥尼亚、伊奥利亚、多利安并称为古希腊四大民族，在公元前2000年左右创造了迈锡尼文明。

亚略巴古：原意为"阿瑞斯的岩石"，又称战神山议会，位于雅典卫城的西北。由雅典退休执政官组成的最高议会，主要负责法律事务。

亚姆哈德：阿摩利人建立的一个小国家，位于今叙利亚阿勒颇一带，被赫梯国王穆尔西里一世灭亡。

伊姆霍特普：古埃及第三王朝的著名官员，曾任大维西尔、大法官、农业大臣以及建筑总监，据说是金字塔的主要设计者。他还是古埃及医学的奠基人，死后被奉为神明。

伊萨哥拉斯：曾任雅典执政官，因独裁暴政而被推翻，接任他的是克利斯提尼。

伊辛：美索不达米亚平原的一座古城，大约公元前2017年曾经在此建立伊辛王朝，位于今伊拉克南部。

赞南扎：苏皮鲁流马一世的四儿子，在送往埃及联姻的路途中被杀害，因此引发了赫梯和埃及的战争。

兹姆里-利姆：玛里王国的统治者，带领玛里从亚述的统治中独立，曾和古巴比伦王汉谟拉比结为盟友。

参考文献

1 扎拉·巴拉尼，唐启翠.古代美索不达米亚的种族与族群［J］.马克思主义美学研究，2012，15（1）.

2 陈恒.论美索不达米亚文明的历史地位［J］.历史教学问题，2000（4）.

3 邹一清.古蜀与美索不达米亚——从灌溉系统的比较分析看古代文明的可持续发展［J］.中华文化论坛，2005（2）.

4 王静茹.苏美尔楔形文字专家系统的研究与实现［D］.长春：东北师范大学，2008.

5 王献华.两河流域早王朝时期作为地理概念的"苏美尔"［J］.四川大学学报（哲学社会科学版），2015（4）.

6 刘健.论古代阿卡德国家的性质［J］.北大史学，2007.

7 刘昌玉.两河流域乌尔第三王朝灭亡原因新探［J］.浙江师范大学学报（社会科学版），2018，43（5）.

8 国洪更.《吉尔伽美什史诗》与美索不达米亚历史［J］.滨州教育学院学报，1999，5（4）.

9 斯塔夫里阿诺斯.全球通史：从史前史到21世纪［M］.吴象婴，梁赤民，董书慧，等，译.北京：北京大学出版社，2006.

10 布赖恩·费根.世界史前史［M］.杨宁，周幸，冯国雄，译.北京：北京联合出版公司，2017.

11 李海峰.古代近东文明［M］.北京：科学出版社，2014.

12 詹姆斯·费尔格里夫.地理与世界霸权［M］.胡坚，译.杭州：浙江人民出版社，2016.

13 理查德·迈尔斯.古代世界：追寻西方文明之源［M］.金国，译.北京：社会科学文献出版社，2018.

14 布鲁斯·G.崔格尔.理解早期文明比较研究［M］.徐坚，译.北京：北京大学出版社，2014.

15 威尔·杜兰特.世界文明史：东方的遗产［M］.台湾幼师文化，译.北京：天地出版社，2017.

16 约翰·伯恩.蓝血十杰：美国现代企业管理之父［M］.陈山，真如，译.海口：海南出版社，2008.

17 BURY J B. The Cambridge Ancient History[M]. Cambridge: Cambridge University Press, 1925.

18 TEECE D J. Business Models, Business Strategy and Innovation[J]. Long Range Planning, 2010, 43(2).

19 SHAPIRO C. The Theory of Business Strategy[J]. Rand Journal of Economics, 1989, 20(1).

20 OPPENHEIM A L. Ancient Mesopotamia: Portrait of a Dead Civilization[M]. Chicago: University of Chicago Press, 2013.

21 JACOBSEN T. Primitive Democracy in Ancient Mesopotamia[J].

Journal of Near Eastern Studies, 1943, 2(3).

22　GRAYSON A K.The Empire of Sargon of Akkad[J]. Archiv für Orientforschung, 1974, 25.

23　钱淑琴.浅谈世界法律的起源［J］.现代交际，2015（8）.

24　亓佩成.加喜特巴比伦王朝的外交［J］.鲁东大学学报（哲学社会科学版），2016（1）.

25　孙笑颜.汉谟拉比加强中央集权的法律措施［J］.北方文学（下半月），2011（2）.

26　沈爱凤.再说"巴别塔"——论新巴比伦王国的建筑［J］.苏州大学学报（工科版），2007（5）.

27　李海峰.巴比伦：期待再一次辉煌［J］.世界文化，2007（4）.

28　DELGADO R. Goodbye to Hammurabi: Analyzing the Atavistic Appeal of Restorative Justice[J]. Stanford Law Review, 2000, 52(4).

29　MIEROOP M V D. A history of the Ancient Near East, ca. 3000-323 BC[M]. New Jersey: Wiley-Blackwell, 2015.

30　EPH'AL I. Nebuchadnezzar the Warrior: Remarks on His Military Achievements[J]. Israel Exploration Journal, 2003, 54(2).

31　林肯·佩恩.海洋与文明［M］.陈建军，罗燚英，译.天津：天津人民出版社，2017.

32　亓佩成.论埃兰古王国与两河流域的关系［J］.肇庆学院学报，2015（6）.

33　吴宇虹.亚述和埃兰的战争［J］.外国问题研究，1994（2）.

34　李海峰，刘期亮.亚述人尚武文化论析［J］.西南大学学报（社会科学版），2014（1）.

35 李海峰.亚述地区的民族冲突与文化融合［J］.重庆工商大学学报（社会科学版），2014（3）.

36 刘健.东地中海地区古代民族的交流及其文化特性［J］.上海师范大学学报（哲学社会科学版），2006（6）.

37 国洪更.赋役豁免政策的嬗变与亚述帝国的盛衰［J］.历史研究，2015（1）.

38 王建平.浅析企业军事化管理［J］.人力资源管理，2018（2）.

39 LUCKENBILL D D. Ancient Records of Assyria and Babylonia[M]. Chicago: The University of Chicago Press, 2019.

40 GRAYSON A K. Assyria and Babylonia[J]. Orientalia, 1980, 49(2).

41 FENSHAM F C. The Judges and Ancient Israelite Jurisprudence[J]. OTWSA, 1959.

42 袁指挥，刘凤华.阿玛尔纳时代埃及与巴比伦的关系［J］.内蒙古民族大学学报（社会科学版），2004，30（3）.

43 谢励斌.取舍之间：古埃及都城变迁比较探析［J］.文教资料，2016（13）.

44 刘文鹏，令狐若明.论古埃及文明的特性［J］.史学理论研究，2000（1）.

45 里克·戈尔，王方平.古埃及太阳神法老阿肯那顿［J］.东方博物，2005（4）.

46 郭子林.古埃及文明根本特征探析［J］.外国问题研究，2016（2）.

47 袁指挥.阿马尔那时代的近东大国关系［J］.历史教学（下半月刊），2010（10）.

48 袁指挥.古埃及国内贸易论析［J］.东北师大学报（哲学社会科学

版），2016（3）.

49 李成彬. 从王权与神权的斗争看宗教对古埃及文明的负面影响[J]. 哈尔滨学院学报，2016（8）.

50 金寿福. 内生与杂糅视野下的古埃及文明起源[J]. 中国社会科学，2012（12）.

51 梅华龙. 从阿玛尔纳书信看古代西亚北非大小国家间的关系[J]. 阿拉伯世界研究，2017（4）.

52 郭毅夫. 商业模式创新与企业竞争优势：内在机理及实证研究[D]. 上海：东华大学，2009.

53 SHAW I. The Oxford History of Ancient Egypt[M]. New York: Oxford University Press, 2003.

54 Erman A. Life in Ancient Egypt[M]. London: Macmillanand Company, 1984.

55 CAMPBELL E F. The Amarna Letters and the Amarna Period[J]. The Biblical Archaeologist, 1960, 23(1).

56 MORAN W L. The Amarna Letters[M]. Baltimore: Johns Hopkins University Press, 1992.

57 ASANTE M K. The Egyptian Philosophers: Ancient African Voices From Imhotep to Akhenaten[M]. Chicago: African American Images, 2000.

58 DAVIES W V. Egypt and Africa: Nubia from prehistory to Islam[M]. London: British Museum Press, 1991.

59 罗荣桂，沈军. 企业间的商战模型分析[J]. 武汉理工大学学报，2006（12）.

60 王秀华. 利益相关者企业价值管理研究［D］. 青岛：中国海洋大学，2012.

61 李政. 论赫梯国王铁列平的历史功绩［J］. 古代文明，2016（3）.

62 李政. 论美索不达米亚文明对赫梯文明的影响［J］. 北京大学学报（哲学社会科学版），1996（1）.

63 金寿福. 战争、阴谋和爱情：区域网络中的埃及与赫梯关系（1350—1207 BCE）［J］. 全球史评论，2017（2）.

64 李政. 论赫梯国王的对外政策［J］. 世界历史，2007（2）.

65 王文英. 试论铁列平改革的性质［J］. 苏州大学学报，1986（2）.

66 张新军. 论集体安全体制在世界安全体系中的演进［J］. 宁夏大学学报（人文社会科学版），2017（1）.

67 李晓东. 战争与和平：三千年前留下的思考［J］. 读书，2008（8）.

68 薛春辉. 试论卡叠什战役及其影响［D］. 长春：吉林大学，2009.

69 徐昊，吴宇虹. 古代亚非文明的碰撞：卡叠什战役［N］. 光明日报，2012-05-17.

70 彼得·布兰德，葛人. 作为外交官的法老：拉美西斯二世和青铜时代晚期的赫梯帝国［J］. 南方文物，2017（1）.

71 郭丹彤. 公元前 1600 年—前 1200 年古代东地中海世界的联盟和联姻［J］. 东北师大学报（哲学社会科学版），2009（6）.

72 FLEISHER C S, BENSOUSSAN B E. Strategic and Competitive Analysis: Methods and Techniques for Analyzing Business Competition[M]. Upper Saddle River: Prentice Hall, 2003.

73 BRYCE T. Life and Society in the Hittite World[M]. New York: Oxford University Press, 2002.

74 GÜTERBOCK H G. The Hittite Conquest of Cyprus Reconsidered[J]. Journal of Near Eastern Studies, 1967, 26(2).

75 BECKMAN G. The Hittite Assembly[J]. Journal of the American Oriental Society, 1982, 102(3).

76 HAASE R. Anatolia and the Levant: The Hittite Kingdom[M]. Boston: Brill Publisher, 2003.

77 GRIMAL N. A History of Ancient Egypt[M]. Oxford: Blackwell Books, 1992.

78 GOEDICKE H. Considerations on the Battle of Kadesh[M]. Journal of Egyptian Archaeology, 1966, 52.

79 MURNANE W J. The Road to Kadesh: AHistorical Interpretation of the Battle Reliefs of King Sety I at Karnak[M]. Chicago: Oriental Inst Publications Sales, 1990.

80 刘志峰.论商业竞争道德［D］.长沙：中南大学，2004.

81 董洪霞.商业竞争与战争［J］.商场现代化，2007（27）.

82 廖学盛.腓尼基王权的一些特点［J］.史学理论研究，1992（4）.

83 刘少才.世界最早的航海探险民族——腓尼基人［J］.中国海事，2012（12）.

84 王锐.古代腓尼基和迦太基商业帝国兴衰的历史概说［J］.天津商业大学学报，2011（3）.

85 刘任凯.公元前11世纪到公元前7世纪推罗商贸研究［D］.临汾：山西师范大学，2013.

86 韩英梅.论古埃及新王国时期的贸易［D］.长春：东北师范大学，2005.

87　RAWLINSON G. History of Phoenicia[M].Alexandria: Library of Alexandria, 1889.

88　TADMOR H. Philistia under Assyrian Rule[J]. Biblical Archaeologist, 1966, 29.

89　AUBET M E. The Phoenician Cemetery of Tyre[J]. Near Eastern Archaeology, 2010, 73(2/3).

90　色诺芬.长征记［M］.崔金戎，译.北京：商务印书馆，1985.

91　于卫青.论波斯帝国的交往性特征［J］.人文杂志，2001（6）.

92　王以欣.居鲁士的早年传奇与口传历史［J］.古代文明，2014, 8(1).

93　钱江.古代波斯湾的航海活动与贸易港埠［J］.海交史研究，2010（2）.

94　晏绍祥.米利都与波斯：专制帝国中地方共同体的地位［J］.世界历史，2015（3）.

95　周启迪.试论波斯帝国的行省与总督［J］.北京师范大学学报，1995（3）.

96　周洪祥，吴宇虹.从《贝希斯敦铭文》、《历史》辨析大流士夺位真相［J］.史学史研究，2009（4）.

97　汤姆·霍兰.波斯战火［M］.于润生，译.北京：中信出版社，2016.

98　阿宝斯·艾克巴尔·奥希梯扬尼.伊朗通史［M］.叶奕良，译.北京：经济日报出版社，1997.

99　BRIANT P. From Cyrus to Alexander: A History of the Persian Empire[M]. State College: Eisenbrauns, 2002.

100　OLMSTEAD A T E. Olmstead History of the Persian Empire[M].

Chicago: University of Chicago Press, 1948.

101 黄洋．迈锡尼文明、"黑暗时代"与希腊城邦的兴起［J］．世界历史，2010（3）．

102 晏绍祥．迈锡尼国家的起源及其特征［J］．华中师范大学学报（人文社会科学版），2006（6）．

103 郭丹彤．论古代埃及文明和爱琴文明的关系［J］．东北师大学报（哲学社会科学版），2005（6）．

104 阿丹曼提霞·瓦斯罗格木罗，李朦萌．追踪迈锡尼文明：拉科尼亚的统治者［J］．大众考古，2014（6）．

105 晏绍祥．从迈锡尼世界到荷马时代：希腊城邦的兴起［J］．外国问题研究，2016（2）．

106 张翀．论黑暗时代希腊早期国家的特征［D］．沈阳：辽宁大学，2013．

107 董延寿，史善刚．商都西亳城与迈锡尼城文明之比较［J］．中华文化论坛，2013（2）．

108 李建松．米诺斯海权：神话还是现实？——对其真伪研究的回顾与思考［J］．史林，2014（2）．

109 郭子林，蔡艳辉．爱琴文明与同期的古埃及文明关系初探［J］．内蒙古民族大学学报（社会科学版），2005（4）．

110 南诺·马瑞那托斯，王倩．米诺王权与太阳女神：一种近东文化的共同体［J］．百色学院学报，2011（4）．

111 BRYSON R A, LAMB H H, DONLEY D L. Drought and the Decline of Mycenae[J]. Antiquity, 1974, 48(149).

112 RAVEN J E. Mycenae: An Archaeological History and Guide[M].New

Jersey: Princeton University Press, 1949.

113 RUNNELS C N, HANSEN J. The Olive in the Prehistoric Aegean: The Evidence for Domestication in the Early Bronze Age[J]. Oxford Journal of Archaeology, 1986, 5(3).

114 希罗多德. 历史［M］. 徐松岩, 译注. 上海: 上海三联书店, 2008.

115 威尔·杜兰特. 世界文明史: 希腊的生活［M］. 台湾幼狮文化, 译. 北京: 天地出版社, 2017.

116 N. G. L. 哈蒙德. 希腊史［M］. 朱龙华, 译. 北京: 商务印书馆, 2016.

117 赵世环. 古希腊民主政治成因探析［J］. 华中科技大学学报（社会科学版）, 2001（4）.

118 董雯雯. 希腊民主政治研究——一个海洋环境的视角［D］. 大连: 辽宁师范大学, 2013.

119 李俊明, 范细杰. 从苏格拉底之死看古代希腊民主政治的局限性［J］. 中学历史教学参考, 2017（20）.

120 朱惠宁. 民主的滥觞——论克里斯提尼改革［D］. 重庆: 西南政法大学, 2012.

121 张国军. 选举民主的困境及其超越［D］. 天津: 南开大学, 2013.

122 石庆波. 公元前4世纪雅典城邦的相对稳定与公民的政治参预研究［D］. 北京: 首都师范大学, 2012.

123 蔡洵颖. 古希腊重装步兵体制的结构及其变革原因探析［D］. 西安: 陕西师范大学, 2012.

124 詹婧. 企业民主参与动力研究——基于劳资双赢的经济学视角

[D].北京：首都经济贸易大学，2008.

125 王静，李惠.试论企业民主管理与企业文化建设的关系[J].工会信息，2018（3）.

126 RHODES P J. Athenian Democracy after 403 B.C.[J]. Classical Journal, 1980.

127 SHAPIRO S O. Herodotus and Solon[J]. Classical Antiquity, 1996, 15(2).

128 BOARDMAN J. Herakles, Peisistratos and Eleusis[J]. The Journal of Hellenic Studies, 1975, 95.

129 KEARNS E. Change and Continuity in Religious Structures after Cleisthenes[J]. History of Political Thought, 1985.

130 RAY D M. Corporate Boards and Corporate Democracy[J]. Journal of Corporate Citizenship, 2005, 20.

131 RABELO L, HELAL M, JONES A, et al. Enterprise Simulation: A Hybrid System Approach[J].International Journal of Computer Integrated Manufacturing, 2005, 18(6).

132 晏绍祥.波斯帝国的"专制"与"集权"[J].古代文明，2014（3）.

133 王朵朵.波斯远征希腊的必然性[J].理论观察，2018（8）.

134 朱益民.伊奥尼亚在希波关系中的角色（公元前546—前386年）[D].南京：南京师范大学，2017.

135 张源.自由帝国逻各斯的诞生——希波战争与希罗多德的雅典帝国叙事[J].政治思想史，2018（1）.

136 李隽旸，时殷弘.帝国的冲动、惯性和极限——基于希罗多德波斯史撰的帝国战争考察[J].中国人民大学学报，2012（1）.

137 周江林.帝国的铁幕与终结[N].华夏时报,2012-03-05.

138 吕乔.希波战争与波斯帝国的衰落[J].内蒙古民族大学学报(社会科学版),2010(3).

139 周振新.论政治制度对希波战争双方胜败的影响[J].华中师范大学学报(人文社会科学版),2002(1).

140 杨巨平,张丽霞.试论米利都的文化中心地位及其成因[J].山西大学学报(哲学社会科学版),2002(4).

141 GREEN P. The Greco-Persian Wars[M]. Oakland: University of California Press, 1996.

142 MILLIKEN J. Qualitative Research and Marketing Management, Management Decision[J]. 2001, 39(1).

143 修昔底德.伯罗奔尼撒战争史[M].徐松岩,译注.上海:上海人民出版社,2012.

144 蒋保.试论波斯对伯罗奔尼撒战争的介入[J].世界历史,2010(4).

145 何元国.雅典人是如何打伯罗奔尼撒战争的?——"伯里克利战略"研究的回顾与思考[J].安徽史学,2017(4).

146 罗碧云,李惠良.试论伯罗奔尼撒战争的性质[J].中山大学学报(哲学社会科学版),1981(4).

147 杨柳.伯罗奔尼撒战争中雅典的对外关系探析[D].长春:东北师范大学,2016.

148 阴元涛.第二次雅典同盟研究[D].长春:东北师范大学,2012.

149 晏绍祥.雅典的崛起与斯巴达的"恐惧":论"修昔底德陷阱"[J].历史研究,2017(6).

150 齐玉凤.伯罗奔尼撒战争爆发原因探析［J］.黑河学刊，2018（1）.

151 李隽旸.斯巴达进入海洋：战略僵持、外交革命与德行溃败［J］.外交评论（外交学院学报），2015（5）.

152 李隽旸.恐惧抑或默许——斯巴达战前海洋战略再考［J］.世界经济与政治，2017（3）.

153 张艳清.企业内耗现象与治理对策研究［J］.技术经济与管理研究，2007（4）.

154 于新彤.雷士照明企业控制权之争的案例研究［D］.重庆：重庆大学，2016.

155 郭文婧.企业竞争应尽快从"内斗猛于虎"回归理性［N］.企业家日报，2014-06-16.

156 SPENCE I G. Perikles and the Defence of Attika during the Peloponnesian War[J]. The Journal of Hellenic Studies, 1990.

157 RUSSETT B, ANTHOLIS W. Do Democracies Fight each other? Evidence from the Peloponnesian War[J]. Journal of Peace Research, 1992, 29(4).

158 理查德·迈尔斯.迦太基必须毁灭［M］.孟驰，译.北京：社会科学文献出版社，2016.

159 宫春科.迦太基重商抑兵的教训［N］.中国国防报，2018-03-01.

160 张子翔.伯罗奔尼撒战争后希腊西部地缘政治的变化［J］.陇东学院学报，2014（4）.

161 杨可尧.迦太基城市建立问题之探讨［J］.沧桑，2010（12）.

162 张子翔.论古希腊狄奥尼修斯僭主制发展的原因［J］.安徽广播电视大学学报，2014（4）.

163 郭静静.叙拉古民主政治研究［J］.黑龙江史志，2014（3）.

164 杜佳.迦太基海外殖民研究［D］.临汾：山西师范大学，2014.

165 王乃新.皮洛士的胜利［J］.军事历史，1991（3）.

166 LANCEL S, BETLYON J W. Carthage: AHistory[J]. History: Reviews of New Books, 1995, 24(1).

167 塔西佗.塔西佗历史［M］.王以铸，崔妙因，译.北京：商务印书馆，1981.

168 李维.建城以来史［M］.穆启乐，等，译.上海：上海人民出版社，2005.

169 盐野七生.罗马人的故事1：罗马不是一天建成的［M］.计丽屏，译.北京：中信出版社，2011.

170 盐野七生.罗马人的故事2：汉尼拔战记［M］.计丽屏，译.北京：中信出版社，2012.

171 吴玄.古罗马保民官制度研究［D］.上海：华东政法大学，2013.

172 汪诗明.罗马对外扩张的历史影响［J］.史学月刊，2000（5）.

173 潘友义.罗马共和早期战争的阶段性演变及原因［D］.南京：南京师范大学，2013.

174 朱承思.马略的军事改革［J］.世界历史，1986（3）.

175 赵林.罗马帝国的历史命运与现实影响［J］.社会科学战线，2016（8）.

176 邹芝.古罗马家庭研究——从共和晚期到帝国早期［D］.上海：上海师范大学，2009.

177 黄萌.共和时期至帝国初期罗马元老院职能的演化［J］.湖南科技学院学报，2006（6）.

178 时殷弘，惠黎文. 战略、制度和文化的较量——第二次布匿战争中的罗马与迦太基［J］. 世界经济与政治，2007（4）.

179 刘伟. 论罗马在布匿战争中胜利的原因［D］. 西安：陕西师范大学，2016.

180 熊艳. 论共和国时期的罗马海军［D］. 长沙：湖南师范大学，2012.

181 GIBBON E. The History of the Decline and Fall of the Roman Empire (Penguin Classics) [M]. London: Penguin Classics, 2001.

182 PREVAS J. Hannibal Crosses the Alps: The Invasion of Italy and the Punic Wars[M]. Boston: Da Capo Press, 2001.

183 AUBERT J J. Business Managers in Ancient Rome[M]. New York: Brill Publishers, 1994.

184 CARY M. A Forgotten Treaty between Rome and Carthage[J]. Journal of Roman Studies, 1919, 9.

185 LAZENBY J F. The First Punic War[M]. New York: Routledge, 1996.

186 BINDER M, CLEGG B. Enterprise Management: A New Frontier for Oganisations[J]. International Journal of Production Economics, 2007, 106(2).